이클립스 PDT
Eclipse PHP Development Tools 윤상헌 지음

이클립스 PDT
Eclipse PHP Development Tools 용영환 지음

지은이 용영환
펴낸이 박찬규 | **엮은이** 김윤래 | **본문디자인** 북누리 | **표지디자인** 아로와 & 아로와나
펴낸곳 위키북스 | **전화** 031-955-3658, 3659 | **팩스** 031-955-3660
주소 경기도 파주시 교하읍 문발리 파주출판도시 535-7 세종출판벤처타운 #311

초판발행 2011년 03월 11일
ISBN 978-89-92939-72-0 13560

등록번호 제406-2006-000036호 | 등록일자 2006년 05월 19일
홈페이지 wikibook.co.kr | 전자우편 wikibook@wikibook.co.kr

이 책의 판권은 저자와의 독점 계약으로 위키북스가 소유합니다.
신 저작권법에 의해 한국 내에서 보호를 받는 저작물이므로 무단 전재와 복제를 금합니다.
이 책의 내용에 대한 추가 지원과 문의는 위키북스 출판사 홈페이지 wikibook.co.kr이나
이메일 wikibook@wikibook.co.kr을 이용해 주세요.

이 도서의 국립중앙도서관 출판시도서목록 CIP는
e-CIP 홈페이지 | http://www.nl.go.kr/cip.php에서 이용하실 수 있습니다.
CIP제어번호: CIP2011000682

이클립스 PDT
Eclipse PHP Development Tools _{용영환 지음}

위키북스

[머리말]

PREFACE

"도움을 받았다면 최선을 다해서 갚아야 한다."

존경하는 아버지께서 제게 하신 말씀입니다.
저는 지금까지 많은 문서와 오픈소스 프로젝트로부터 가치를 따질 수 없을 만큼의 도움을 받았습니다. 제가 알고 있는 지식이 원래 제 것이 아니기에, 제가 돌려드리는 방법 중 하나로 책을 쓰기로 했습니다.

이 책에는 제가 이클립스 PDT를 사용하면서 경험한 모든 것을 담았습니다. 최선을 다한 만큼 우리나라의 PHP 개발 환경에 조금이나마 도움이 되기를 진심으로 바랍니다.

함께 좋은 책을 만들자며 선뜻 손을 잡아주신 주신 위키북스 여러분과 박찬규님, 꼼꼼하게 읽고 좋은 의견을 보내주신 베타리더 여러분, 항상 절 믿고 함께 해주시는 PHPKorea 여러분, 새로운 도전을 공감하고 실천할 수 있게 도와주신 큐브리드 여러분과 정병주 대표님, 그리고 이 순간에도 제게 지식을 나눠 주시는 이 세상 모든 분들께 고맙습니다.

이 책이 진짜 나오는지 확인하기 위해 결혼했다는 제 아내와 우리 가족 모두 사랑합니다.

2011년 2월 캐나다 토론토에서 용영환
http://phpk.org
E-Mail : ooti@phpkorea.org

[서평]

BETATEST

김지한 : 소셜네트워킹 서비스 쿠(Kooo.net)를 개발했으며 현재 NHN UX팀에서 근무하고 있습니다.

어떤 언어를 이용해 소프트웨어를 개발할 때 좋은 산출물을 만들어내려면 당연히 개발자 본인이 문법과 구조, 언어의 특성을 잘 알고 있어야 합니다. 그리고 그런 것들을 가르쳐주는 책은 수없이 많습니다. 하지만 효율적인 개발 환경의 구성, 개발 및 디버깅 그리고 배포에 이르기까지 실무에서 실제로 요구되는 개발 기술은 아무도 가르쳐주지 않습니다. 흔히 能書不擇筆(능서불택필)이라고들 합니다. 그러나 개발자는 특히 橘化爲枳(귤화위지)이기도 합니다. 좋은 환경과 효율적인 방법은 훨씬 더 생산성 높은 개발을 가능케 합니다. 단지 PHP 문법이 궁금한 사람이라면 더 좋은 책이 얼마든지 있습니다. 하지만 제대로 된 PHP 소프트웨어 개발 방법을 가르쳐주는 것은 오직 이 책뿐이라고 자신 있게 권할 수 있습니다.

석종일 : NHN에서 오픈소스 DBMS인 CUBRID를 개발하고 있으며, 봄싹(springsprout.org)과 github.com/codeport를 통해 여러 가지 주제를 공부하고 있습니다.

서버에서 바로 수정하고 결과를 확인할 수 있다는 장점 때문에 간단한 웹 애플리케이션을 만들 때 PHP를 종종 사용했습니다. 그리고 서버에서 GUI 환경을 지원하지 않는 경우가 있어 개발 도구로는 그냥 vi를 이용했습니다. 하지만 이 책을 통해 이클립스가 자바뿐 아니라 훌륭한 PHP 개발 도구가 될 수 있다는 걸 알게 됐으며 RSE를 이용해 손쉽게 원격 개발도 할 수 있게 되었습니다. 뿐만 아니라 이 책에는 유용한 플러그인이 많이 소개돼 있어 필요에 따라 하나씩 설치해서 사용하다 보면 쉽게 PHP 개발을 할 수 있을 것입니다.

오세형 : 네오플(neople.co.kr)에서 게임 유저들이 던전앤파이터를 제대로 즐길 수 있게 돕는 일을 하고 있습니다.

PHP 개발자에게 단비 같은 책이다. PHP 개발자라면 비주얼 스튜디오와 같은 걸출한 IDE를 한 번쯤은 꿈꿔봤을 테고, 이것저것 만져봤을 것이다. 이제는 방황할 필요가 없다.

BETATEST

김동현 : 휴대폰과 웹이 앞으로 어떻게 생활에 녹아들지가 궁금한 관련 업계 종사자입니다.

본업은 아니지만 취미로 PHP 코드를 작성할 때는 간단한 텍스트 에디터로 소스를 편집하고 그걸 서버에 올려서 다시 결과를 확인하는 과정을 반복했고, 비주얼 스튜디오처럼 개발 환경을 갖출 수 없을까 생각을 많이 했었습니다. 베타리딩 기간 동안 이클립스+PDT를 이용한 개발 환경 구축 및 PHP 개발을 좀 더 능률적으로 할 수 있는 방법에 대해 좋은 경험을 할 수 있었습니다. 아울러 저처럼 이클립스를 처음 접하는 분이라면 다양한 OS에서 쉽게 실습을 진행할 수 있게 쓰여 있어 많은 도움이 되었습니다.

김백기 : NHN에서 근무하며, 일본 네이버(naver.jp)를 개발하고 있습니다. 개인적으로 모바일 변환 사이트인 물조 (http://m.oolzo.com)을 운영하고 있습니다.

2장의 디버깅은 꼭 보세요! 보통 디버깅은 가장 마지막에 부록으로 있는 경우가 많습니다. 사실 디버깅 실력이 프로그래밍 실력의 상당 부분을 차지하는데도 말이죠. 이클립스 PDT에서는 디버깅이 비교적 앞부분에 나와 있습니다. 실무에서는 디버깅이 가장 중요하기 때문에 이를 중요하게 여기신 것 같습니다. 더불어 실무 경험과 함께 깊은 통찰력도 느낄 수 있습니다.

한경훈 : 2009년 NHN 신입사원으로 입사해 뉴스 서비스 개발팀에서 근무했고 현재는 NHN Business Platform의 쇼핑플랫폼개발랩에서 쇼핑 관련 업무를 개발하고 있습니다.

[목차]

CONTENTS

01 들어가며
- 1-1. 우리에게 PHP란 ·· 20
- 1-2. PHP 개발 환경 ·· 21
- 1-3. 이클립스 PDT란 ·· 22
- 1-4. PHP를 처음 배우는 학생들에게 ··· 22
- 1-5. PHP 프로그램을 개발하고 있는 현업 개발자들에게 ···················· 23
- 1-6. 이 책의 대상 독자 ··· 23
- 1-7. 시스템 요구사항 ·· 24
- 1-8. 이 책의 구성 ··· 24
- 1-9. 용어 정리 ·· 25
- 1-10. 이클립스 아키텍처 ··· 26

02 이클립스 PDT 설치
- 2-1. JRE 설치 ··· 28
    - JDK 다운로드 ··· 29
    - 윈도우용 JDK 설치 ·· 31
    - Mac OS X용 JDK 설치 ·· 33
    - 우분투용 JDK 설치 ·· 34
- 2-2. 이클립스 PDT 설치 ··· 36
    - 윈도우에 이클립스 PDT 설치하기 ··· 37
    - Mac OS X에 이클립스 PDT 설치하기 ·· 39
    - 우분투에 이클립스 설치하기 ·· 40

[목차]

CHAPTER 03 이클립스 PDT 처음 시작하기

3-1. 이클립스 PDT 실행 ··· 44
3-2. 이클립스 PDT의 사용자 인터페이스 ··· 47

    퍼스펙티브 ··· 47
    PHP 퍼스펙티브 ··· 48
    메뉴바와 툴바 ·· 49
    편집기 ··· 50
    뷰 ·· 50

3-3. PHP 프로젝트 생성 ··· 51
3-4. 기존 프로젝트를 이클립스 프로젝트로 가져오기 ···································· 53

    기존 이클립스 프로젝트 가져오기 ··· 54
    일반 PHP 폴더를 이클립스 프로젝트로 만들기 ······································ 55
    일반 프로젝트를 PHP 프로젝트로 만들기 ·· 56
    Workspace 외부에 프로젝트 생성하기 ·· 57

3-5. PHP 파일 생성 ·· 58

CHAPTER 04 이클립스 PDT 살펴 보기

4-1. 컨텐트 어시스트 ·· 62

    컨텐트 어시스트 기능 활성화하기 ··· 63
    함수 어시스트 ·· 64
    클래스 어시스트 ·· 65

클래스 참조 어시스트 66
컨텐트 어시스트 설정 68
컨텐트 어시스트 아이콘 70

4-2. 풍선 도움말 70

풍선 도움말 설정 71

4-3. 코드 자동 완성 72

4-4. 템플릿 설정 73

템플릿 생성 73
템플릿 변경 및 삭제 74
템플릿 목록 75

4-5. 동일 코드 표시 77

동일 코드 표시 설정 78

4-6. 새로운 확장자 등록하기 79

4-7. 작업 태그 81

작업 우선순위 지정 83
작업 태그 정의 84

4-8. PHP 도움말 85

이클립스에서 PHP 온라인 도움말 바로 보기 85
한글 PHP 온라인 도움말 보기 86
오프라인용 PHP 도움말 보기 87

[목차]

4-9. 북마크 89
　　북마크 위치로 바로 이동하기 90
4-10. 형식 계층 90
4-11. 오버라이드 표시 92
4-12. 실시간 에러 검출 기능 94
4-13. 철자 검사 95
4-14. 소스 코드 정리 96
4-15. PHP Include Path 97

CHAPTER 05 유용한 이클립스 기능 익히기

5-1. 외부 편집기 사용 104
5-2. 파일 비교 106
5-3. 편집기와 PHP Explorer 연결 보기 107
5-4. 퍼스펙티브 초기화 107
5-5. 단축키 확인 및 변경 108
5-6. PHP Explorer 파일 필터링 109
5-7. 워크스페이스 인코딩 및 개행 문자 변경 110
5-8. 외부 프로그램 실행 111
　　이클립스 변수 113

CHAPTER 06 실행과 디버그

- 6-1. Zend Debugger 플러그인 설치 ·· 117
  - 업데이트 사이트를 이용한 설치 ··· 118
  - 다운로드 설치 방법 ··· 120
  - Zend Debugger 설치 확인 ··· 121
- 6-2. PHP 스크립트 실행 ·· 123
  - PHP 실행 설정 변경하기 ··· 125
  - PHP 스크립트의 인자 값 전달 ·· 127
  - 실행 결과를 파일로 저장하기 ··· 128
  - PHP 인터프리터의 버전 변경 ··· 129
  - Zend Debugger 플러그인에 모듈 추가하기 ·· 131
- 6-3. PHP 웹 페이지 실행 ·· 131
- 6-4. PHP 스크립트 디버깅 ··· 133
  - PHP Debug 퍼스펙티브 ·· 134
  - 디버그 컨트롤 ·· 135
  - 브레이크 포인트 지정 ··· 136
- 6-5. 로컬 웹 서버를 연동한 디버깅 ·· 137
  - 웹 서버에 Zend Debugger 설치하기 ··· 137
  - Zend Debugger를 활용한 웹 서버 디버깅 ·· 139
  - 리소스에 대한 경로 매핑 ·· 140

[목차]

6-6. 원격 웹 서버를 연동한 실행 ·· 141
6-7. 원격 웹 서버를 연동한 디버깅 ·· 144
    여러 개의 디버그 허용 IP 등록하기 ································· 147

CHAPTER 07 DMBS 연동

7-1. DBMS 연동 준비 ·· 151
7-2. GEF 설치 ·· 152
7-3. Quantum DB 설치 ··· 154
7-4. Quantum 퍼스펙티브 ··· 156
    MySQL 연결 ··· 158
    CUBRID 연결 방법 ·· 162
7-5. Quantum 사용법 ·· 166
    테이블 생성 방법 ·· 167
    테이블 삭제 및 전체 데이터 삭제 ··································· 168
    데이터 추가(INSERT) ·· 170
    데이터 조건 및 정렬 변경 ·· 171
    데이터 변경(UPDATE) ·· 172
    데이터 삭제(DELETE) ··· 173
    DB 인코딩 설정 ·· 174
    데이터 변경이 안 되는 문제 ·· 175
    결과 데이터를 파일로 저장하기 ······································ 176

CONTENTS

CHAPTER 08 형상 관리

8-1. SVN 180

Subclipse 설치 181
Subversive 설치 184
JavaHL과 SVN Kit 188
SVN 저장소 연결 189
SVN 저장소에 프로젝트 생성하기 191
변경사항 커밋 195
변경사항 업데이트 197
프로젝트 체크아웃 198
소스 코드 되돌리기(Revert) 201

8-2. 패치 204

패치 생성 204
Patch Root와 패치 적용 위치 206
패치 적용 206
서버에서 패치 적용하기 207
트렁크, 브랜치, 태그 209

[목차]

CHAPTER 09 Ant를 이용한 손쉬운 배포

9-1. Ant 준비 ·· 212

    Ant에 FTP 기능 설치하기 ··· 215

9-2. Ant로 FTP 전송 ·· 217

    No grammar constraints detected for the document 경고 제거 ······················· 220

    FTP 전송 예외 처리 ··· 221

    디렉터리 및 파일 삭제 ··· 222

    변경된 파일만 FTP로 전송하기 ·· 223

CHAPTER 10 RSE를 이용한 원격 개발

10-1. RSE 설치 ··· 227

10-2. FTP를 이용한 원격 개발 ··· 229

10-3. RSE에서 PHP 파일 편집하기 ·· 232

10-4. 캐시 파일 동기화 ··· 232

    RSE에서 PHP 컨텐트 어시스트 사용하기 ··· 233

10-5. 원격 프로젝트 생성하기 ··· 234

10-6. SSH 연결 ··· 235

CHAPTER 11 Saros를 이용한 원격 협업 개발

11-1. Saros 설치 ··· 240
11-2. 구글 토크 서버를 통한 원격 개발 ······································ 243

　　구글 토크 접속하기 ··· 244
　　친구 추가 ·· 245
　　전송 테스트 ·· 246

11-3. XMPP 서버를 통한 연결 ·· 246
11-4. 프로젝트 원격 공유 ·· 248
11-5. 실시간 협업 ··· 251

CHAPTER 12 Mylyn을 이용한 버그 트래킹

12-1. Mylyn 설치 ·· 254
12-2. Trac 연동 ··· 259
12-3. Mylyn 활용 ·· 262

　　작업(Task) 등록 ··· 262
　　작업 변경 ·· 264
　　작업 진행 ·· 266

[목차]

CHAPTER 13 PHPDoc를 이용한 개발 문서 작성

13-1. PHPDoc 작성 ·· 270
13-2. phpDocumentor 설치 ·· 274
13-3. 이클립스에서 PHPDoc 생성하기 ·· 275
13-4. 템플릿 ·· 279

    템플릿 인코딩 문제 ·· 279
    템플릿 종류 ·· 279

13-5. 메모리 설정 ·· 281

CHAPTER 14 유용한 이클립스 플러그인

14-1. Notepad ·· 284
14-2. Hex Editor ·· 284
14-3. FreeMEM ·· 285
14-4. RSS View ·· 285
14-5. FileSync ·· 286
14-6. StartExplorer ·· 287

CHAPTER 15 이클립스 단축키

편집기 ·· 290
파일 ·· 291
내비게이터 ·· 291

CONTENTS

부록 01 기타 프로그램 설치

1-1. 웹 서버 설치 ········· 294
  윈도우에 아파치 웹 서버 설치 ········· 294

1-2. 이클립스 PDT를 위한 아파치 웹 서버 설정 ········· 297
1-3. PHP 설치 ········· 298
1-4. XAMPP 패키지 설치 ········· 302
  윈도우용 XAMPP ········· 302
  Mac OS X용 XAMPP ········· 307
  리눅스용 XAMPP ········· 312

1-5. 큐브리드 ········· 314
1-6. 서브버전 및 Trac 설치 ········· 319
  윈도우에 서브버전 서버 설치 ········· 319
  윈도우에 Trac 설치 ········· 322
  우분투에 서브버전 서버 설치 ········· 324
  우분투에 Trac 설치 ········· 327

CHAPTER 01
PHP 개발자를 위한
이클립스 PDT

들어가며

우리에게 PHP란
PHP 개발 환경
이클립스 PDT란
PHP를 처음 배우는 학생들에게
PHP 프로그램을 개발하고 있는 현업 개발자들에게
이 책의 대상 독자
시스템 요구사항
이 책의 구성
용어 정리
이클립스 아키텍처

우선 이 책을 선택해준 독자에게 진심으로 깊은 감사의 뜻을 전한다.

필자가 PHP 프로그래밍을 시작한 이후 오랫동안 PHP 통합 개발 환경이 없다는 사실이 매우 아쉬웠다. 다행히도 세상에는 똑똑한 사람들도 많고 그들이 필자의 아쉬움을 달래줄 좋은 도구와 방법을 공유해주었기에 나는 사막에서 오아시스를 만난 듯이 타는 듯한 갈증을 해결할 수 있었다. 한 가지 아쉬운 점은 오래 전부터 국내에서도 PHP 개발 환경에 대한 아쉬움의 목소리는 컸지만 정작 그에 대한 연구가 활발하지는 않았고 일부 온라인 문서를 통해 적은 양만 공유되고 있다는 것이다.

필자가 집필을 결심했던 이유는 이 책을 통해 좋은 PHP 프로그램 개발 환경이 있다는 사실을 더 많은 사람들에게 알리고 이로써 국내에서도 PHP에 대한 더 깊은 연구와 기술 공유가 이뤄지기를 바라기 때문이다.

필자는 이 책을 읽을 독자보다 프로그래밍을 잘 하거나 많이 안다고 생각하지 않는다. 단지 필자는 이야기를 하고 싶었고 이 책이 바로 대화의 수단일 뿐이다. 이 책을 읽다 보면 논리적으로 오류가 있거나 여러분과는 다른 생각이 담겨 있을지도 모른다. 그러므로 이 책을 읽으면서 잘못된 부분이나 오류 또는 서로 다른 생각에 대해 필자와 열린 태도로 대화하고 싶다면 언제든지 알려주기를 진심으로 바란다.

1-1. 우리에게 PHP란

PHP 4.0이 발표된 2000년부터 PHP는 웹 프로그래밍 언어로 큰 인기를 누리면서 전 세계로 순식간에 퍼져 나갔다. 아마 이때부터 웹 프로그래밍이라 하면 사람들은 대부분 PHP를 떠올리게 되었고, 전 세계 수 많은 웹사이트가 PHP로 개발되면서 PHP 개발자들도 급속히 늘어났다. 이러한 PHP의 인기는 2000년 이후부터 지금까지 웹 기반 기술이 빠르게 발전하는 데 크게 기여했다고 생각한다.

지금까지도 PHP는 웹 프로그래밍 언어로서 큰 자리를 차지하고 있다. 특히 전 세계적으로 5억 명 이상의 회원을 보유한 페이스북(http://www.facebook.com)과 세계적인 포털 서비스인 야후!(http://www.yahoo.com)에서도 PHP를 사용하고 있다는 점은 PHP에 관심 있는 사람이라면 누구나 알고 있는 사실이다. 국내에서도 유명 포털 사이트를 비롯해 중대형 쇼핑몰이나 기업 웹사이트, 개인 블로그 등 크고 작은 수 많은 웹사이트에서 사용하고 있으므로 국내 웹 프로그래밍 언어 분야에서도 여전히 PHP는 빼놓을 수 없는 중요한 요소다. 머지 않은 미래에 웹 프로그래머로 일하고 싶거나 더 좋은 PHP 프로그램을 만들고자 하는 현업 개발자라면 이 책을 통해 PHP의 발전 가능성과 그 매력에 더욱 깊게 빠져드는 계기가 되기를 바란다.

1-2. PHP 개발 환경

필자는 개발 환경이 매우 중요하다고 생각한다. 물론 "장인은 도구를 탓하지 않는다"는 말이 있듯 프로그래머라면 단순한 메모장에서도 프로그래밍을 할 줄 알아야 한다고 생각하는 사람도 있을 것이므로 필자의 생각만이 옳다고 주장하는 것은 아니다. 다만 수 많은 함수를 외우느라 많은 시간을 할애하기보다는 단순한 작업은 도구의 힘을 빌어 빠르게 처리하고 개발자는 어떻게 하면 좋은 코드를 작성할 수 있을지 고민하는 것이 더 좋지 않을까.

좋은 개발 환경은 우리에게 좀더 쉽고 빠르게 코드를 작성할 수 있게 도와주며 이를 통해 우리는 "능숙한 타이핑"보다는 더 좋은 코드를 작성하기 위한 "깊은 고민"을 할 수 있다고 생각한다.

또한 하루가 다르게 변하는 웹 트렌드를 반영하면서 좋은 웹 서비스를 만들어 내려면 개발 효율과 생산성을 극대화해야 하는데, 이러한 측면에서도 PHP 통합 개발 환경은 불가피한 선택이다. 이클립스 PDT뿐 아니라 PHPeclipse, 그리고 Zend Studio 등 어떤 PHP 통합 개발 환경을 사용하든지 상관 없다. 분명한 것은 밭을 갈기 위한 성능 좋은 트랙터가 있음에도 소로 쟁기를 끌 필요는 없다는 점이다.

그러므로 자신에게 맞는 가장 좋은 개발 환경을 선택하는 것은 매우 중요한 일이며 결과적으로 만들고자 하는 프로그램을 조금 더 빠르고 잘 만들 수 있을 것이다. 이클립스 PDT는 PHP 프로그램을 개발하기 위한 성능 좋은 트랙터 역할을 충분히 해줄 것이며 이 책은 마치 트랙터 설명서처럼 PDT에서 어떻게 개발을 하는지 그 방법들을 알려줄 것이다.

1-3. 이클립스 PDT란

PDT(PHP Development Tools)는 2006년에 시작된 프로젝트다. 2006년 당시에도 이미 Zend Studio와 PHPEclipse라는 PHP 통합 개발 환경이 있었는데, Zend Studio는 가장 앞선 개발 환경임에도 지나치게 비싼 가격으로 인해 쉽게 사용할 수 없었고 이클립스 플러그인 형태의 오픈소스 프로젝트인 PHPEclipse가 큰 인기를 모으고 있었다. PHPEclipse 프로젝트는 2002년에 시작되어 꾸준하게 버전을 올려왔기 때문에 안정성이나 기능적인 면에서 PDT보다 우수했다. PDT는 2007년에 1.0을 발표한 후 한동안 새 버전을 내놓지 않았고 그 사이에 PHPEclipse는 이클립스 플랫폼이 3.1x, 3.2.x, 3.3.x으로 버전을 높여 갈 때마다 새로운 버전을 발표하면서 더욱 앞서나갔다.

그런데 PDT가 2008년에 2.0, 그리고 2009년 상반기에 2.1을 연달아 발표하면서 상황은 달라졌다. PDT 2.0은 완성도가 높았다. 기능이 많아졌고 안정성도 좋아졌다. 그리고 PHP 개발환경에 대한 체계가 잡혔다고 볼 수 있었다. 더불어 이클립스 3.3.x Europa 버전 이후로 이클립스 플랫폼 버전을 따라가지 못하는 PHPEclipse에 비해 PDT는 이클립스 3.4.x Ganymede, 3.5.x Galileo가 발표될 때마다 새로운 버전을 선보이며 초기에 뒤처졌던 걸음을 빠르게 만회해 갔다.

이처럼 PDT와 PHPEclipse는 서로 경쟁하며 지속적으로 발전해 왔다. PHPEclipse가 2002년부터 2008년까지 PHP 통합 개발 환경의 기틀을 마련했다면 PDT는 2009년 이후부터 PHP 통합 개발 환경을 왜 사용해야 하는지를 보여주면서 사실상 표준 PHP 통합 개발 환경으로 자리매김했다.

1-4. PHP를 처음 배우는 학생들에게

프로그래밍을 처음 배울 때에는 코딩에 익숙해지기 위해 일반적인 텍스트 에디터를 사용하는 경우가 적지 않다. 필자도 프로그래밍에 입문할 때 그렇게 시작했기 때문에 좋은 방법 중 하나라는 것을 충분히 공감한다. 그럼에도 이클립스 PDT를 추천하는 이유는 프로그램을 만드는 여러 가지 방법을 익히는 것도 매우 중요하며, 가까운 미래에 회사 같은 곳에서 분명 통합 개발 환경을 사용할 것이기 때문이다.

1-5. PHP 프로그램을 개발하고 있는 현업 개발자들에게

PHP가 여러 플랫폼을 지원하는 프로그래밍 언어이다 보니 경우에 따라 개발자마다 개발 환경이 다른 경우가 많다. 예를 들어 윈도우와 텍스트 에디터를 사용하는 개발자도 있을 것이고, Mac OS X나 리눅스에서 VI를 사용하는 개발자도 있을 것이다.

하지만 여러분이 지금까지 무엇을 사용해서 PHP 프로그램을 개발해 왔는지는 중요하지 않다. 물론 현재 익숙하게 사용하고 있는 환경들이 좋지 않다는 것을 말하려는 게 아니다. 필자는 이 책을 읽는 동안은 여러분이 지금까지 익숙하게 사용해온 환경을 과감하게 버리고 이클립스 PDT라는 PHP 통합 개발 환경을 경험해 보기를 적극 권장한다. 이미 이클립스 PDT를 사용하고 있는 개발자라면 이클립스 PDT의 잠재력을 실감하게 될 것이고, 이클립스 PDT를 처음 사용해 보는 개발자라면 이클립스 PDT의 매력에 빠져들 수밖에 없을 것이다.

그 경험은 여러분의 개발 속도를 높여줄뿐더러 나아가 조직 전체의 생산성이 향상되는 결과로 나타날 것이다.

1-6. 이 책의 대상 독자

이 책은 PHP 개발자를 위한 책이다. 더불어 PHP 입문자나 초보자도 쉽게 이해할 수 있게 아주 쉽고 자세하게 설명하고 있다. 이 책에서 설명하는 내용이 고급 실무자에게는 다소 따분하게 느껴질 수도 있을 것이다. 하지만 많은 PHP 개발자들이 텍스트 에디터나 VI 등으로 프로그래밍을 하고 있는 현실을 감안하면 쉽고 자세한 설명에는 그만한 가치가 충분히 있다고 생각한다.

여러분에게 더 좋은 책이 될 수 있도록 다음과 같은 목표를 정했다.

- 이클립스 PDT에 대한 전반적인 지식을 전달한다.
- PHP를 처음 접하는 독자라도 이해할 수 있게 가능한 한 쉽게 설명한다.
- 필자의 경험을 토대로 이클립스 PDT의 활용 방법을 기술한다.

이클립스 PDT를 사용하는 데 필요한 전반적인 지식을 최대한 많이 담으려 노력했다. 그리고 PHP에 관한 기초적인 사항은 알고 있지만 PHP에 익숙하지 않은 초급 개발자나 입문자도 충분히 이해할 수 있게 아주 쉽고 자세하게 설명하려고 노력했다. 따라서 이미 이클립스 PDT를 알고 있는 중/고급자에게는 다소 반복되는 내용도 있을 것이므로 여기에 대해서는 양해해 주길 바란다. 그리고 여러분이 필자가 했던 것과 같은 실수나 고민을 되풀이하지 않기를 바라는 마음에서 필자가 직접 이클립스 PDT를 사용하면서 알게 된 지식과 느낌도 전달하고자 했다.

1-7. 시스템 요구사항

이클립스는 자바 기반의 애플리케이션이므로 JRE(Java Runtime Environment)가 동작하는 환경이라면 어떤 운영체제든 문제 없이 이클립스를 구동할 수 있다. 단, 이클립스가 다소 큰 프로그램이라서 개발을 수월하게 하려면 주 메모리를 2GB 이상으로 늘리는 편이 좋다. 더불어 이클립스를 사용하는 과정에서 이클립스 플러그인을 설치하거나 PHP 도움말을 검색하는 등 인터넷을 지속적으로 사용해야 하므로 인터넷이 연결된 환경이면 더욱 좋다.

이클립스는 통합 개발툴로서 화면 안에 여러 개의 뷰가 있다. 그래서 필자의 경우에는 넓은 와이드 모니터가 코드를 작성하는 데 조금 더 편하게 느껴졌다.

이 책에서 다루는 내용을 직접 실습해보려면 다음과 같은 환경이 필요하다.

- 윈도우, 리눅스, Mac OS X 등 자바 가상 머신이 설치된 GUI 운영체제
- 주 메모리 1GB 이상(2GB 이상 권장)
- JavaVM(5.0 이상)
- 인터넷이 연결된 환경

1-8. 이 책의 구성

이 책은 기본적으로는 윈도우 환경을 기반으로 한다. 하지만 이클립스가 자바 기반의 멀티 플랫폼 소프트웨어라서 리눅스, Mac OS X 등 다양한 운영체제에서 이클립스를 설치하고 사용하는 방법도 기술하고 있으므로 현재 사용 중인 운영체제에 맞는 내용을 선택적으로 읽어도 무방하다.

이 책은 이클립스 PDT의 설치 방법과 기능, 사용법, 그리고 이클립스 PDT 활용법으로 구성돼 있다. 설치 방법은 쉽고 간단하지만 PHP 개발자들이 JRE 환경에 익숙하지 않다는 것을 전제로 내용을 기술했다. 기능과 사용법은 이클립스 PDT가 어떤 기능을 제공하고 이 기능들을 활용하는 방법과 관련된 내용이다. 그리고 그 외의 여러 가지 활용법은 필자가 이클립스 PDT로 개발하면서 고민한 결과를 기술한 것으로 여러 가지 방법 가운데 필자가 주로 활용하는 방법도 있다는 것을 독자와 공유하기 위한 것이다.

이 책에서는 다음과 같은 내용을 담고 있다.

- 이클립스 PDT 설치
- 이클립스 PDT의 기능
- 이클립스 PDT에서 PHP 프로그램 개발하기
- PHP 프로그램의 배포
- 이클립스 PDT에서 형상 관리 도구 활용하기
- 이클립스 PDT를 활용한 협업
- 개발 문서의 자동 생성
- 유용한 이클립스 플러그인

1-9. 용어 정리

이 책에서는 이클립스와 이클립스 PDT를 혼용해서 사용하고 있다. 이클립스 PDT는 이클립스 기반의 PHP 개발 환경을 말하는 것이므로 이 책에서 "이클립스"는 "이클립스 PDT"를 포함하는 의미다.

1-10. 이클립스 아키텍처

우리가 사용하는 수많은 애플리케이션은 운영체제(OS, Operating System)라는 플랫폼상에서 구동된다. 마찬가지로 이클립스도 플러그인 형태의 각종 프로그램이 유기적으로 구동될 수 있게 해주는 애플리케이션 플랫폼이다. 예를 들어 이클립스 다운로드 웹 페이지(http://www.eclipse.org/downloads/)에서 볼 수 있는 Eclipse IDE for Java Developers는 자바 개발을 위한 이클립스 플러그인 패키지이고, CDT(C/C++ Development Tooling)는 C/C++ 개발을 위한 플러그인 패키지다.

이클립스는 다음 그림과 같이 구성돼 있다.

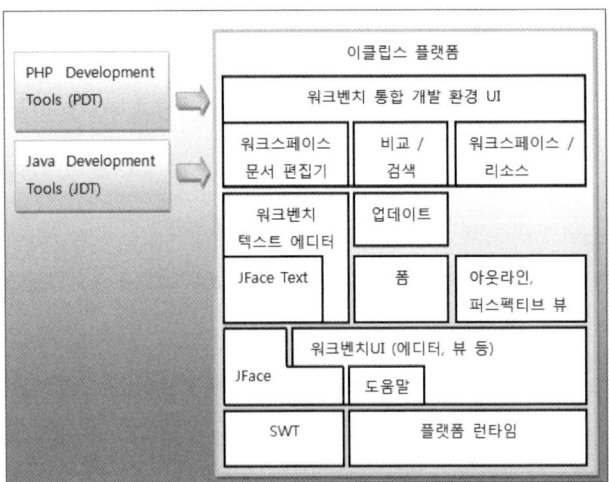

이클립스를 실행했을 때 우리가 보는 에디터 창, 메뉴, 뷰 등은 이클립스 플랫폼의 최상단의 모습이다. 이 책에서 살펴보는 이클립스 PDT도 PHP 개발을 위한 이클립스 플러그인 패키지로서 JDT나 CDT와 중복되는 플러그인을 포함할 수 있다. 이클립스 PDT에 JDT를 추가해서 사용할 수 있고 반대로 JDT에 PDT를 추가해서 사용할 수도 있다. 이러한 이클립스 플러그인 모델은 이클립스에 무한한 가능성을 부여한다.

이클립스 PDT 설치

JRE 설치

이클립스 PDT 설치

이클립스 PDT는 자바 기반의 애플리케이션이므로 가장 먼저 이클립스 PDT를 구동하고자 하는 컴퓨터에 자바 런타임 환경(Java Runtime Environment, 이하 JRE)을 설치해야 한다. 자바 기반이라는 것은 마치 PHP 프로그램을 구동하는 데 PHP 인터프리터가 필요한 것처럼 자바 가상 머신(Java Virtual Machine, 이하 JavaVM 또는 JVM)이라고 하는 JRE가 꼭 필요하다는 의미다. JavaVM은 자바로 작성된 프로그램이 문제 없이 실행하는 데 필요한 유틸리티와 라이브러리, 환경 설정 등이 포함된 소프트웨어적인 가상 계층이다. JavaVM은 운영체제와 애플리케이션의 중간에 위치해 이클립스와 같은 자바 기반의 애플리케이션이 윈도우, Mac OS X, 리눅스 등의 운영체제와 상관없이 실행될 수 있게 해준다. 이는 어떤 운영체제든 JavaVM이 동작하는 GUI 환경이라면 이클립스 PDT를 사용할 수 있다는 말이기도 하다.

이 장에서는 이클립스 PDT를 구동하기 위한 JRE와 이클립스 PDT를 설치하는 과정을 살펴본다.

2-1. JRE 설치

이클립스 PDT는 자바로 작성된 프로그램이므로 이클립스 PDT를 사용하려면 먼저 JRE를 설치해야 한다. JRE는 Java SE 다운로드 웹 페이지(http://java.sun.com/javase/downloads/)에서 내려 받을 수 있다. Java SE 다운로드 웹 페이지에 접속하면 JRE가 아니라 JDK라고 적힌 다운로드 링크가 가장 먼저 눈에 띌 것이다. JDK(Java Development Kit)는 자바 프로그래밍을 위한 각종 도구를 묶어놓은 패키지다. JDK에는 JRE도 포함돼 있으며 이클립스 PDT 이외의 일부 다른 자바 애플리케이션은 JRE가 아니라 JDK를 설치해야 동작하기도 하므로 나중을 위해서라도 JRE보다는 JDK를 설치해서 사용하자. 일부 OS에는 이미 JRE가 설치돼 있는 경우도 있으므로 자신이 사용하는 컴퓨터에 JRE가 설치돼 있는지 미리 확인해 보는 것도 좋다.

> **참고   JRE 설치 여부 확인**
>
> 윈도우 사용자라면 시작 → 실행을 선택한 후 cmd를 입력하고, Mac OS X나 리눅스 등을 사용하고 있다면 터미널을 실행한다. 그러고 나서 java -version을 입력했을 때 자바 버전 정보가 출력되면 이미 자바가 설치돼 있는 것이며 버전 정보도 확인할 수 있다.

JDK 다운로드

자바를 개발하던 썬(Sun)이 오라클(Oracle)로 인수 합병되어 예전의 자바 다운로드 웹 페이지에 접속하면 오라클 사의 자바 다운로드 웹 페이지로 이동한다. 또한 JDK 다운로드 웹 페이지는 종종 개편되기도 하므로 이 책에 실린 화면과 다소 차이가 있을 수 있다.

JDK를 내려 받는 방법은 다음과 같다.

01. 웹 브라우저를 열고 Java SE 다운로드 페이지(http://java.sun.com/javase/downloads/)로 들어간다.

02. 다운로드 페이지에서 최신 버전의 JDK를 내려 받을 수 있는 Download JDK 버튼을 클릭한다.

[그림 2-1] JDK 다운로드 페이지

03. 이클립스 PDT를 설치할 컴퓨터에 해당하는 운영체제를 선택한 후 Download 버튼을 클릭한다.

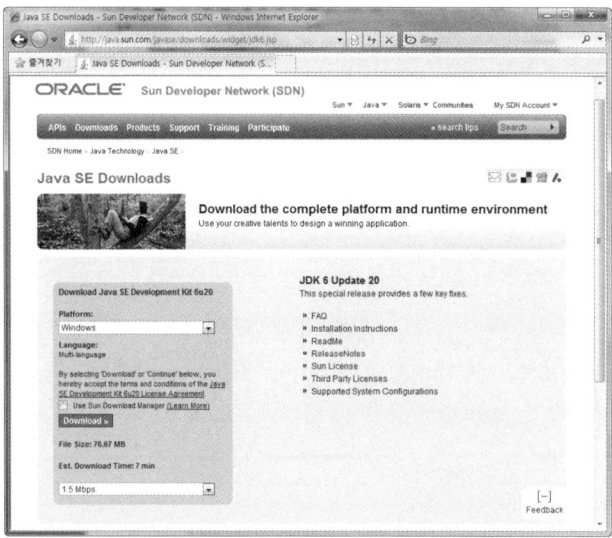

[그림 2-2] 운영체제 선택

04. 만약 [그림 2-3]과 같이 로그인 창이 나타나는 경우 Skip this Step 링크를 클릭하면 다음 페이지로 넘어갈 수 있다.

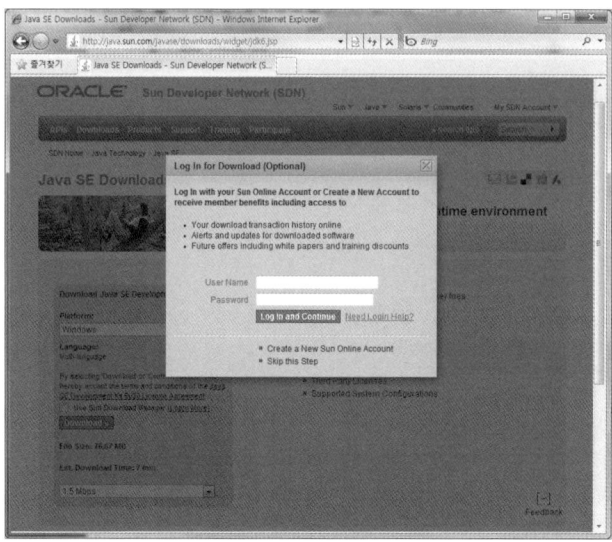

[그림 2-3] 로그인 창

05. JDK 다운로드 링크를 클릭해서 파일을 내려 받는다.

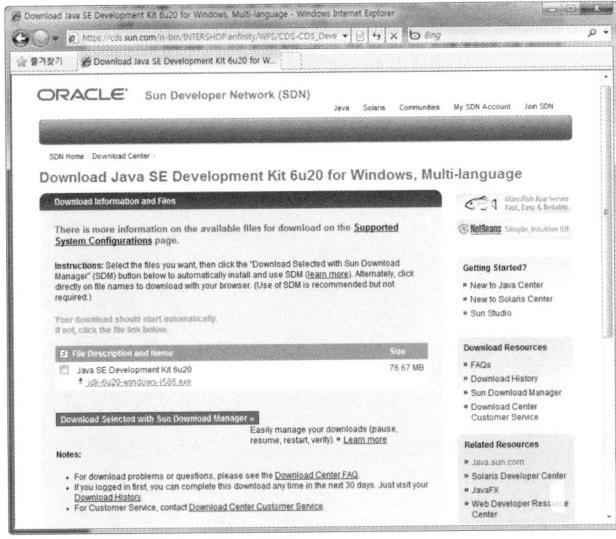

[그림 2-4] JDK 파일 다운로드 링크

윈도우용 JDK 설치

윈도우용 JDK 설치 파일에는 설치 마법사가 포함돼 있어 아주 쉽게 설치할 수 있다. 단, 윈도우용 이클립스 PDT는 32비트용 바이너리 파일만 제공하므로 자바도 32비트용을 설치하는 것이 좋다. JDK 설치 방법은 다음과 같다.

01. 내려 받은 JDK 설치 파일을 찾아 실행하면 [그림 2-5]와 같이 라이선스 동의 화면이 나타난다. Accept를 클릭한다.

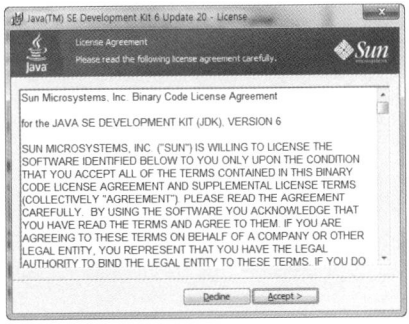

[그림 2-5] 자바 라이선스 동의

02. JDK를 설치할 폴더를 지정하고 Next 버튼을 클릭한다. 기본적으로는 C:\Program Files 폴더 아래에 설치하도록 지정돼 있는데 이곳에 설치하면 나중에 자바를 사용하는 데 불편할 수도 있으므로 필자는 C:\java에 설치해 사용한다.

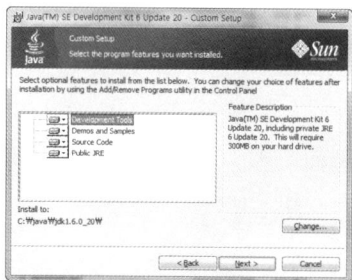

[그림 2-6] JDK 설치 폴더 지정

03. JRE를 설치할 폴더를 지정하고 Next 버튼을 클릭한다. 필자는 JRE도 C:\java 아래에 설치되게끔 지정했다.

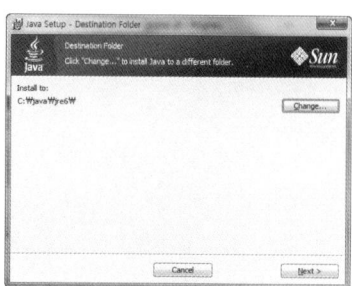

[그림 2-7] JRE 설치 경로 지정

04. 설치가 완료되면 Finish 버튼을 클릭해서 설치 프로그램을 종료한다.

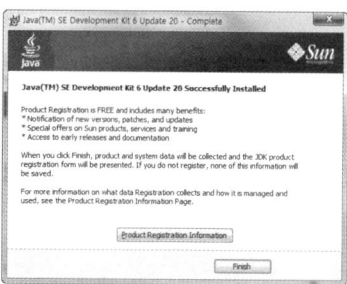

[그림 2-8] 설치 완료

설치 과정에서 자바 설치 마법사 외에 다른 프로그램이 실행 중이라면 [그림 2-9]와 같은 경고 창이 나올 수 있다. 이러한 경우에는 "프로그램을 닫고 계속하기" 버튼을 클릭해서 목록에 나타난 프로그램을 종료하거나 경고 창에서 알려주는 해당 애플리케이션을 직접 종료한 후 "프로그램을 닫고 계속하기" 버튼을 클릭하면 된다.

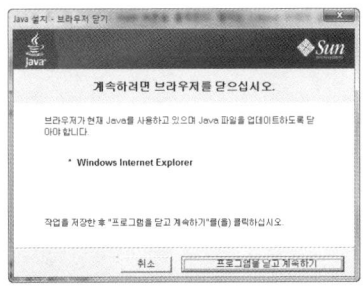

[그림 2-9] Java 설치 과정에서 나타나는 경고 화면

Mac OS X용 JDK 설치

Mac OS X Leopard에는 기본적으로 JDK가 설치돼 있다. 자신의 Mac OS X에 어떤 버전의 JDK가 설치돼 있는지 궁금하다면 "응용 프로그램 → 유틸리티 → Java 환경설정"을 실행하면 [그림 2-10]과 같이 JDK 버전을 확인할 수 있다.

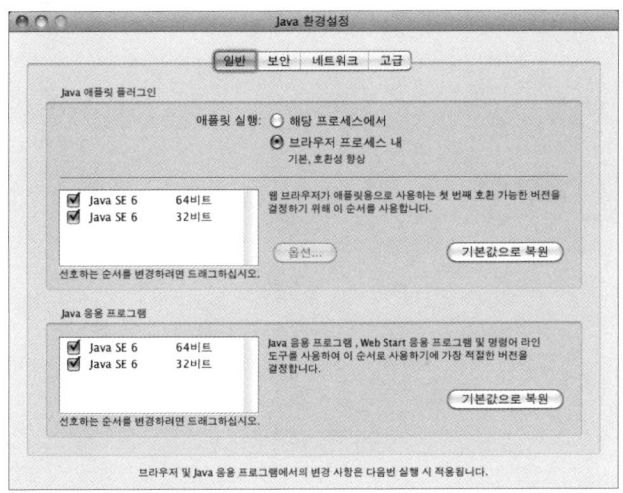

[그림 2-10] Java 환경설정

JDK가 설치돼 있지 않거나 최신 버전의 JDK를 설치하고 싶다면 [그림 2-11]과 같이 Mac OS X의 소프트웨어 업데이트를 수행하면 된다.

[그림 2-11] 소프트웨어 업데이트

우분투용 JDK 설치

우분투(http://www.ubuntu.com)에서는 자체적으로 제공하는 우분투 소프트웨어 센터를 통해 매우 쉽고 간편하게 JDK를 설치할 수 있다. 이 책은 우분투 10.04 버전을 기준으로 썼으므로 버전이 다른 경우 기본 옵션이나 설치 방법 등이 다를 수 있다.

우분투에서 JDK를 설치하는 방법은 다음과 같다.

01. 우분투 상단 메뉴 바의 프로그램 ➜ 우분투 소프트웨어 센터를 클릭한다.

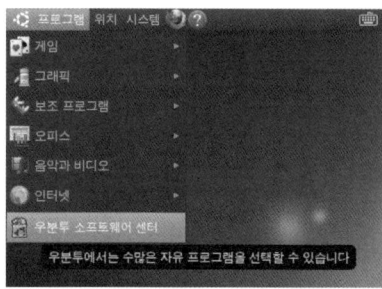

[그림 2-12] 우분투의 Applications 메뉴

02. 우분투 소프트웨어 센터 창이 열리면 "java"를 검색한다.
03. "java"에 대한 검색 결과가 나오면 OpenJDK Java Runtime을 찾아 설치 버튼을 클릭한다.

[그림 2-13] 우분투 소프트웨어 센터

04. 설치가 완료되면 다음 화면과 같이 제거라고 표시된다. 이제 우분투 소프트웨어 센터 창을 닫는다.

[그림 2-14] 설치된 OpenJDK Java 6 Runtime

05. 설치가 제대로 됐는지 확인하기 위해 우분투 상단 메뉴에서 프로그램 → 보조 프로그램 → 터미널을 클릭한다.

06. 그리고 java -version이라고 입력해서 다음 화면과 같이 자바 버전이 출력되는지 확인한다.

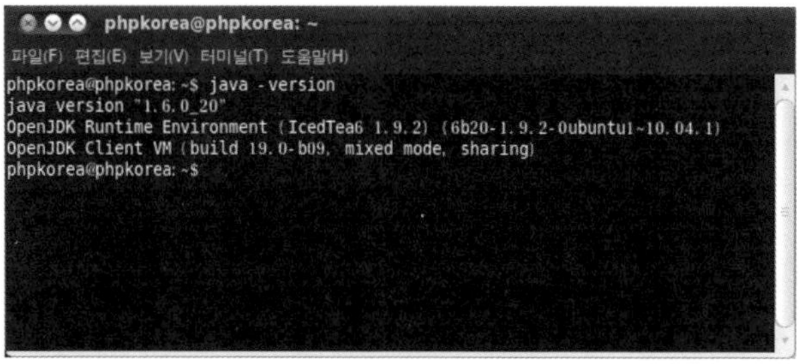

[그림 2-15] OpenJDK 설치 확인

2-2. 이클립스 PDT 설치

이클립스는 특별한 설치 도구가 필요하지 않고 이클립스 다운로드 사이트에서 내려 받은 파일의 압축을 풀기만 하면 간단하게 설치가 끝난다. 이클립스를 처음 접하는 경우라면 설치 마법사가 없다는 점이 불편하게 느껴질 수도 있지만 이클립스를 사용하다 보면 이러한 설치 방법이 매우 유용하다는 사실을 알게 될 것이다. 예를 들어 설치해서 사용 중이던 이클립스를 다른 컴퓨터로 옮겨 그대로 사용하고 싶은 경우 이클립스가 설치된 폴더 전체를 그대로 복사해서 옮기기만 하면 된다. 그러면 새로운 컴퓨터에서도 예전과 동일한 환경(퍼스펙티브, 플러그인, 기타 환경 설정)이 그대로 유지된다. 또는 동일한 컴퓨터에 버전에 구애 받지 않고 여러 개의 이클립스 PDT를 설치해서 쓸 수 있다. 이클립스를 삭제할 때도 설치한 폴더를 삭제하기만 하면 되므로 아주 편리하다. 필자의 경우에는 환경 설정과 개발 프로젝트가 조금씩 다른 여러 개의 이클립스를 한 컴퓨터에 설치해서 사용하고 있다.

이클립스는 자바 기반의 멀티 플랫폼 애플리케이션이므로 이 장에서는 윈도우와 Mac OS X, 우분투에 이클립스 PDT를 설치하는 과정을 살펴보겠다. 단, 이클립스 PDT 파일을 다운로드 페이지에서 내려 받는 과정은 운영체제에 상관없이 거의 비슷하므로 여기서는 윈도우용 설치 방법만 살펴보겠다. 따라서 Mac OS X와 우분투를 사용하는 경우에는 "윈도우에 이클립스 PDT 설치하기" 절을 참고하기 바란다.

윈도우에 이클립스 PDT 설치하기

윈도우용 이클립스 PDT는 Mac OS X나 리눅스처럼 64비트용 바이너리 파일을 제공하지 않는다. 앞서 64비트용 JRE를 설치했다면 32비트용 JRE를 설치하기 바란다.

> 이클립스는 64비트 윈도우용 버전을 제공하고 있지만 PHP 개발 도구인 이클립스 PDT All In One은 32비트용 버전만 제공하고 있다. 물론 이클립스 PDT All In One을 사용하지 않고 64비트용 이클립스를 설치한 후 PDT만 따로 설치할 수도 있지만 이 책에서 살펴볼 PHP 디버거인 Zend Debugger도 32비트용만 제공되므로 64비트용 이클립스를 사용할 경우 PHP 실행 및 디버깅하는 과정에서 문제가 발생한다. 그러므로 안정적인 개발 환경을 위해서라도 이클립스 PDT All In One을 설치해서 사용하기를 권장한다.

윈도우에 이클립스 PDT를 설치하는 방법은 다음과 같다.

01. 웹 브라우저를 열고 이클립스 PDT 다운로드 페이지(http://eclipse.org/pdt/)로 들어간다.
02. Download 이미지를 클릭한다.

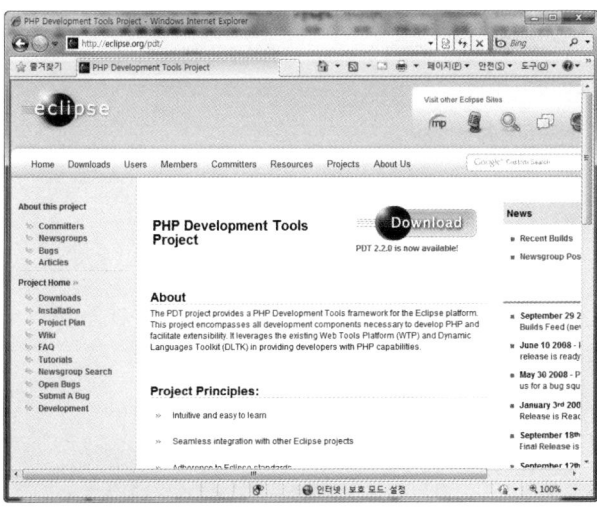

[그림 2-16] 이클립스 PDT 다운로드 페이지

03. All In Ones/Eclipse PHP Package에서 운영체제에 맞는 최신 버전의 이클립스 PDT를 내려 받는다.

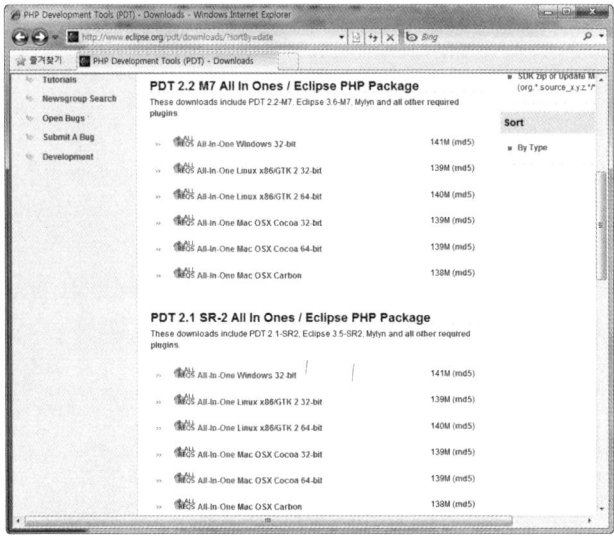

[그림 2-17] PDT 다운로드 페이지

> PDT 2.2는 Helios 기반이며 PDT 2.1은 이클립스 Galileo 기반이다. 어떤 것을 사용하든 큰 문제는 없지만 가능하면 최신 안정 버전을 사용하기를 바란다.

04. 내려 받은 파일을 찾아 원하는 폴더에 압축을 푼다. 필자는 C:\eclipse 폴더 아래에 이클립스 PDT를 설치했다. 이클립스는 설치 마법사를 제공하지 않으므로 가능한 한 쉬운 경로에 설치하는 것이 이클립스를 사용하기에 조금 더 편리하다.

05. 압축을 푼 폴더를 열어 [그림 2-18]과 같이 이클립스를 구성하는 파일이 존재하는지 확인한다.

[그림 2-18] 이클립스 PDT가 설치된 폴더

> **참고 윈도우 탐색기에서 확장자가 보이지 않을 경우**
>
> 윈도우 환경에서는 특별히 설정을 변경하지 않는 이상 파일의 확장자가 보이지 않는다. 확장자가 보이지 않는다면 파일을 선택해 실행하는 데 다소 불편할 수도 있으므로 다음과 같은 방법으로 설정을 변경한다. 윈도우 탐색기에서 파일 확장자가 보이게 하는 방법은 다음과 같다.
>
> 01. 윈도우 탐색기 상단 메뉴의 도구 → 폴더 옵션을 선택한다.
> 02. 폴더 옵션 창이 뜨면 보기 탭을 클릭한다.
> 03. 고급 설정에서 "알려진 파일 형식의 파일 확장명 숨기기"를 찾아 체크를 해제한다.
>
>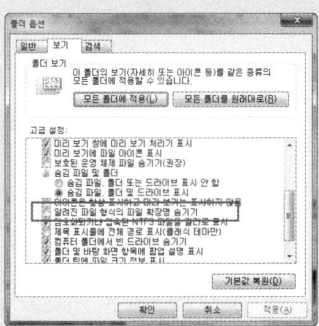
>
> [그림 2-19] 폴더 옵션
>
> 04. 확인 버튼을 클릭하면 위 [그림 2-18]과 같이 윈도우 탐색기에서 파일 확장자가 보일 것이다. 모든 폴더에서 파일 확장자를 보길 원한다면 [그림 2-19]의 폴더 옵션 창에서 "모든 폴더에 적용" 버튼을 클릭한 후 확인 버튼을 클릭하면 된다.

Mac OS X에 이클립스 PDT 설치하기

Mac OS X에 이클립스 PDT를 설치하는 방법도 윈도우에 설치하는 방법과 큰 차이가 없다. Mac OS X에 이클립스 PDT를 설치하는 방법은 다음과 같다.

01. 웹 브라우저를 열고 이클립스 PDT 웹 페이지(http://eclipse.org/pdt/)에 접속한 후 Download 이미지를 클릭한다.

02. 이클립스 PDT 다운로드 웹 페이지에는 다른 버전의 이클립스 PDT가 등록돼 있다. 이 중에서 최신 버전의 All In Ones / Eclipse PHP Package를 내려 받으면 된다. 주의할 점은 Mac OS X 용 이클립스 PDT 파일은 운영체제 버전에 따라 크게 Cocoa와 Carbon으로 나뉘며 이 또한 32비트와 64비트용으로 나뉘어 있다. 만약 Leopard를 사용하고 있다면 Cocoa 버전을 선택하면 된다. 그리고 Leopard는 운영체제에서 32비트와 64비트를 함께 지원하므로 현재 Mac OS X에 설치된 JDK가 32비트용인지 64비트용인지 확인한 후 알맞은 이클립스 PDT 파일을 내려 받으면 된다. [그림 2-20]은 64비트 버전의 JRE가 설치돼 있는 경우다.

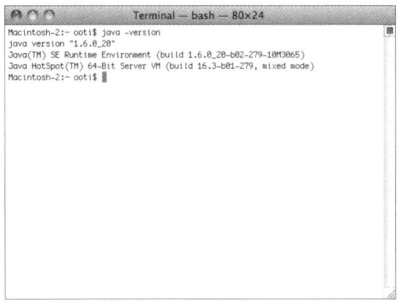

[그림 2-20] 자바 버전 확인

03. 내려 받은 이클립스 PDT 파일을 더블 클릭해서 압축을 푼다.
04. 생성된 디렉터리를 열고 이클립스 파일을 실행한다.

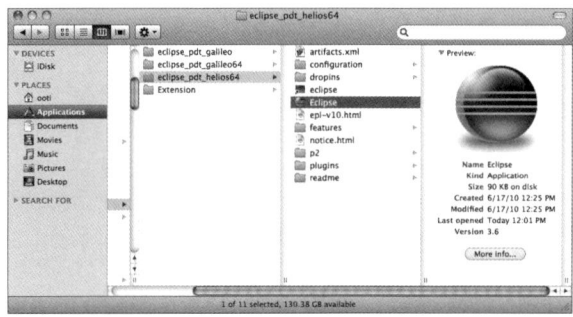

[그림 2-21] 이클립스 PDT가 설치된 디렉터리

우분투에 이클립스 설치하기

우분투는 윈도우나 Mac OS X와 같이 데스크톱용 리눅스 운영체제로 유명하다. 익숙하면서도 편리한 GUI 환경을 제공해 주므로 전 세계적으로 많은 사람이 우분투를 사용하고 있다.

우분투에 이클립스 PDT를 설치하는 방법도 간단하다. 이클립스 PDT 다운로드 웹 페이지 (http://eclipse.org/pdt/downloads/)에서 리눅스 용 이클립스 파일을 내려 받은 후 압축을 풀면 [그림 2-22]와 같이 이클립스 PDT 파일을 볼 수 있다. 이 중에서 마름모 모양의 이클립스(eclipse) 파일(아이콘)을 실행하면 된다.

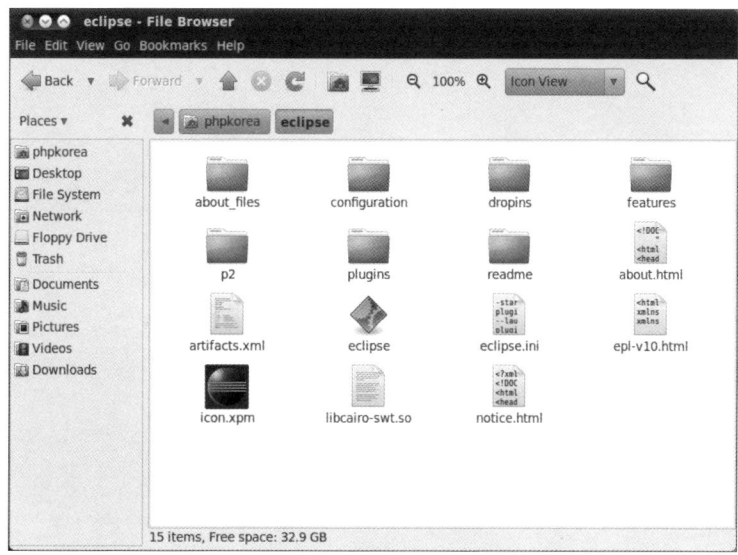

[그림 2-22] 우분투에 설치된 이클립스 PDT 디렉터리

CHAPTER 03
PHP 개발자를 위한
이클립스 PDT

이클립스 PDT 처음 시작하기

이클립스 PDT 실행
이클립스 PDT의 사용자 인터페이스
PHP 프로젝트 생성
기존 프로젝트를 이클립스 프로젝트로 가져오기
PHP 파일 생성

이클립스 PDT는 일반적으로 자주 사용하는 텍스트 에디터나 우리에게 익숙한 통합 개발 환경과 생김새가 비슷하므로 쉽게 익숙해질 것이다. 하지만 도구를 잘 사용하려면 그 도구의 본질을 잘 이해하고 어떤 기능이 있는지 충분히 접해보는 것이 매우 중요하다. 이 장에서는 이클립스 PDT로 처음으로 PHP 프로그램을 개발하는 분들을 위해 이클립스 PDT를 실행하는 방법과 사용자 인터페이스, PHP 프로젝트 생성 방법 등을 순서대로 살펴보겠다.

3-1. 이클립스 PDT 실행

이클립스는 설치 마법사를 사용해서 설치하지 않으므로 이클립스를 실행하려면 매번 이클립스가 설치돼 있는 폴더를 열고 eclipse.exe 파일을 실행해야 한다. 이클립스를 실행할 때마다 폴더를 여는 것이 귀찮다면 "바로 가기" 아이콘을 바탕화면에 만들어 두는 것도 좋다.

이클립스를 사용하려면 당연히 JDK(또는 JRE)가 설치돼 있어야 하며 컴퓨터의 주 메모리가 최소 1GB 이상이어야 이클립스에서 원활하게 프로그래밍할 수 있다. 물론 주 메모리가 1GB 미만인 컴퓨터에서도 이클립스를 구동할 수는 있지만 경우에 따라 답답함을 느낄 수도 있다. 그리고 여유가 된다면 컴퓨터에 2GB 이상의 주 메모리를 장착하기를 적극 권장한다. 필자의 경우 주 메모리가 1GB인 경우와 2GB인 경우 그리고 그 이상인 경우에 느끼는 체감 속도의 차이가 적지 않았기 때문이다.

필자는 이클립스를 더 좋은 환경에서 구동하기 위해 모든 개발용 컴퓨터에 64비트 운영체제를 설치했다. 그 중에서도 64비트용 우분투의 만족도가 가장 뛰어났다. 우분투가 설치된 컴퓨터에 8GB 주 메모리를 사용했는데 아주 오랜 시간 켜두었음에도 개발 환경이 빠르고 안정적으로 유지됐다. 물론 윈도우 7 이상의 운영체제나 Mac OS X에서도 좋은 성능을 보이므로 자신에게 맞는 가장 좋은 환경을 찾아보기 바란다. 단, 이클립스 PDT는 64비트 윈도우용 버전을 제공하지 않으므로 꼭 32비트용 이클립스 PDT를 사용해야 한다.

자, 이제 이클립스 PDT의 세계로 들어가보자.

앞서 설치 과정에서 살펴본 바와 같이 이클립스 PDT는 압축 파일을 푸는 것으로 설치가 끝난다. 설치 마법사로 설치하지 않기 때문에 사용자는 이클립스 PDT 폴더에서 실행 파일을 직접 실행해야 한다.

이클립스 PDT를 실행하는 방법은 다음과 같다.

01. 윈도우 탐색기로 이클립스 PDT가 설치된 폴더를 연다.
02. 폴더에 있는 파일 중 eclipse.exe 파일을 찾아 실행한다.

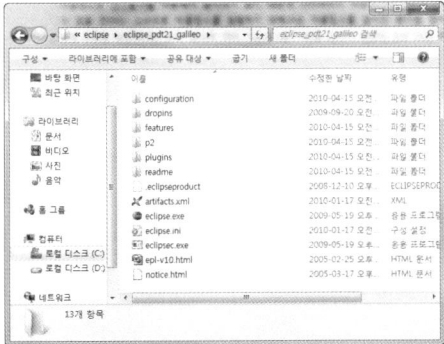

[그림 3-1] 이클립스 PDT 설치 폴더

> 만약 .exe 확장명이 보이지 않는다면 윈도우 탐색기 메뉴의 도구 → 폴더 옵션 → 보기 화면에서 "알려진 파일 형식의 파일 확장명 숨기기" 체크를 해제하면 된다.

03. 이클립스 PDT를 처음 실행하면 기본 Workspace를 지정하기 위해 [그림 3-2] 와 같이 Workspace Launcher 창이 열린다. 작업 폴더 경로를 직접 입력하거나 오른쪽의 Browse 버튼을 클릭해서 원하는 경로를 지정한 후 OK 버튼을 클릭한다.

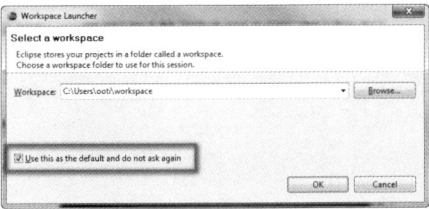

[그림 3-2] Workspace Launcher 창

Workspace란 프로젝트 폴더를 비롯해 PHP 파일, HTML, CSS, JavaScript 파일 등을 작성하기 위한 최상위 작업 폴더를 말한다. 예를 들어 이클립스에서 HelloWorld라는 프로젝트를 새로 생성하면 [그림 3-3]과 같이 Workspace로 지정한 폴더 아래에 HelloWorld라는 폴더가 생성된다.

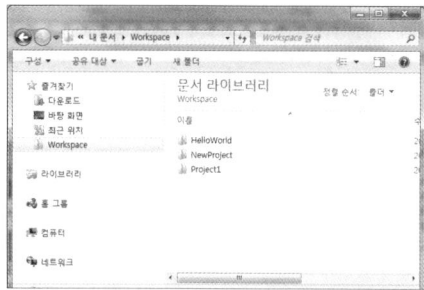

[그림 3-3] Workspace 폴더에 프로젝트 폴더가 생성된 화면

이클립스를 종료한 후 다시 실행하면 또 다시 Workspace Launcher 창이 열린다. Workspace로 사용할 폴더를 고정하고 다음에 실행할 때부터는 Workspace Launcher 창이 열리지 않게 하고 싶다면 "Use this as the default and do not ask again"에 체크를 한 후 OK 버튼을 클릭하면 된다.

> Workspace 경로는 이클립스 상단 메뉴의 File → Switch Workspace를 차례로 선택해서 변경할 수 있다.

04. 이클립스 PDT가 정상적으로 실행되면 Welcome 화면을 볼 수 있다.

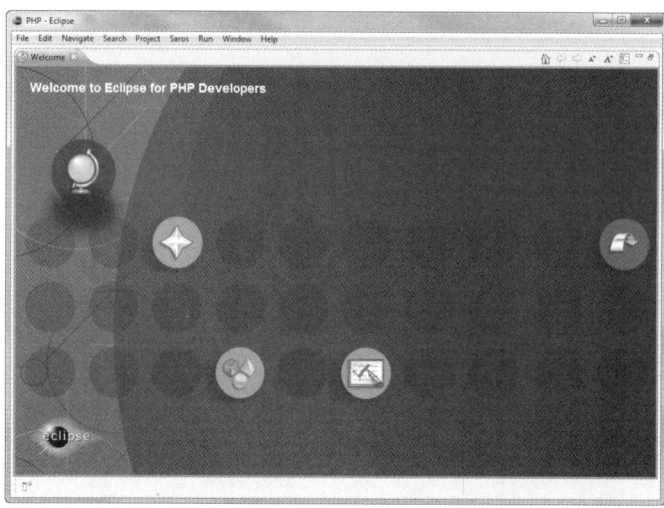

[그림 3-4] 이클립스 Welcome 화면

05. Welcome 탭의 X 버튼을 클릭하면 이클립스의 PHP 퍼스펙티브(Perspective)가 나타난다.

3-2. 이클립스 PDT의 사용자 인터페이스

이클립스 PDT의 사용자 인터페이스는 여러 개의 뷰(View)로 구성돼 있다. 각 뷰는 각기 다른 기능과 역할을 수행하는 플러그인이며, 필요에 따라 추가, 삭제, 이동 등 사용자가 원하는 대로 구성을 변경할 수 있다.

퍼스펙티브

이클립스의 퍼스펙티브(Perspective)란 뷰의 구성요소와 각 요소의 위치 등을 미리 정의해 둔 것을 말한다. 예를 들어 이클립스 PDT를 처음 실행했을 때 왼쪽에 PHP Explorer 뷰가 있고 오른쪽에 Outline 뷰가 있는 것도 PHP 퍼스펙티브에 각 뷰의 위치가 정의돼 있기 때문이다. 이클립스 PDT에는 PHP 퍼스펙티브와 PHP Debug 퍼스펙티브가 있으며 이클립스는 Web 퍼스펙티브, Java 퍼스펙티브 등 각종 작업을 위한 다양한 퍼스펙티브를 제공한다.

이 책에서 사용하는 PHP 퍼스펙티브는 PHP 프로그래밍을 하기 위한 편집기를 중심으로 구성 돼 있으며 PHP Debug 퍼스펙티브는 디버깅을 위한 Debug 뷰, Breakpoint 뷰 등으로 구성 돼 있다.

이 책에서 사용하는 퍼스펙티브는 다음과 같다.

- PHP
- PHP Debug
- Remote System Explorer
- SVN Repository Exploring

현재 이클립스에 어떤 퍼스펙티브가 적용돼 있는지는 이클립스 상단 오른쪽에 퍼스펙티브 바에서 확인할 수 있으며, 다른 퍼스펙티브를 선택하면 선택한 퍼스펙티브에 정의된 형태대로 이클립스의 모습이 바뀐다.

PHP 퍼스펙티브

PHP 퍼스펙티브는 [그림 3-5]와 같이 다섯 개의 패널로 구성돼 있다. 이클립스 상단에 툴바가 있으며 가운데에는 편집기(Editor)가 있다. 왼쪽에는 PHP Explorer 뷰와 Type Hierarchy 뷰, 오른쪽에는 Outline 뷰와 Task 뷰, 그리고 이클립스 하단에는 Problems 뷰와 Tasks 뷰, Console 뷰가 자리잡고 있다.

이클립스 상단의 메뉴바와 툴바를 제외한 다른 뷰들은 패널 간에 자유롭게 이동할 수 있으며 숨기거나 보이게 할 수도 있다. 이동한 뷰의 위치는 뷰가 속해 있는 퍼스펙티브에 저장되므로 다음에 이클립스를 실행했을 때도 동일한 구성이 적용된다. 뷰를 옮기는 방법은 각 뷰의 제목을 마우스로 끌어서 원하는 패널에 놓으면 된다. 그리고 동일한 위치에 여러 개의 뷰가 있는 경우에는 자동으로 탭 형태로 보여지며 사용자는 원하는 탭을 선택해 뷰를 볼 수 있다.

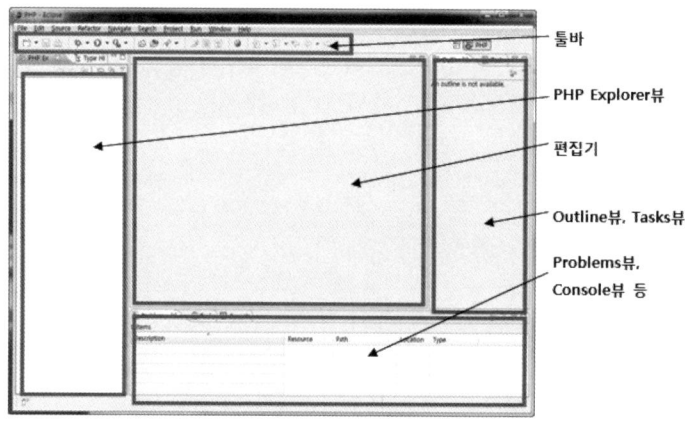

[그림 3-5] 이클립스 PDT의 PHP 퍼스펙티브

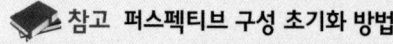

> **참고 퍼스펙티브 구성 초기화 방법**
>
> 이클립스 상단 메뉴의 Window → Reset Perspective를 선택하면 퍼스펙티브를 초기화할 수 있다.

메뉴바와 툴바

이클립스 PDT 상단에는 메뉴바와 툴바가 위치해 있다. 메뉴바는 이클립스 PDT의 모든 기능을 분류별로 모아 놓은 인터페이스이며, 툴바는 이클립스 PDT에서 자주 사용하는 기능을 단축 버튼 형태로 모아 놓은 것이다. 툴바는 메뉴바와는 달리 퍼스펙티브에 따라 구성요소가 달라진다. 직접 메뉴바나 툴바의 구성요소를 바꾸고 싶다면 Customize Perspective 창에서 변경할 수 있다. Customize Perspective 창은 툴바 영역에서 마우스 오른쪽 버튼을 클릭한 후 Customize Perspective를 선택하면 된다.

[그림 3-6] 이클립스 PDT 메뉴바와 툴바

Mac OS X는 다른 운영체제와는 다르게 상단 메뉴바가 [그림 3-7]과 같이 분리돼 있다.

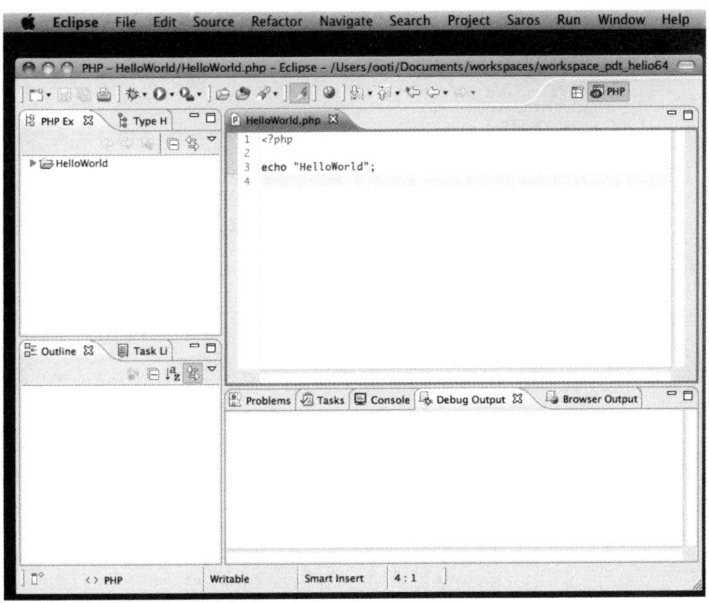

[그림 3-7] Mac OS X에서의 이클립스 메뉴바

편집기

이클립스 PDT의 가운데에 위치한 편집기는 소스 코드를 편집하거나 웹 프로젝트를 구성하는 각종 리소스(Resource)를 사용하기 위한 주 작업 영역이다. 이를테면, 여기서는 PHP나 XML 파일을 편집하거나 UML 다이어그램을 작성하기도 한다. 편집기는 다른 패널과 다르게 편집기 이외의 다른 뷰를 편집기 위에 올려둘 수 없다. 반대로 편집기도 다른 패널로 이동할 수 없다. 이것은 아마도 어떠한 경우에도 소스 코드를 편집할 수 있는 영역을 확보해 주려는 게 아닐까 싶다.

> 리소스는 프로젝트에 포함돼 있는 모든 파일을 말한다. 예를 들어 소스 파일을 비롯해 이미지 파일, 텍스트 파일 등이 리소스에 해당한다.

뷰

뷰(View)는 편집기를 중심으로 가장자리에 위치한다. 처음 이클립스 PDT를 실행하면 이클립스 화면 좌측에 PHP Explorer 뷰가 있고 우측에는 Outline 뷰 그리고 하단에는 Problems 뷰가 있다. 각 뷰는 리소스에 대한 정보나 프로젝트 또는 이클립스에 대한 여러 가지 정보를 시각적으로 보여준다. 이클립스 PDT를 실행했을 때 기본적으로 열려 있는 PHP Explorer 뷰는 PHP 프로젝트와 프로젝트 안에 포함된 폴더와 파일을 계층구조로 보여준다. 파일을 열거나 변경, 삭제할 때도 PHP Explorer 뷰를 이용한다. Outline 뷰는 편집기에 열린 파일에 대한 정보를 제공한다. PHP 파일인 경우에는 클래스, 함수, 변수 등의 목록을 한눈에 볼 수 있다. 예를 들어 목록에 표시된 함수를 클릭하면 그 함수가 정의돼 있는 위치로 편집기가 이동한다. Problems 뷰는 프로젝트에서 검출된 오류를 사용자가 알기 쉽게 보여준다. 이처럼 각 뷰는 제각기 담당하는 역할과 기능이 다르므로 뷰의 속성을 잘 이해하고 활용하는 것이 중요하다.

[표 3-1] PHP 퍼스펙티브 뷰

뷰	설명
PHP Explorer	일종의 파일 탐색기와 같은 역할을 수행한다. 프로젝트의 폴더나 파일을 관리할 수 있다.
Outline	편집기에 열린 PHP 파일의 클래스, 함수, 변수 등을 목록 형태로 보여준다.
Problems	소스 코드 및 프로젝트 환경 설정에 오류가 있는 경우 목록 형태로 정리해 보여준다.
Tasks	사용자가 해야 할 작업을 메모하거나 소스 코드에 포함된 작업 내용을 보여준다.
Console	PHP 프로그램을 실행하거나 기타 이클립스 작업 중 출력되는 메시지를 보여준다.
PHP Functions	PHP에서 제공하는 클래스와 함수를 목록 형태로 보여주므로 코드를 작성하면서 필요한 클래스나 함수를 찾는 데 유용하다.
Type Hierarchy	클래스의 계층 구조를 보여준다.
PHP Project Outline	선택한 프로젝트 전체에서 사용되고 있는 클래스, 함수, 변수 등을 보여준다. Outline 뷰가 편집기에 열린 파일에 대해서만 보여주는 반면 PHP Project Outline 뷰는 프로젝트의 전체 파일을 보여준다.

3-3. PHP 프로젝트 생성

이클립스 PDT에서 프로그램을 작성하려면 가장 먼저 프로젝트를 만들어야 한다. 프로젝트를 만들면 지정한 Workspace 폴더에 프로젝트와 이름이 같은 폴더가 만들어진다. 그럼 PHP 프로젝트를 만드는 방법을 살펴보자.

01. 이클립스 상단 메뉴에서 File → New → PHP Project를 선택한다. 만약 PHP Project가 보이지 않는다면 Other를 선택한 후 PHP Project 항목을 찾아 선택한다.

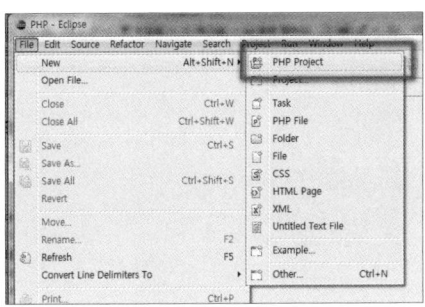

[그림 3-8] PHP Project 선택

02. Project Name에 생성할 프로젝트의 이름을 입력한다. 이 장에서는 HelloWorld 프로젝트를 생성할 것이므로 Project Name에 HelloWorld를 입력한 후 Next 버튼을 클릭한다.

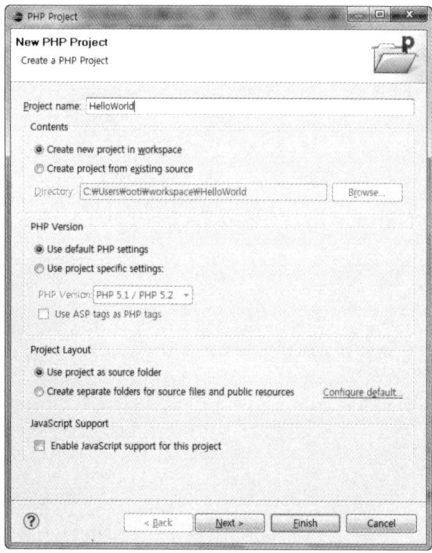

[그림 3-9] HelloWorld 프로젝트 생성

03. PHP Include path를 지정하는 화면이다. PHP Include path에 대해서는 나중에 자세히 알아볼 것이므로 일단은 Next 버튼을 클릭해서 다음 화면으로 진행한다.

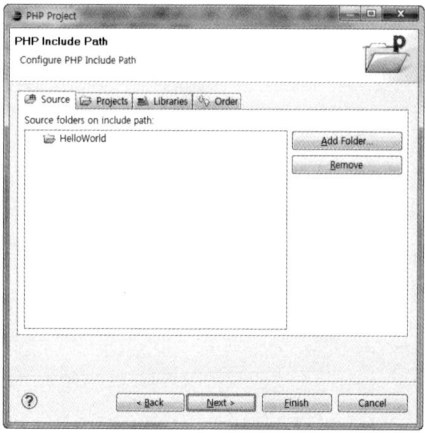

[그림 3-10] PHP Include Path 지정

04. 프로젝트를 생성하기 위한 마지막 화면이다. PHP Build Path를 지정할 수 있다. Finish 버튼을 클릭하면 프로젝트가 생성된다.

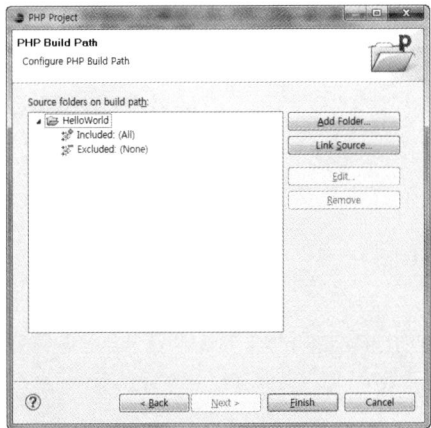

[그림 3-11] PHP Build Path 지정 화면

05. 프로젝트가 정상적으로 생성되면 이클립스 왼쪽 영역에 있는 PHP Explorer 뷰에 HelloWorld 프로젝트가 나타난다.

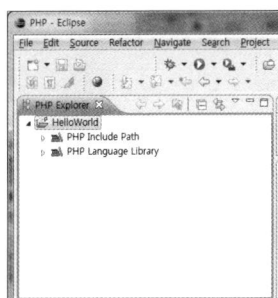

[그림 3-12] HelloWorld 프로젝트

3-4. 기존 프로젝트를 이클립스 프로젝트로 가져오기

개발 도중에 이 책을 읽으면서 이클립스 PDT를 도입하려는 경우라면 기존에 개발하고 있던 PHP 프로그램을 이클립스에서 작업할 수 있게 가져오기(Import) 과정을 거쳐야 한다. 가져오기를 하지 않고 Workspace 폴더에 복사해 넣으면 이클립스가 인식하지 못하기 때문이다.

이클립스로 프로젝트를 가져오는 방법에는 여러 가지가 있다. 주의할 점은 가져올 프로젝트가 이클립스에서 작업하던 프로젝트인지에 따라 가져오는 방법에 다소 차이가 있다는 것이다. 가져올 프로젝트가 이클립스 프로젝트인지 확인하는 방법은 프로젝트 폴더를 열고 .project, .buildpath 등 이클립스 설정 파일이 있는지 확인하면 된다. 이클립스 프로젝트를 신규 프로젝트처럼 가져오면 기존에 저장돼 있던 설정값이 초기화될 수 있으므로 가져오기 작업을 하기 전에 확인해보길 바란다.

기존 이클립스 프로젝트 가져오기

기존에 이클립스에서 작업하던 프로젝트를 현재의 이클립스 프로젝트로 가져오려면 우선 기존 프로젝트 폴더 전체가 필요하다. 특히 .project 파일 같은 이클립스 프로젝트 설정 파일을 빠뜨려서는 안 된다.

01. 이클립스 상단 메뉴에서 File → Import를 클릭한다.
02. Import 창에서 General → Existing Projects into Workspace를 선택하고 Next 버튼을 클릭한다.

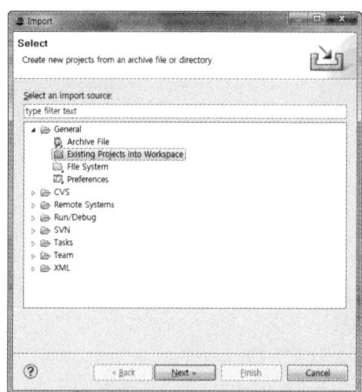

[그림 3-13] 가져오기 대상 선택

03. Import Projects 화면에서는 가져올 이클립스 프로젝트 폴더를 지정한 후 Finish 버튼을 클릭한다. 기존 이클립스 폴더가 전혀 다른 폴더에 있어서 현재의 이클립스 Workspace로 복사해야 한다면 Copy projects into workspace를 체크하면 된다. 그리고 기존 프로젝트를 ZIP이나 TGZ 같은 압축 파일 형

태로 백업해둔 경우에는 Select archive file을 선택한 후 해당 프로젝트 백업 파일을 지정하면 자동으로 압축을 해제해서 Workspace로 가져온다.

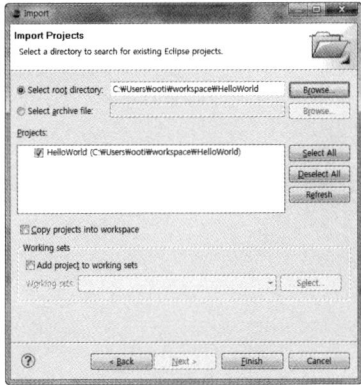

[그림 3-14] 가져올 프로젝트 지정

일반 PHP 폴더를 이클립스 프로젝트로 만들기

이클립스 PDT에서 작업하지 않던 일반 PHP 프로그램을 이클립스 PDT에서 개발하려면 이클립스 PDT의 PHP 프로젝트로 만들어 주는 과정을 거쳐야 한다. 이 장에서는 HelloWorld라는 일반 PHP 프로그램을 이클립스 PDT의 PHP 프로젝트로 변환하는 과정을 예로 들어 설명하겠다.

01. 일반 HelloWorld 프로그램의 폴더 전체를 이클립스의 Workspace 폴더 아래에 복사한다. 폴더 이름이 HelloWorld이라고 가정하자.
02. 이클립스 상단 메뉴에서 File → New → PHP Project를 차례로 선택한다.
03. Project name에 HelloWorld 프로젝트의 폴더 이름과 동일한 이름을 입력한다.

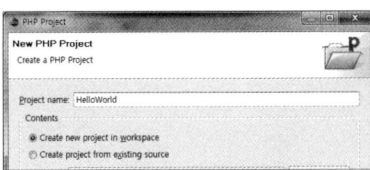

[그림 3-15] 가져올 프로젝트의 이름 입력

04. [그림 3-16]과 같이 폴더가 이미 존재한다는 메시지가 나타나면 무시하고 Finish 버튼을 클릭한다.

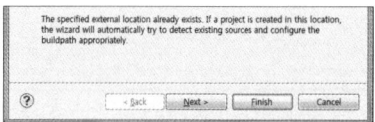

[그림 3-16] 같은 프로젝트 이름이 존재한다는 메시지

이클립스는 HelloWorld 폴더에 이클립스 프로젝트용 파일을 생성하고 정상적인 프로젝트로 인식한다.

일반 프로젝트를 PHP 프로젝트로 만들기

이클립스에서 일반 프로젝트나 HTML 프로젝트 등과 같이 다른 형식의 프로젝트에서 PDT의 기능을 사용하고자 한다면 해당 프로젝트를 PHP 프로젝트로 변경해야 한다. PHP 프로젝트로 변경하는 방법은 아주 간단하며 다음과 같은 방법으로 바꿀 수 있다.

01. PHP Explorer에서 PHP 프로젝트로 변경하고자 하는 프로젝트를 선택하고 마우스 오른쪽 버튼을 클릭한다.
02. 메뉴에서 Configure → Add PHP Support를 선택한다.

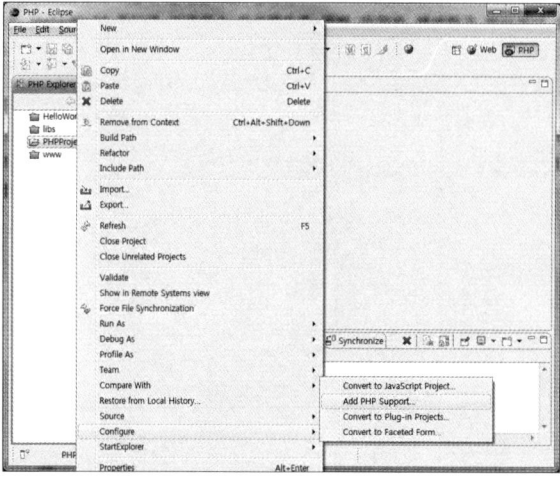

[그림 3-17] Add PHP Support 메뉴

03. PHP Explorer에서 변경한 프로젝트를 펼쳤을 때 PHP Include Path, PHP Language Library가 보이면 PHP 프로젝트로 변경된 것이다.

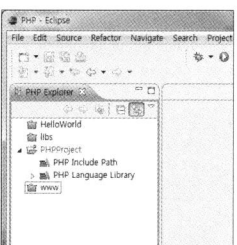

[그림 3-18] PHP 프로젝트로 변경된 프로젝트

Workspace 외부에 프로젝트 생성하기

기본적으로 이클립스에서 프로젝트를 생성하면 Workspace 폴더 아래에 생성되지만 Workspace가 아닌 다른 위치에 프로젝트 폴더를 생성해야 할 때도 있다. 이런 경우에는 다음과 같이 프로젝트를 생성하면 된다.

01. 이클립스 상단 메뉴에서 File → New → PHP Project를 차례로 선택한다.
02. New PHP Project 창이 나타나면 Project name을 입력하고 바로 Contents 항목에서 Create project from existing source를 선택한다.

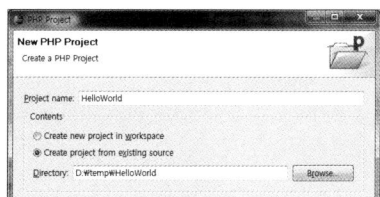

[그림 3-19] Create project from existing source로 PHP 프로젝트 생성

03. Directory 란이 활성화되면 빈 폴더를 만들고 해당 폴더를 지정한다.

3-5. PHP 파일 생성

PHP 프로젝트를 생성했다면 이제 PHP 파일을 만들어 보자. PHP 파일도 File 메뉴를 통해 생성할 수 있지만 여기서는 PHP Explorer 뷰에서 PHP 파일을 생성하는 방법을 살펴본다.

PHP 파일을 만드는 방법은 다음과 같다.

01. PHP Explorer 뷰에서 앞서 만든 HelloWorld 프로젝트를 선택하고 마우스 오른쪽 버튼을 클릭한다.
02. PHP Explorer의 메뉴가 나타나면 New → PHP File을 선택한다.

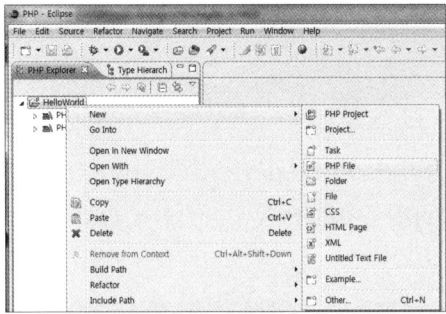

[그림 3-20] PHP Explorer 문맥 메뉴

03. New PHP File 창이 뜨면 File Name에 원하는 파일 이름을 입력한 후 Next 버튼을 클릭한다. 필자는 index.php라고 입력했다.

> HelloWorld.php와 같은 다른 파일명을 입력해도 무방하나 일반적으로 웹 서버를 통해 가장 처음 실행되는 PHP 파일이 index.php라서 index.php라고 지정했다.

Source Folder에는 PHP 파일을 만들 폴더 경로를 지정하고 Next 버튼을 클릭한다. [그림 3-20]에서 HelloWorld라는 최상위 폴더를 선택했기 때문에 Source Folder에 /HelloWorld라고 입력돼 있음을 확인할 수 있다. Source Folder를 변경하고 싶다면 작업 경로를 입력하거나 Browse 버튼을 클릭해서 폴더를 선택하면 된다.

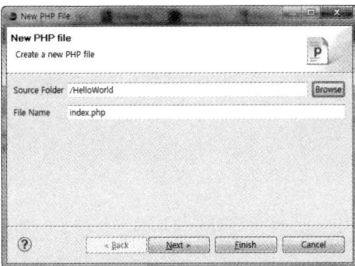

[그림 3-21] New PHP File 창의 PHP 파일명 입력 화면

04. PHP 템플릿을 선택하는 화면이다. 기본적으로 두 개의 템플릿이 준비돼 있다. New PHP File-HTML frameset 템플릿은 HTML 화면을 프레임으로 나누고 싶을 때 사용하는 템플릿이다. New simple PHP file 템플릿은 가장 간단한 템플릿으로서 PHP 코드를 작성하기 위한 최소한의 코드인 <?php만을 담고 있는 템플릿이다. 여기서는 New simple PHP file을 선택한 후 Finish 버튼을 클릭한다.

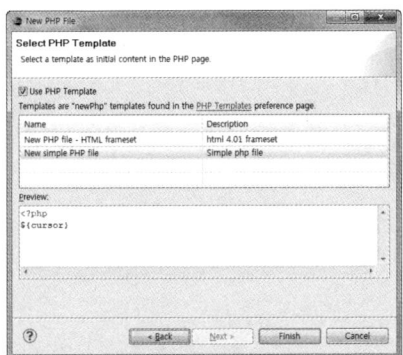

[그림 3-22] PHP 템플릿 선택 화면

05. PHP 파일이 생성되며 PHP Explorer 뷰에서 확인할 수 있으며 자동으로 편집기에 파일이 열린다.

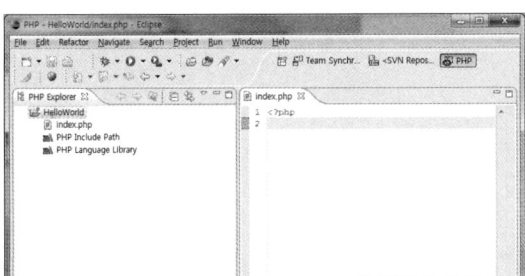

[그림 3-23] PHP 파일이 생성된 화면

06. 편집기에 열린 index.php 파일에 코드를 입력하고 저장한다. 파일을 저장하는 방법은 이클립스 상단 메뉴에서 File → Save를 선택하거나 Ctrl + S 를 누르면 된다.

이클립스 PDT 살펴보기

컨텐트 어시스트
풍선 도움말
코드 자동 완성
템플릿 설정
동일 코드 표시
새로운 확장자 등록하기
작업 태그
PHP 도움말
북마크
형식 계층
오버라이드 표시
실시간 에러 검출 기능
철자 검사
소스 코드 정리
PHP Include Path

이클립스 PDT는 PHP 프로그램을 개발하기 위한 여러 가지 기능을 제공한다. 통합 개발 환경을 써본 적이 있다면 기초적인 기능을 어렵지 않게 사용할 수 있겠지만 작업 효율을 높이려면 이클립스 PDT에 대해 충분히 이해하는 것이 좋다. 이 장에서는 코드를 편리하고 빠르게 작성할 수 있는 방법을 살펴본다. 컨텐트 어시스트나 코드 자동 완성 등은 개발자가 코드를 작성하는 동안 신경 써야 할 많은 것들을 PDT가 대신 해주므로 잘 활용하면 작업 능률을 올리는 데 효과적이다.

4-1. 컨텐트 어시스트

오랜 시간 PHP를 사용해 왔더라도 PHP가 제공하는 모든 함수의 이름이나 함수의 매개변수 순서를 외운다는 것은 결코 쉽지 않은 일이다. 더불어 프로그램이 커질수록 사용자 정의 함수나 클래스, 메서드, 변수의 개수가 늘어나기 마련인데 이것들을 모두 외운다는 것은 사실상 불가능에 가깝다. PDT는 사용자가 모든 클래스나 함수를 외우지 않더라도 수월하게 프로그램을 개발할 수 있게 컨텐트 어시스트(Content assist) 기능을 제공한다.

컨텐트 어시스트(Content assist)는 이클립스 JDT(Java Development Tools)에서 사용하는 이름으로서 PDT에서는 코드 어시스트(Code assist)라고 했다. 최근에 PDT가 업그레이드하면서 컨텐트 어시스트로 이름을 바꾸었기 때문에 아직까지는 PDT 관련 문서나 커뮤니티에서 컨텐트 어시스트와 코드 어시스트가 혼용해서 사용되고 있다.

컨텐트 어시스트란 PHP가 제공하는 모든 클래스와 함수, 상수를 비롯해 Workspace에서 접근할 수 있는 모든 클래스, 함수, 상수, 변수들 가운데 사용자가 입력하려는 코드를 자동으로 입력해 주는 기능이다. 이 기능은 마치 인터넷 검색 사이트에서 검색어의 첫 글자를 입력하면 자동으로 나머지 글자를 추천해 주는 기능과 비슷하다.

예를 들어 PHP 함수 중에서 입력하고자 하는 함수 이름의 첫 글자를 입력하면 입력된 글자로 시작하는 모든 함수를 찾아 목록 형태의 컨텐트 어시스트 창을 보여준다. 사용자는 컨텐트 어시스트 창에 제시된 함수 목록에서 자신이 입력하고자 하는 함수를 선택하기만 하면 된다. PHP 프로그램을 개발할 때 이러한 컨텐트 어시스트 기능을 사용하면 소스 코드를 한결 편리하고 빠르게 작성할 수 있다.

컨텐트 어시스트 기능 활성화하기

이클립스 PDT를 설치하면 컨텐트 어시스트 기능은 기본적으로 사용이 가능한 상태지만 편집기에서 이 기능을 사용하려면 다음과 같은 활성화 방법을 익혀야 한다.

첫 번째 방법은 편집 창에서 Ctrl + Spacebar 키를 입력하는 방법이다. 편집 창에 빈 PHP 파일을 열고 Ctrl + Spacebar 키를 입력하면 [그림 4-1]과 같이 컨텐트 어시스트 창이 활성화된다. 이 방법은 사용자가 PHP 코드를 작성하는 과정에서 컨텐트 어시스트 창을 활성화할지 사용자가 직접 결정할 수 있다는 장점이 있으나 활성화를 위해 매번 키를 입력해야 한다는 단점이 있다.

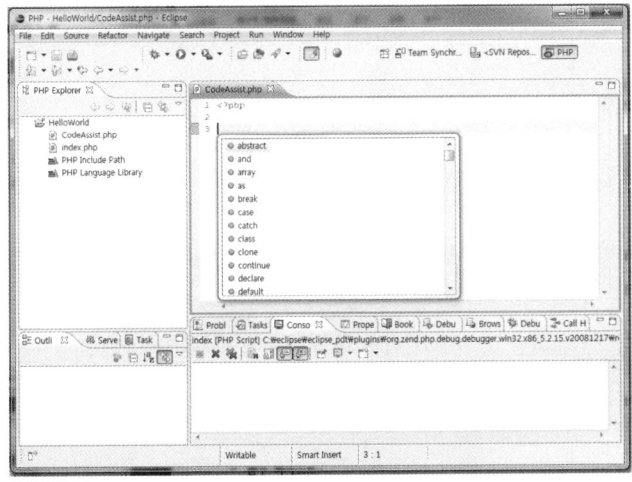

[그림 4-1] 컨텐트 어시스트 창이 활성화된 화면

두 번째 방법은 일정 시간이 흐른 뒤 자동으로 컨텐트 어시스트 창이 열리게 하는 방법이다. 이 방법은 기본적으로 사용하지 않도록 설정돼 있어서 컨텐트 어시스트 설정 화면에서 설정을 변경해 줘야 한다. 매번 키를 입력하지 않아도 자동으로 도움을 받을 수 있기 때문에 경우에 따라서는 매우 편리하지만 컨텐트 어시스트 기능이 필요하지 않은 상황에서도 활성화될 수 있으므로 코드를 작성하는 데 방해가 되는 경우도 생길 수 있다. 자동으로 컨텐트 어시스트 창이 활성화되게 하는 방법은 "컨텐트 어시스트 설정 방법"에서 살펴보겠다.

컨텐트 어시스트를 활성화하는 방법

- 편집기에서 Ctrl + Spacebar 키를 입력한다.
- 일정 시간이 흐른 뒤 자동으로 활성화되게끔 설정을 변경한다.

우분투와 같은 리눅스 환경에서는 운영체제에서 이미 Ctrl + Spacebar 단축키를 사용하고 있는 경우가 있어서 위에서 살펴본 첫 번째 방법이 동작하지 않을 수 있다. 그런 경우에는 두 번째 방법을 사용하거나 우분투에 정의된 단축키를 변경해 주는 방법으로 해결할 수 있다.

함수 어시스트

함수 어시스트란 PHP 내장 함수나 사용자 정의 함수에 대한 컨텐트 어시스트 기능을 말한다. 컨텐트 어시스트 창이 활성화되면 함수 어시스트가 제공하는 함수 이름, 매개변수, 설명 등의 함수 정보가 화면에 표시되는 것이다. 사용자 정의 함수의 경우에는 함수 정보를 사용자가 직접 소스 코드 안에 작성해 줘야 하며 PDT는 작성된 함수 정보를 컨텐트 어시스트 창에 보여준다.

예를 들어 편집 창에 pr을 입력하고 Ctrl + Spacebar 키를 입력하면 PHP 내장 함수와 프로젝트에서 정의한 사용자 정의 함수를 찾아 목록 형태로 컨텐트 어시스트 창에 보여준다. 이때 PHP 내장 함수인 경우에는 함수에 대한 간단한 설명과 함께 매개변수에 대한 설명이 나타난다.

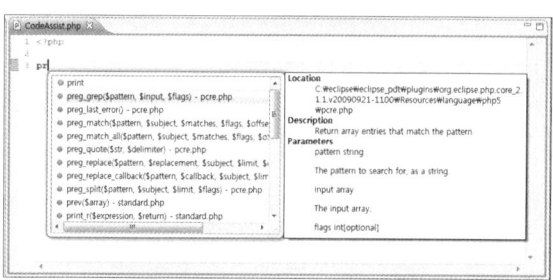

[그림 4-2] 함수 어시스트 창

사용자는 목록에 나타난 항목 중에서 원하는 함수를 선택한 후 엔터(Enter) 키를 입력하면 [그림 4-3]과 같이 선택한 함수가 편집기에 자동으로 입력되며 함수를 사용하기 위해 입력해야 할 매개변수를 알려주는 풍선 도움말이 열린다.

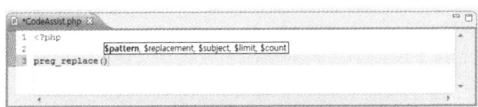

[그림 4-3] 함수를 선택한 후 나타나는 풍선 도움말

풍선 도움말에 따라 순서대로 매개변수를 입력하면 입력할 차례에 따라 매개변수가 굵은 글씨로 표시되므로 매개변수가 복잡한 경우에도 편리하게 매개변수를 입력할 수 있다.

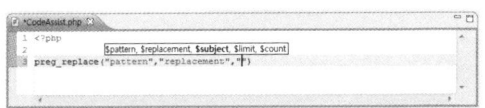

[그림 4-4] 매개변수 입력 순서를 알려주는 풍선 도움말

클래스 어시스트

클래스는 함수와는 다르게 속성과 메서드를 포함한다. 더불어 접근자에 따라 다른 클래스에서 접근할 수 있는 속성과 메서드의 범위가 다르다. 클래스 어시스트는 클래스에 대한 정보를 컨텐트 어시스트 창을 통해 보여주는 기능이다.

클래스 어시스트는 편집기에서 커서가 위치한 곳에서 접근할 수 있는 속성이나 메서드만 컨텐트 어시스트 창에 보여 준다. 예를 들어 클래스나 멤버 함수가 private인 경우에는 다른 클래스에서 접근할 수 없으므로 클래스 어시스트에서도 보이지 않는다. 클래스 어시스트가 어떻게 동작하는지 한번 살펴보자.

이클립스의 편집기에 아래 코드를 입력하고 커서를 맨 끝으로 옮긴다. 그리고 나서 Ctrl + Spacebar 키를 입력하면 [그림 4-5]와 같이 컨텐트 어시스트 창에 인스턴스에서 접근 가능한 메서드 목록이 표시된다. 클래스 어시스트에 의해 접근자가 public으로 선언돼 있는 getTitle() 메서드와 getContent() 메서드가 나타난다. 만약 getTitle()의 접근자를 private이나 protected로 변경한다면 $post에서 접근할 수 없게 되고 당연히 컨텐트 어시스트 창에서도 보이지 않는다.

```
class Post {
    private $title;
    private $content;

    /**
     * 제목을 반환하는 메서드
     * @return string
     */
    public function getTitle() {
        return $this->title;
    }

    /**
     * 내용을 반환하는 메서드
     * @return string
     */
    public function getContent() {
        return $this->content;
    }
}

$post = new Post();
$post->
```

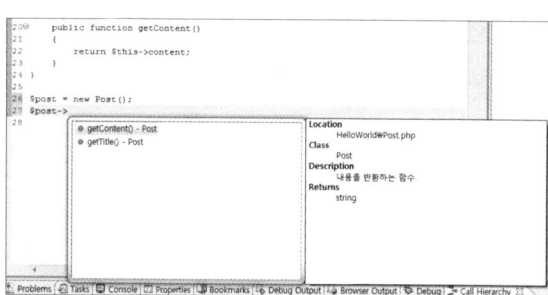

[그림 4-5] 클래스 어시스트

클래스 참조 어시스트

우선 다음 코드를 보자. PostDAO 클래스가 있다. 생성자를 통해 $postModel에 PostModel 인스턴스를 생성한다. 코드 맨 아래에서 PostDAO의 인스턴스인 $post가 getPostModel() 메서드를 호출하면 당연히 PostModel 인스턴스가 $post에 저장될 것이다.

그런데 자바나 C# 등의 언어는 반환 형식을 명시하기 때문에 컨텐트 어시스트가 반환 형식을 분석해서 적절한 목록을 보여 주지만, 반환 형식을 지정하지 않는 PHP의 언어적 특성상 PDT의 컨텐트 어시스트는 반환 형식이 정수인지 문자열인지 또는 인스턴스인지 알지 못한다. 직접 아래 코드를 이클립스 편집기에 입력한 후 맨 아래의 $postModel-> 부분에서 컨텐트 어시스트를 사용해 보면 쉽게 이해할 수 있을 것이다.

```php
class PostModel {
    private $title;
    private $content;

    /**
     * 제목을 반환하는 메서드
     */
    public function getTitle(){
        return $this->title;
    }

    /**
     * 내용을 반환하는 메서드
     */
    public function getContent(){
        return $this->content;
    }
}

class PostDAO {
    private $postModel;

    public function __construct(){
        $this->postModel = new PostModel();
    }

    /**
     * Post 모델 객체를 반환하는 메서드
     * @return PostModel
     */
    public function getPostModel() {
        return $this->postModel;
    }
}
```

```
$post = new PostDAO();

$postModel = $post->getPost();
$postModel->
```

이러한 문제를 보완하기 위해 PDT에서는 PHPDoc 형식의 주석을 통해 반환 형식을 인식한다. 다음 소스 코드는 $post->getPost()의 결과가 저장된 $postModel가 Post 객체의 인스턴스라고 지정하는 PHPDoc 형식의 주석 코드다. 위 코드와의 차이는 PostModel 인스턴스인 $postModel이 선언된 바로 위 줄에 /* @var $postModel PostModel */이라는 주석을 추가했다는 점이다.

```
$post = new PostDAO();
/* @var $postModel PostModel */
$postModel = $post->getPost();

$postModel->
```

/* @var */는 같은 PHP 파일 안에서만 유효하며 형식을 지정하려는 변수 앞에 위치해야 한다. 위 코드와 같이 $postModel에 반환 형식을 지정하면 [그림 4-6]과 같이 클래스 어시스트가 정상적으로 동작한다.

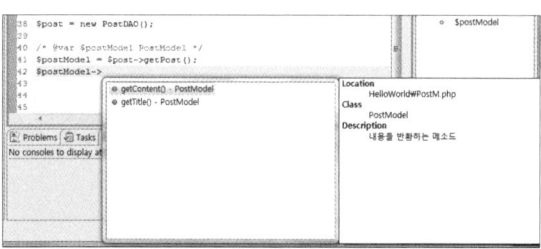

[그림 4-6] 클래스 참조 어시스트 화면

컨텐트 어시스트 설정

컨텐트 어시스트는 이클립스 상단 메뉴에서 Window → Preferences 창에서 PHP → Editor → Content Assist를 선택하고 설정하면 된다.

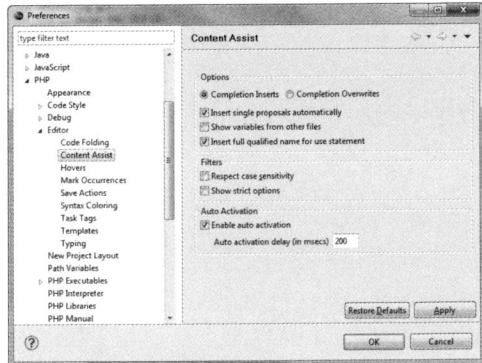

[그림 4-7] 컨텐트 어시스트 설정 창

 참고

Options

- Completion Inserts/Completion Overwrites는 컨텐트 어시스트 창에서 항목을 선택했을 때 삽입할지 겹쳐 쓸지를 지정한다. 편집기에서 키보드의 INSERT 키를 눌러 삽입/겹쳐쓰기 기능을 전환하는 것과 비슷하다.
- Insert single proposals automatically를 선택하면 컨텐트 어시스트의 결과가 하나뿐일 때 선택 창이 나타나지 않고 자동으로 편집 창에 입력되게 한다.
- Show variables from other files는 include되지 않은 다른 파일에 정의된 변수도 컨텐트 어시스트에서 보이게 한다.

Filters

- Respect case sensitivity는 영문 대소문자를 구분해서 동작하게 한다. 기본적으로 컨텐트 어시스트는 대소문자를 구분하지 않는다.

Auto Activation

- Enable auto activation은 문자열을 입력한 후 일정 시간이 지나면 컨텐트 어시스트 창을 자동으로 활성화하는 기능이다. 기본 값은 200ms, 즉 0.2초다. 필자는 이 값을 1000ms(1초) 정도로 설정하는데, 이 값이 너무 작은 경우 컨텐트 어시스트 기능을 사용하지 않아도 될 경우에도 창이 활성화되어 더 불편했기 때문이다.

컨텐트 어시스트 아이콘

[표 4-1] 컨텐트 어시스트의 아이콘

아이콘	설명
△	PHP 예약어
●	함수/메서드
📄	템플릿
Ⓒ	클래스
Ⓘ	인터페이스
o^F	클래스 상수
o^S	정적 메서드
o	변수
Ⓟ	PHP 파일
Ⓝ	네임스페이스

4-2. 풍선 도움말

풍선 도움말(Hovers)은 편집기에서 변수, 함수, 클래스 등의 정보나 소스 코드를 보여주는 기능이다. 예를 들어 [그림 4-8]과 같이 편집기에서 **Ctrl** 키를 누른 채로 마우스 커서를 Cubrid() 위에 올리면 Cubrid 클래스가 정의된 소스 코드를 확인할 수 있다.

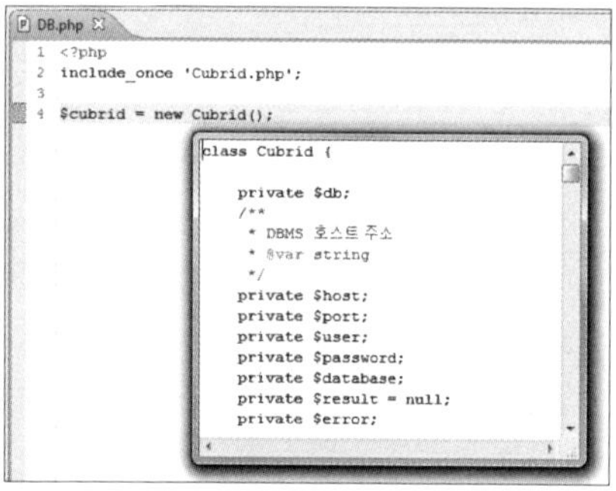

[그림 4-8] 풍선 도움말로 본 클래스의 소스 코드

풍선 도움말 설정

풍선 도움말을 설정하는 방법은 이클립스 상단 메뉴에서 Window → Preferences를 클릭한 후 Preferences 창에서 PHP → Editor → Hovers를 선택하면 된다.

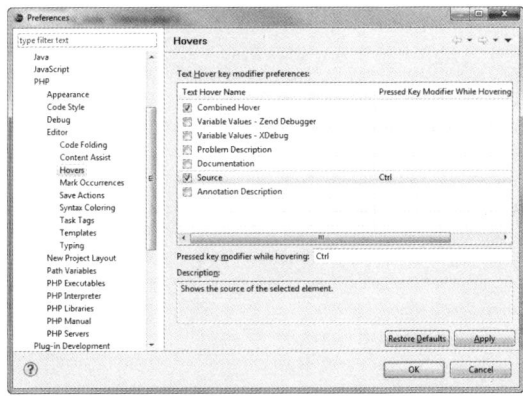

[그림 4-9] Hovers 설정 창

기본적으로 Combined Hover와 Source가 선택돼 있다. Source는 [그림 4-8]과 같이 정의된 소스 코드를 바로 볼 수 있게 해준다. 각 풍선 도움말은 단축키를 정의할 수 있는데 Source 경우 Ctrl 키가 지정돼 있다.

그런데 Variable Values, Problem Description, Documentation, Annotation Description은 선택돼 있지 않은 걸 볼 수 있다. 그 이유는 맨 위에 선택돼 있는 Combined Hover가 Source를 제외한 다른 모든 기능을 갖고 있기 때문이다. 반대로 Combined Hover의 선택을 해제하면 Variable Values, Problem Description, Documentation, Annotation Description 등을 개별적으로 선택해 주어야만 풍선 도움말을 사용할 수 있다.

> Hover라는 용어의 느낌을 살리면서도 어색하지 않은 우리말이 무엇일까 고민했고 "풍선 도움말"이 가장 적절한 표현이라고 생각했다. 만약 더 좋은 우리말이 있다면 언제든지 필자에게 알려주기를 바란다.

4-3. 코드 자동 완성

코드 자동 완성은 컨텐트 어시스트 창을 통해 사용하므로 컨텐트 어시스트 기능과 헛갈릴 수 있으나 미리 입력돼 있는 템플릿에 의해 코드를 자동으로 만들어 주는 기능이므로 컨텐트 어시스트와는 차이점이 있다. 예를 들어 빈 편집기에 swi를 입력하고 Ctrl + Spacebar 키를 입력해서 컨텐트 어시스트 창을 활성화해보자. 그러면 [그림 4-10]과 같이 컨텐트 어시스트 창에 switch와 swi라는 두 항목이 나타날 것이다. 위에 있는 switch는 컨텐트 어시스트에서 제공하는 PHP 내장 함수이고 아래의 swi는 코드 자동 완성을 위한 템플릿 이름이다.

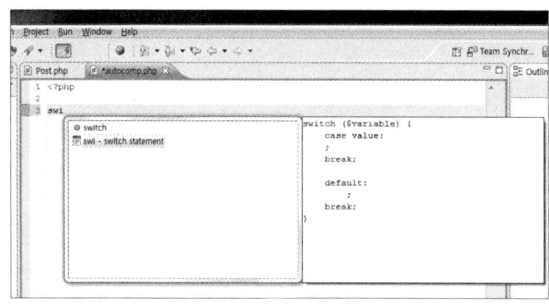

[그림 4-10] 컨텐트 어시스트 창

컨텐트 어시스트 창에서 swi를 선택하면 switch 문이 자동으로 입력된다. 컨텐트 어시스트가 PHP 내장 함수에 대한 도움말을 보여주고 매개변수를 알려주는 것과는 다르게 코드 자동 완성은 미리 작성된 코드 조합을 편집기에 자동으로 입력해 주는 것이다. 당연히 사용자가 임의로 코드의 조합을 작성해서 템플릿에 등록해서 사용할 수도 있으며 미리 준비된 템플릿을 편집할 수도 있다.

```
switch ($variable) {
    case value:
        ;
        break;

    default:
        ;
        break;
}
```

4-4. 템플릿 설정

기본적으로 정의돼 있는 템플릿만으로도 편리하게 코드를 작성할 수 있지만 템플릿을 변경하거나 자신이 자주 작성하는 형태의 템플릿을 추가해서 사용하고 싶다면 아래 과정에 따라 템플릿을 변경하거나 추가할 수 있다.

템플릿 생성

01. 이클립스의 상단 메뉴에서 Window → preferences를 선택한다.
02. PHP → Editor → Templates을 선택하면 다음과 같은 템플릿 설정 화면을 볼 수 있다.

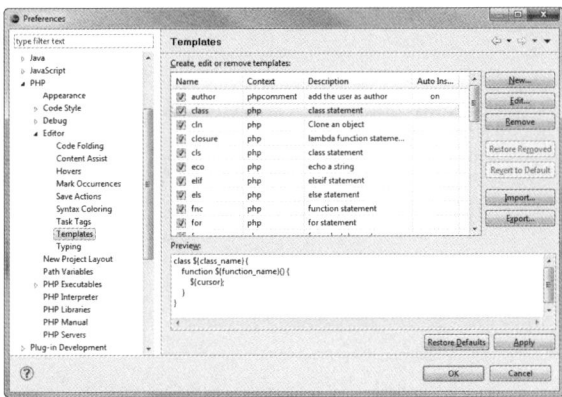

[그림 4-11] 템플릿 설정 화면

03. New 버튼을 클릭한 후 New Template 창이 뜨면 각 항목을 입력해서 템플릿을 작성한다.

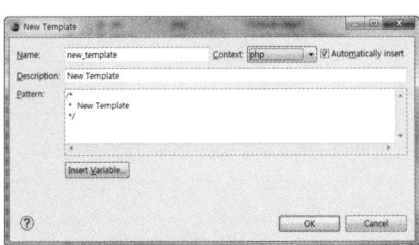

[그림 4-12] New Template 창

템플릿 변경 및 삭제

생성돼 있는 템플릿을 변경하고 싶다면 [그림 4-11]의 템플릿 설정 화면에서 변경할 템플릿을 선택한 후 Edit 버튼을 클릭하면 된다. [그림 4-13]과 같이 Edit Template 창이 열리면 원하는 내용으로 변경한 후 OK 버튼을 클릭하면 된다.

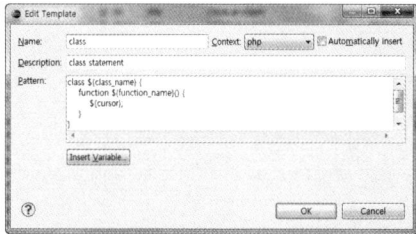

[그림 4-13] Edit Template 창

템플릿을 삭제하려면 삭제할 템플릿을 선택한 후 Remove 버튼을 클릭한다. 주의할 점은 Remove 버튼을 클릭하면 확인 절차 없이 즉시 삭제되므로 잘못 삭제하는 일이 없도록 조심해야 한다.

Edit Template 창에서 Insert Variable 버튼을 클릭하면 이클립스 환경 변수를 사용할 수 있으며 환경 변수는 다음과 같다.

[표 4-2] 이클립스 환경 변수

변수	설명
Cursor	편집기에 템플릿 코드가 입력된 후 커서의 최종 위치
Date	현재 날짜 예) 2010. 6. 7.
Dollar	$ 문자 예) $
File	현재 파일 이름 예) CurrentFile.php
Interpreter	현재 선택된 PHP 인터프리터의 경로
Language	현재 스크립트 언어 예) PHP
Line_selection	선택된 줄
Time	현재 시각 예) 오후 8:31:14

User	이클립스를 사용하고 있는 사용자 이름 예) Lina
Word_selection	선택된 단어
Year	현재 년도 예) 2010

템플릿 목록

이클립스 PDT에는 기본적으로 40개 이상의 템플릿이 정의돼 있다. 편집기에서 템플릿 이름을 입력한 후 컨텐트 어시스트 창을 열면 템플릿을 선택할 수 있다.

[표 4-3] 템플릿 목록

템플릿 이름	템플릿 코드

class	class ${class_name} {
	    function ${function_name}() {
	        ${cursor};
	    }
	}

Cln	${dollar}${new_obj} = clone ${dollar}${variable}; ${cursor}

Closure	function (${parameters}) use (${lexical_variables}) {
	    ${cursor};
	}

Cls	class ${class_name} {
	    function ${function_name}() {
	        ${cursor};
	    }
	}

Eco	echo('${}'); ${cursor}

Elif	elseif (${condition}) {
	    ${cursor};
	}

Els	else {
	    ${cursor};
	}

Fnc	function ${function_name}() {
	    ${cursor};
	}

For	for (${dollar}${index} = 0; ${dollar}${index} < ${number_variable}; ${dollar}${index}++)
	{
	    ${line_selection}${cursor}
	}

Fore	foreach (${dollar}${array_variable} as ${dollar}${variable}) {
	    ${cursor};
	}

Forek	foreach (${dollar}${array_variable} as ${dollar}${number_variable} => ${dollar}${variable}) {
	    ${cursor};
	}

Function	function ${function_name}() {
	    ${cursor};
	}

If	if (${condition}) {
	    ${cursor};
	}

Inst	if (${dollar}${variable} instanceof ${class}) {
	    ${cursor};
	}

Itdir	${dollar}${dirh} = opendir(${dirname});
	if (${dollar}${dirh}) {
	    while (${dollar}${dir_element} = readdir(${dollar}${dirh})) {
	        ${cursor};
	    }
	    unset(${dollar}${dir_element});
	    closedir(${dollar}${dirh});
	}

Iter	for (${dollar}${number_variable} = 0 ; ${dollar}${number_variable} < count(${dollar}${array_variable}) ; ${dollar}${number_variable}++) {
	    ${cursor};
	}

Lambda	function (${parameters}) use (${lexical_variables}) {
	    ${cursor};
	}

my_fa	while (${dollar}${row} = mysql_fetch_array(${dollar}${query})) {
	    ${cursor};
	}

My_fo	while (${dollar}${row} = mysql_fetch_object(${dollar}${query})) {
	    ${cursor};
	}

My_fr	while (${dollar}${row} = mysql_fetch_row(${dollar}${query})) {
	    ${cursor};
	}

My_gc	ob_start();
	
	${cursor};
	
	${dollar}${contents} = ob_get_contents();
	ob_end_clean();

Ns	namespace ${name};

Pclon	parent::__clone();	
Pcon	parent::__construct(); ${cursor}	
Pr	print $0; ${cursor}	
Prc	print("${class_container}"); ${cursor}	
Prf	print("${function_container}"); ${cursor}	
Prln	print $0."\n"; ${cursor}	
Prs	print "$0"; ${cursor}	
Prv	print("\${dollar}${variable} = ". ${dollar}${variable}); ${cursor}	

Swi	switch (${dollar}${variable}) {
	    case ${value}:
	        ${cursor};
	    break;
	
	    default:
	        ;
	    break;
	}	

Try	try {
	    ${cursor}
	} catch (${Exception} ${dollar}e) {
	
	}	

Use	use ${namespace} as ${alias};	

While	while (${condition}) {
	    ${cursor};
	}	

4-5. 동일 코드 표시

동일 코드 표시 기능(Mark Occurrences)은 편집기에서 동일한 단어를 찾아서 표시해 주는 기능이다. 소소한 기능으로 느껴질 수 있으나 코드를 작성하면서 많은 도움을 받는 기능 중 하나이며, 이 기능에 익숙해지면 동일 코드 표시 기능을 제공하지 않는 다른 에디터가 불편하게 느껴질 것이다.

우선 [그림 4-14]를 보자. 커서를 getNo() 메서드 안의 no에 두면 $this → no와 동일한 변수가 배경색이 바뀌어 표시된다. 이것은 private $no의 $no와 getNo() 메서드의 $this → no, 그리고 setNo() 메서드의 $this → no가 모두 같은 변수임을 의미한다.

[그림 4-14] 동일 코드 표시 기능

동일 코드 표시 기능은 변수뿐 아니라 클래스, 메서드, 함수, 매개변수 등 모든 코드에서 동작한다. 동일 코드 표시 기능이 적용되는 범위는 다음과 같다.

동일 코드 표시 기능 범위

- 지역/전역 변수
- 함수
- 클래스/인터페이스
- 클래스 상수
- throws, return 등
- 상수
- 매개변수
- 메서드
- 반복문의 break, continue 등
- HTML 태그

동일 코드 표시 설정

동일 코드 표시 설정 화면을 통해 기능을 비활성화하거나 기능이 적용되는 범위를 변경할 수 있다. 동일 코드 표시 기능을 설정하는 방법은 다음과 같다.

01. 이클립스 상단 메뉴에서 Window → Preferences를 선택해서 Preferences 창을 연다.
02. PHP → Editor → Mark Occurrences를 선택한다.

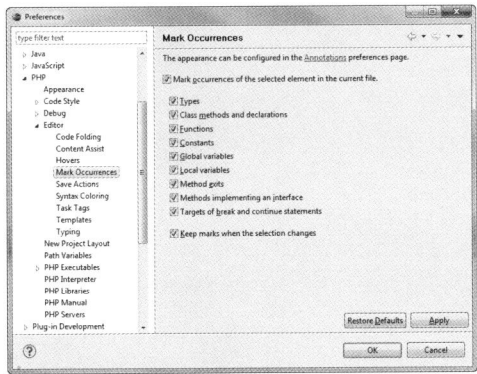

[그림 4-15] 동일 코드 표시 설정 화면

동일 코드 표시 기능을 비활성화하고 싶다면 Mark occurrences of the selected element in the current file의 체크를 해제하면 된다. 동일 코드가 표시될 때의 배경색 등 표시 방법을 바꾸고 싶다면 위 [그림 4-15]의 설정 화면 상단에 있는 Annotations 링크를 클릭한다. 그러면 [그림 4-16]과 같이 General → Editors → Text Editors → Annotations 화면으로 이동하는데, Annotation types 항목에서 PHP elements 'read' occurrences와 PHP elements 'write' occurrences를 찾아 설정을 변경하면 된다.

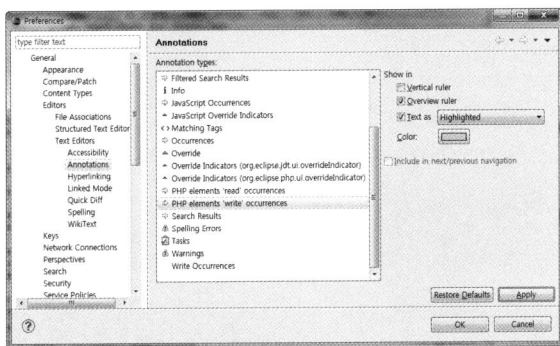

[그림 4-16] Annotations 설정 화면

4-6. 새로운 확장자 등록하기

PHP 파일은 일반적으로 .php라는 확장자를 사용하지만 .php가 아닌 다른 확장자를 PHP 파일로 사용하고 싶을 때는 사용하려는 확장자를 이클립스가 PHP 파일로 인식하게끔 등록해야 한다. 이클립스에 등록되지 않은 확장자로 PHP 파일을 생성하면 [그림 4-17]과 같이 파일을

생성할 수 없다는 경고 문구가 나타나면서 파일을 생성할 수 없게 Next 버튼과 Finish 버튼이
비활성화된다.

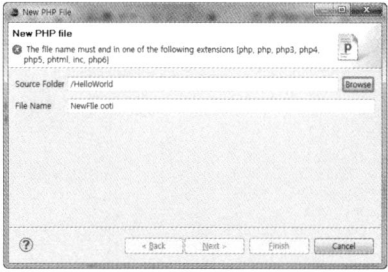

[그림 4-17] 이클립스에 등록되지 않은 확장자 오류

또한 이클립스에 등록되지 않은 확장자의 파일을 PHP Editor로 열면 [그림 4-18]과 같이 등록
되지 않은 확장자라는 오류 창이 뜬다.

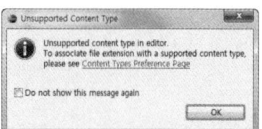

[그림 4-18] 등록되지 않은 확장자 오류

이클립스가 .php 확장자 이외의 확장자를 PHP 파일로 인식하게 하려면 새로운 확장자를 등
록해야 하며 그 과정은 다음과 같다.

01. 이클립스 상단 메뉴에서 Window → Preferences를 선택한다.
02. Preferences 창에서 General → Content Types 항목을 선택한다.

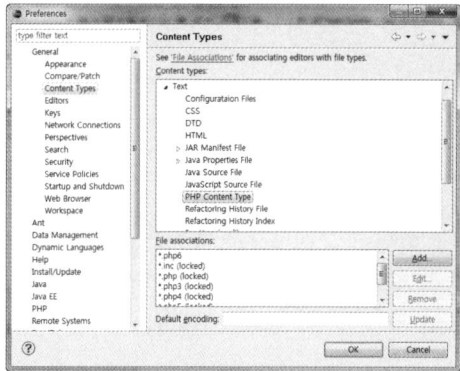

[그림 4-19] Content Types 설정 화면

03. Content Types 화면에서 Text → PHP Content Type을 찾아 선택한다.

04. Add 버튼을 클릭해서 새로운 확장자를 입력한다. 이때 "*.확장자" 형식으로 입력한다는 점에 주의해야 한다.

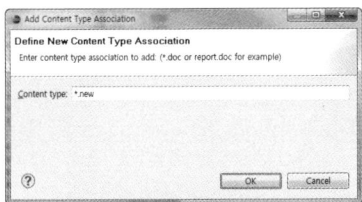

[그림 4-20] 새로운 확장자 등록 창

05. File associations 항목에 입력한 확장자가 추가됐다.

이제 새로 등록한 확장자로 PHP 파일을 생성하더라도 이클립스는 해당 파일을 PHP 파일로 인식하고 PDT의 모든 기능을 사용할 수 있게 된다.

[표 4-4] 기본적으로 등록돼 있는 주요 확장자

형식	확장자
PHP	php6, inc, php, php3, php4, php5, phtml
JavaScript	js
HTML	htm, html, htpl, shtm, wml, xhtml
XML	xml, exsd, wsdl, xmi, xsd, xslt
CSS	css
설정파일	cfg, ini

4-7. 작업 태그

작업 태그는 다음에 할 작업이나 기억해야 할 작업을 소스 코드에 메모해 둘 수 있는 기능이다. 개발을 하다 보면 작업 목록을 작성하고 우선순위를 결정하기 위해 작업 관리 툴의 도입을 검토하거나 이미 도입해서 사용하곤 한다. 물론 전문적인 도구를 활용하면 작업 관리가 수월해지는 효과가 있기는 하지만 작업 관리 도구를 사용하는 행위가 일이 되어 버리는 경우도 생긴다. PDT에서 제공하는 작업 태그는 아주 간단한 기능이기는 하지만 소스 코드에 주석을 적듯이

해야 할 작업 내용을 적을 수 있기 때문에 다음에 해야 할 작업이 무엇인지, 개선점이나 고쳐야 할 버그 수정 작업이 얼마나 남았는지 등을 쉽게 알 수 있다.

작업 태그 기능은 복잡한 개발 방법론을 적용해야 하는 프로젝트 관리자를 위한 기능이 아니라 개발자 간의 의사소통의 수단으로 활용할 수 있는 좋은 기능이라고 생각한다.

PDT에서 기본적으로 제공하는 작업 태그는 다음과 같다.

[표 4-5] 작업 태그

작업 태그	설명
TODO , @todo	앞으로 해야 할 작업
FIXME	수정해야 할 버그
XXX	기타

작업 태그를 사용하려면 PHP 코드의 주석 안에 다음과 같이 입력하면 된다.

```php
<?php

/*
 * TODO: 다음에 작업할 내용을 적어 둔다.
 */

// TODO: 작업 태그는 이렇게 작성하면 된다.

// @todo: 작업 태그는 두 가지가 있다.

// FIXME: 수정해야 할 소스 코드는 이렇게 표시해 둔다.

// XXX: 기타 내용을 적는다.
```

소스 코드의 주석 안에 작업 태그를 작성하면 자동으로 작업 태그가 인식되어 Tasks 뷰에 작업 항목이 등록된다. Tasks 뷰에 등록된 작업 항목은 입력한 작업 설명과 함께 작업 태그가 적혀 있는 파일 이름, 경로, 줄 번호가 표시된다.

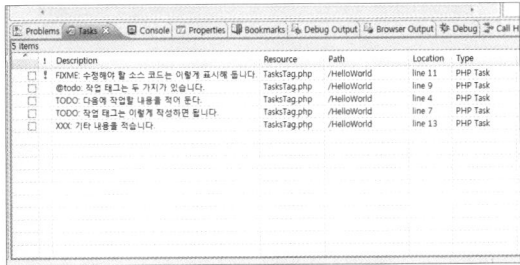

[그림 4-21] Tasks 뷰에 등록된 작업 아이템

작업 우선순위 지정

작업 태그를 작성해서 Tasks 뷰에 등록되면 작업의 우선순위를 지정할 수 있다. [그림 4-22] 와 같이 Tasks 뷰에 등록돼 있는 작업 항목의 ! 컬럼을 마우스로 클릭한다. Low, Normal, High 등 우선순위 선택 상자가 나타나면 원하는 항목을 선택하면 된다.

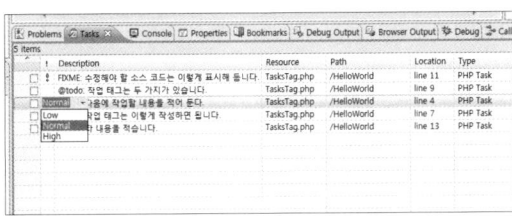

[그림 4-22] 작업 우선순위 지정 화면

우선순위 가운데 Low를 선택하면 ! 컬럼에 아래 방향 화살표가 표시되며, High를 선택하면 붉은 색 느낌표가 표시된다. Normal은 아무것도 나타나지 않는다. FIXME는 우선순위가 High 로 지정된다.

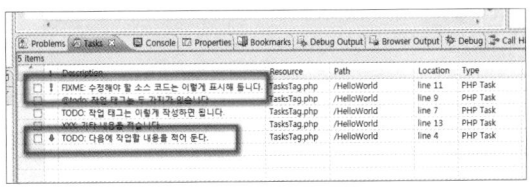

[그림 4-23] 작업 우선순위가 지정된 작업 항목

작업 태그 정의

TODO, FIXME 등의 작업 태그를 사용자가 직접 정의해서 사용할 수도 있다. 이클립스 상단 메뉴에서 Window → Preferences를 선택한 후 왼쪽 컬럼에서 PHP → Editor → Task Tags 로 차례로 이동한다.

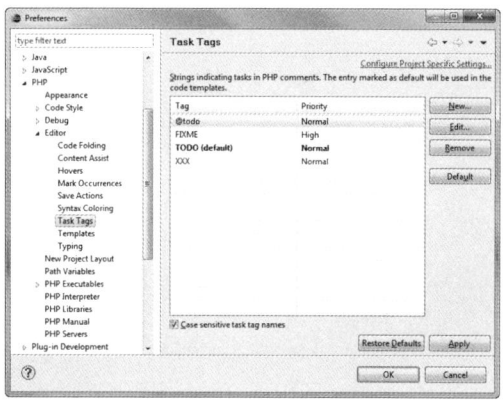

[그림 4-24] 작업 태그 설정 화면

New 버튼을 클릭하면 New Task Tag 창이 열리는데 Tag 입력란에 등록할 태그를 입력한다. Priority는 태그의 기본 우선순위를 지정하는 항목으로 High, Normal, Low 중 하나를 선택하면 된다. Case sensitive task tag names를 선택하면 작업 태그를 인식할 때 대소문자를 구분하게 된다.

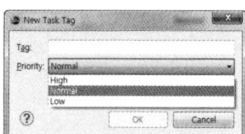

[그림 4-25] 작업 태그 등록 창

4-8. PHP 도움말

개발을 하다 보면 함수의 사용법이나 설명을 보기 위해 php.net의 온라인 문서를 참고하곤 한다. 필자는 항상 PHP 온라인 도움말을 웹 브라우저로 띄워두고 수시로 PHP 온라인 문서를 검색하면서 프로그래밍을 했다. 하지만 모니터 한 편에 웹 브라우저가 떠 있는 게 가끔은 불편하기도 하고 매번 직접 검색해야 하는 게 귀찮게 느껴지기도 한다.

이클립스 PDT는 PHP 도움말을 이클립스상에서 편리하게 찾아 볼 수 있게 온라인 도움말과 오프라인 도움말 기능을 함께 제공한다. 이 장에서는 이클립스 PDT에서 제공하는 PHP 도움말 기능을 어떻게 사용하는지 살펴본다.

이클립스에서 PHP 온라인 도움말 바로 보기

인터넷에 연결돼 있는 경우라면 PHP 온라인 도움말을 사용할 수 있다. 이클립스 상단 메뉴에서 Window → Preferences를 차례로 선택하고 왼쪽 컬럼에서 PHP → PHP Manual으로 이동하면 php.net의 온라인 문서가 등록돼 있는 것을 확인할 수 있다.

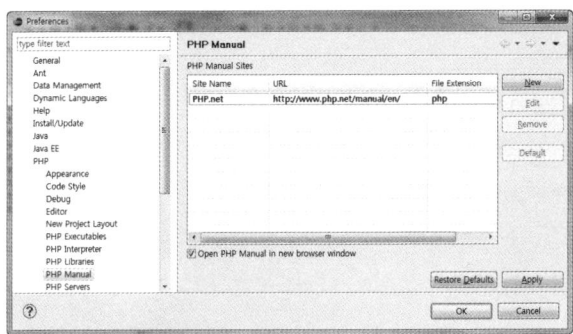

[그림 4-26] PHP 도움말 설정 화면

편집 창에서 설명을 보고 싶은 함수 위에 커서를 옮기고 Shift+F2 키를 입력하거나 마우스 오른쪽 버튼을 눌러 메뉴의 Open PHP Manual을 선택하면 된다. 그러면 [그림 4-28]과 같이 이클립스 웹 브라우저 탭이 열리고 PHP 온라인 문서가 나타난다.

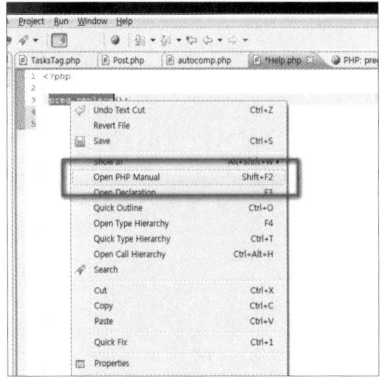

[그림 4-27] 편집 창에서의 문맥 메뉴

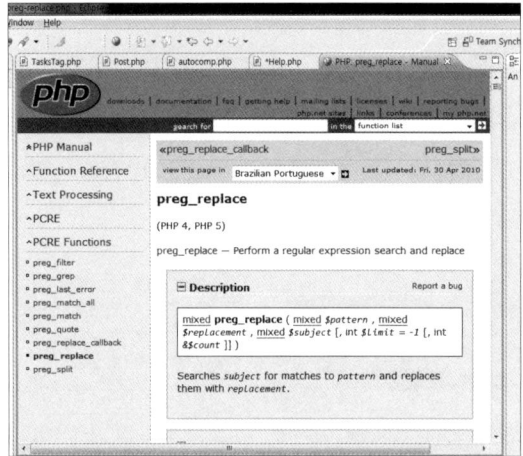

[그림 4-28] 이클립스에서 보는 PHP 온라인 문서 웹 페이지

한글 PHP 온라인 도움말 보기

이클립스 PDT에는 기본적으로 영문 PHP 도움말 URL이 등록돼 있다. PHP.net에서는 한글로 작성된 온라인 문서도 제공하므로 원한다면 다음과 같은 방법으로 이클립스에서 한글 PHP 온라인 도움말을 볼 수 있다.

PHP 한글 온라인 도움말을 보는 방법은 다음과 같다.

01. Preferences 창의 PHP Manual 화면을 연다.
02. 화면 오른쪽에 있는 New 버튼을 클릭한다.

03. New PHP Manual Site 창이 뜨면 Name에 원하는 이름을 입력하고 Remote Site(URL) 입력란에 http://www.php.net/manual/kr을 입력한다.

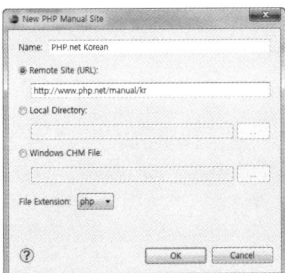

[그림 4-29] New PHP Manual Site 창

04. OK 버튼을 클릭해서 저장한다.
05. [그림 4-30]에서 새로 추가한 한글 온라인 문서 항목을 선택하고 화면 오른쪽에 있는 Default 버튼을 클릭한다.

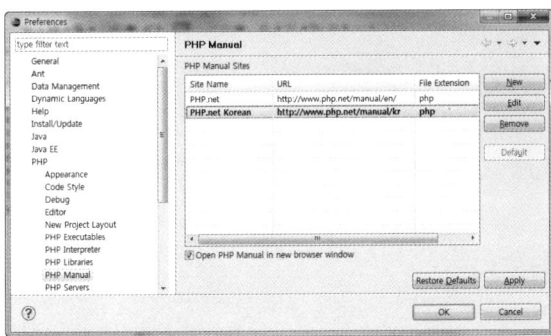

[그림 4-30] PHP Manual 설정 창

06. OK 버튼을 클릭해서 창을 닫는다. 이제 다시 도움말을 실행하면 한글로 된 PHP 온라인 문서를 볼 수 있다.

오프라인용 PHP 도움말 보기

당연한 이야기지만 온라인 도움말은 인터넷에 연결된 상태에서만 볼 수 있다. 인터넷 연결이 불가능한 곳에서 도움말 기능을 사용하고 싶다면 어떻게 해야 할까? PDT에서는 오프라인 상태에서도 PHP 도움말을 사용할 수 있게 오프라인 도움말 기능도 제공한다.

인터넷에 연결할 수 없는 상황에서도 PHP 도움말 기능을 사용하려면 다음과 같은 과정으로 오프라인용 도움말 파일을 사용할 수 있다.

01. 인터넷이 연결된 상태에서 웹 브라우저로 http://www.php.net/download-docs.php에 접속한다.
02. Download documentation 화면에 있는 Many HTML files 항목 가운데 원하는 언어가 지정된 tag.gz 링크를 클릭해서 도움말 압축 파일을 내려 받는다. 한글 도움말 파일은 http://kr.php.net/distributions/manual/php_manual_kr.tar.gz을 선택해서 내려 받을 수 있다.

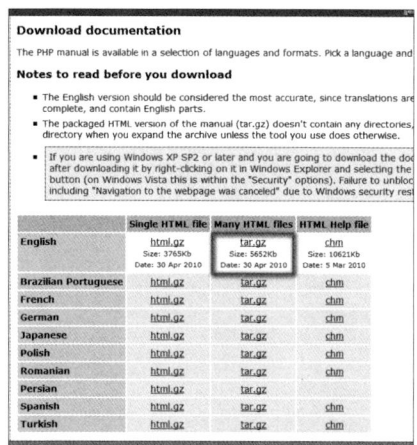

[그림 4-31] PHP Manual의 HTML 파일 다운로드 웹 페이지

03. 내려 받은 파일을 원하는 폴더에 압축을 푼다.
04. Preferences 창의 PHP Manual 화면에서 New 버튼을 클릭해서 New PHP Manual Site 창을 연다.
05. Local Directory를 선택한 후 PHP 도움말 파일의 압축을 해제한 폴더를 지정한다.

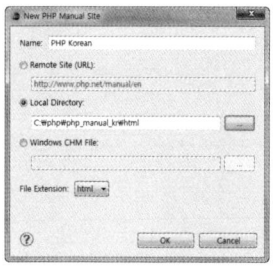

[그림 4-32] New PHP Manual Site 창

06. OK 버튼을 클릭해서 저장한다.

07. 새로 추가한 오프라인 PHP 도움말 항목을 Default로 지정하고 OK 버튼을 클릭해서 설정을 적용한다. 이제 오프라인 상태에서도 PHP 도움말을 활용할 수 있다.

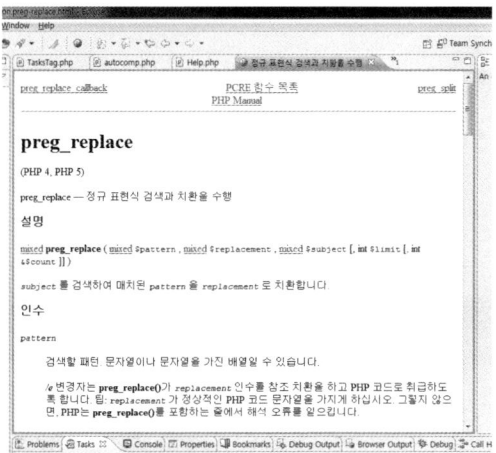

[그림 4-33] 이클립스 PDT의 PHP 도움말 창

4-9. 북마크

북마크 기능은 자주 편집하는 소스 파일을 더욱 편리하게 열 수 있게 링크를 등록해 두는 기능이다. 이 기능은 웹 브라우저에서 자주 가는 웹사이트를 북마크에 등록해 두는 것과 비슷하다.

북마크 기능을 사용하는 방법은 다음과 같다.

01. 원하는 파일을 편집 창에 열고 북마크할 위치로 이동한다.

02. 편집 창 앞의 빈 영역에서 마우스 오른쪽 버튼을 클릭한 후 Add Bookmark를 선택한다.

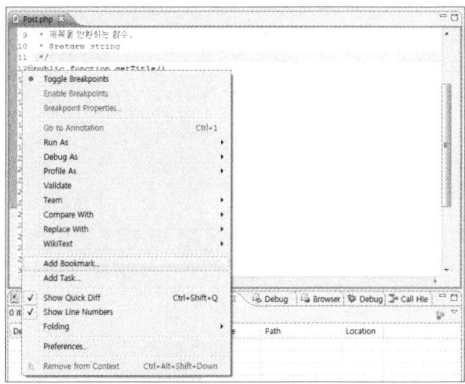

[그림 4-34] 편집 창 문맥 메뉴

03. Add Bookmark 창이 열리면 북마크 이름을 입력하고 OK 버튼을 클릭한다. 기본 값은 해당 줄의 소스 코드가 입력된다.

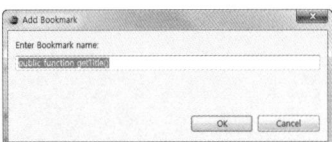

[그림 4-35] 북마크 등록 창

04. 북마크를 추가하면 이클립스 하단의 Bookmarks 뷰에 등록된다.

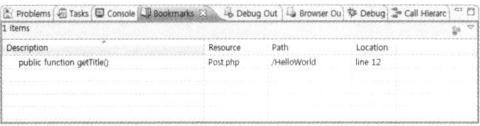

[그림 4-36] Bookmarks 뷰 화면

북마크 위치로 바로 이동하기

북마크에 등록된 위치로 바로 이동하려면 Bookmarks 뷰에서 원하는 북마크를 더블 클릭하거나 마우스 오른쪽 버튼을 클릭한 후 Go to를 선택하면 된다.

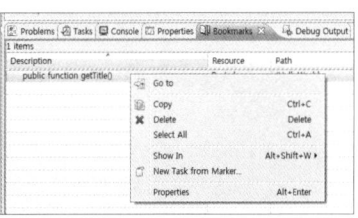

[그림 4-37] Bookmarks 뷰의 문맥 메뉴

4-10. 형식 계층

여러분이 이미 개발돼 있는 PHP 프로그램의 유지 보수 담당자로 지정됐다고 가정해 보자. 소스 코드를 열어보니 클래스 간에 상속 관계가 마치 미로처럼 복잡하게 얽혀 있다. 이 많은 클래스를 다 열어 볼 수도 없고 도무지 어떻게 소스 코드를 분석해야 할지 답답하다.

객체지향 개념을 적용해서 프로그램을 개발하다 보면 의도한 바는 아니겠지만 인터페이스 구현, 클래스 상속 등을 반복하면서 계층 구조가 복잡해지는 경우가 있다. 이클립스 PDT에서 제공하는 형식 계층 기능은 클래스나 인터페이스 간에 상속, 구현 등의 계층 구조를 다양한 형태로 보여준다. 이 기능을 활용하면 구조가 복잡한 소스 코드를 훨씬 수월하게 분석하고 이해할 수 있을 것이다.

다음 소스 코드는 Person 인터페이스와 User 클래스를 보여준다. User 클래스는 Person 인터페이스를 구현한 클래스다. 이 소스 코드를 형식 계층 기능을 이용해서 살펴보자.

```php
interface Person {

    public function getName();
    public function setName($name);
}

class User implements Person {

    private $name;

    public function getName()
    {
        return $this->name;
    }
    public function setName($name) {
        $this->name = $name;
    }
}
```

편집 창에서 User 클래스에 커서를 옮기고 F4 키를 입력하거나 마우스 오른쪽 버튼을 클릭한 후 문맥 메뉴에서 Open Type Hierarchy를 선택한다.

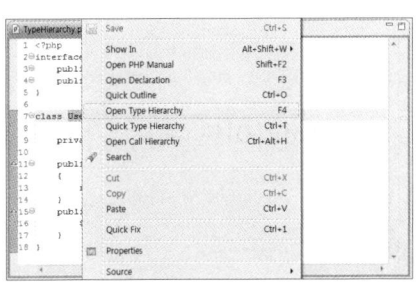

[그림 4-38] 편집 창 문맥 메뉴

그러면 이클립스 화면 왼쪽에 [그림 4-39]와 같은 Type Hierarchy 뷰가 열린다. Type Hierarchy 뷰에는 User 클래스가 Person 인터페이스를 구현했다는 의미로 Person 인터페이스 아래에 User 클래스가 트리 형식으로 표현돼 있다. 그리고 아래에는 User 클래스의 속성과 메서드가 나타난다.

[그림 4-39] Type Hierarchy 뷰

Type Hierarchy 뷰가 아니라 편집 창에서 계층 구조를 빠르게 보고 싶은 경우에는 해당 인터페이스나 클래스에 커서를 옮기고 Ctrl + T 키를 입력하거나 문맥 메뉴에서 Quick Type Hierarchy를 선택하면 [그림 4-40]과 같이 간편하게 확인할 수 있다.

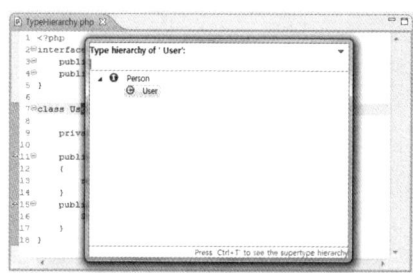

[그림 4-40] Quick Type Hierarchy 화면

4-11. 오버라이드 표시

클래스에는 메서드가 있기 마련인데, 이 메서드가 인터페이스를 구현했거나 클래스를 오버라이드 했는지 쉽게 알 수 있게 편집 창에 표시하는 기능을 오버라이드(Override) 표시라고 한다. 형식 계층 기능이 전체적인 구현/상속 구조를 쉽게 알 수 있게 트리 구조로 보여주는 기능

이라면 오버라이드 표시 기능은 오버라이드된 메서드만 알려주므로 어떤 메서드가 재정의됐는지 쉽게 알 수 있다.

[그림 4-41]을 보면 User 클래스에 있는 getName() 메서드가 Person 인터페이스를 구현했음을 알려준다. 편집기의 왼쪽 여백에 표시된 삼각형 아이콘을 클릭하면 Person 인터페이스의 getName()이 정의된 부분으로 바로 이동한다. 객체지향 개발 방법에서는 대체로 인터페이스와 클래스 구현체를 분리해서 코드를 작성하는데, 이 기능을 사용하면 클래스의 소스 코드를 편집하다가 인터페이스나 부모 클래스로 바로 이동할 수 있어서 매우 편리하다.

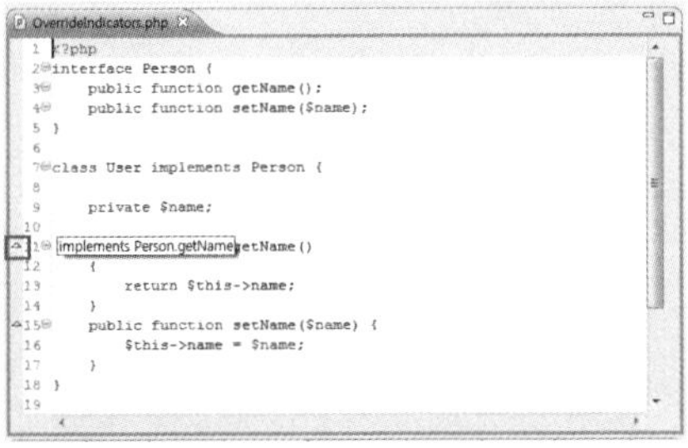

[그림 4-41] 오버라이드 표시 기능(하위 클래스에서 본 모습)

부모 클래스의 메서드를 오버라이드한 경우에는 [그림 4-42]와 같이 표현된다. 마찬가지로 삼각형 아이콘을 클릭하면 오버라이드한 부모 클래스의 메서드로 이동한다.

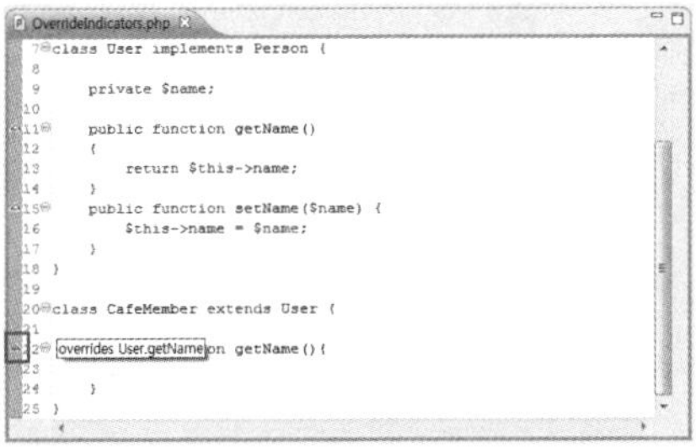

[그림 4-42] 오버라이드 표시 기능(상위 클래스에서 본 모습)

4-12. 실시간 에러 검출 기능

PHP 프로그램은 스크립트 언어로서 인터프리터를 통해 실행되다 보니 사용자가 컴파일을 하는 경우가 거의 없다. 그래서 PHP 프로그램은 PHP 인터프리터로 실제로 실행해 보기 전까지는 문법 오류 같은 작은 문제도 찾아내기가 힘들다. 만약 프로젝트 규모가 커서 수백 개의 PHP 파일을 관리해야 하는 경우라면 어떻게 할까? 모든 파일을 편집기로 열어서 코드 리뷰를 한다는 건 매우 어려운 일이고 모든 파일을 실행해 보는 건 사실상 불가능한 일이다. 더군다나 코드 리뷰를 하더라도 오류를 발견하지 못할 가능성도 있다.

이클립스 PDT에서 제공하는 실시간 에러 검출 기능은 PHP 개발자들이 소스 코드에 존재하는 문법적 오류를 찾아내서 알기 쉽게 목록 형태로 보여준다. 작성한 PHP 소스 코드에 오류가 있다면 [그림 4-43]과 같이 이클립스 하단에 있는 Problems 뷰에 오류 내용이 표시된다. Problems 뷰에는 오류의 내용과 오류가 발견된 파일명, 파일 경로, 줄 번호 등이 표시된다.

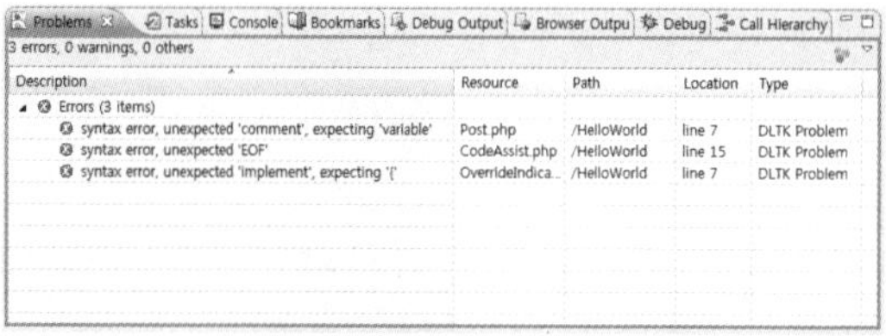

[그림 4-43] 실시간 오류 검출 기능

오류가 있는 소스 코드를 바로 열고 싶다면 원하는 오류 항목을 더블 클릭하거나 마우스 오른쪽 버튼을 클릭한 후 Go to를 선택하면 된다.

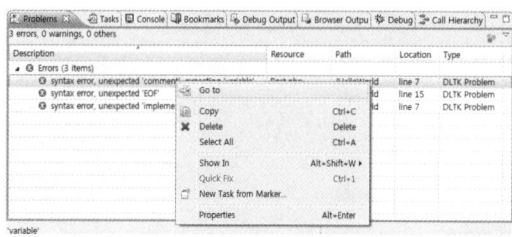

[그림 4-44] Problems 뷰의 문맥 메뉴

오류가 있는 소스 코드를 편집 창에서 열면 오류가 있는 위치에 붉은색 밑줄과 함께 ⊗가 표시된다.

[그림 4-45] 오류가 있는 소스 코드

4-13. 철자 검사

이클립스의 기본 기능 중에는 철자 검사 기능이 포함돼 있다. 철자 검사 기능이 활성화돼 있는 경우에는 [그림 4-46]과 같이 철자가 틀린 단어 밑에 붉은색 물결선이 나타난다. 아쉬운 점은 철자 검사 기능은 기본적으로 영문 철자만 검사하므로 한글이 틀렸을 경우에는 도움을 받을 수 없다는 것이다.

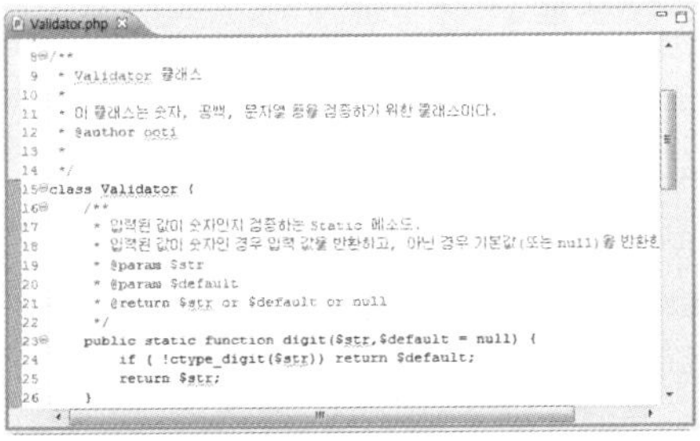

[그림 4-46] 철자 검사가 동작하는 화면

필자가 입력한 Validator는 일반적으로 사용되는 용어이지만 사전에는 등록돼 있지 않은 단어라서 철자가 틀렸다는 의미의 붉은색 밑줄이 표시돼 있다. 이런 경우에는 사용자 정의 사전에 단어를 추가하면 된다.

그런데 변수 같은 경우에는 사전에 없는 경우가 많아서 편집기에 표시되는 수많은 붉은색 물결선이 성가시게 느껴질 수도 있다. 철자 검사 기능이 불편하다면 설정 화면에서 철자 검사의 적용 범위를 변경하거나 기능을 비활성화할 수도 있다. 설정 화면은 이클립스 상단 메뉴에서 Window → Preferences를 선택한 후 왼쪽 컬럼에서 General → Editors → Text Editors → Spelling으로 들어가면 나타난다.

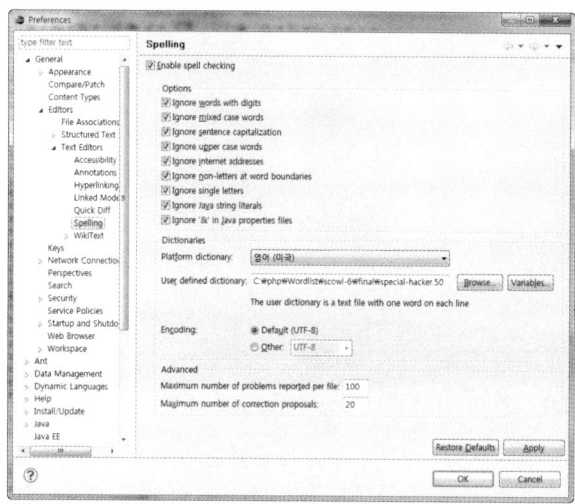

[그림 4-47] 철자 검사 기능 설정

[표 4-5] 철자 검사 설정 화면 설명

옵션	설명
Ignore words with digits	숫자와 함께 있는 단어 무시
Ignore mixed case words	대문자가 섞여 있는 단어 무시
Ignore sentence capitalization	문장의 대소문자 무시
Ignore upper case words	대문자 단어 무시
Ignore internet address	인터넷 URL 주소 무시
Ignore non-letters at word boundaries	단어 경계에 있는 영문자가 아닌 문자 무시
Ignore single letters	한 글자인 경우 무시
Ignore Java string literals	자바 문자열 무시
Ignore '&' in Java properties files	자바 설정 파일의 & 무시

4-14. 소스 코드 정리

소스 코드 정리 기능은 코드의 들여쓰기가 고르지 않은 경우 자동으로 들여쓰기를 해주는 간단한 기능이다. 소스 코드를 급하게 작성하느라 들여쓰기를 하지 못했거나 어떠한 이유로 들여쓰기가 망가진 경우 이 기능을 사용하면 편리하다.

편집기에서 소스 코드를 정리하는 방법은 다음과 같다.

편집 창에서 마우스 오른쪽 버튼을 클릭하면 편집 창의 문맥 메뉴가 나타난다. 이 문맥 메뉴에서 Source → Format을 선택하면 된다.

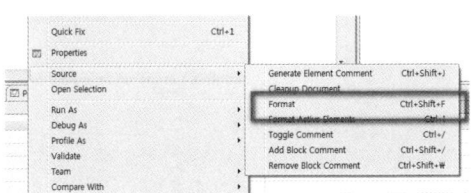

[그림 4-48] 소스 코드 정리 문맥 메뉴

4-15. PHP Include Path

PHP 프로젝트를 생성하는 과정에서 이미 PHP Include Path를 본 적이 있을 것이다. 또한 PHP Explorer 뷰에서도 다음 화면과 같이 PHP Include Path를 볼 수 있는데, 이번에는 이 PHP Include Path가 무엇을 의미하고 어떻게 사용하는지 살펴보자.

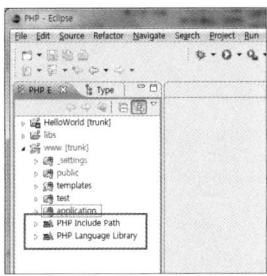

[그림 4-49] PHP Explorer 뷰의 PHP Include Path

PHP는 include()나 require() 등의 함수를 통해 다른 파일을 읽어 들일 때 특정 디렉터리에서 대상 파일을 찾을 수 있게 include_path라는 환경 변수를 제공한다. 일반적으로 include_path는 php.ini에서 지정해서 사용하며, include_path를 지정해두면 include() 함수를 사용해서 다른 파일을 읽어들일 때 include_path로 지정된 디렉터리에서 파일을 찾는다. 예를 들어 include_path="/php_libs/";라고 지정하고 HelloWorld.php 파일에서 include("global.php");라고 코드를 작성하면 가장 먼저 HelloWorld.php 파일이 위치한 디렉터리에서 global.php 파일을 찾고 파일이 없다면 /php_libs 디렉터리에서 global.php 파일을 찾는다. 사용자 입장에서는 include("/php_libs/global.php");라는 코드 대신 include("global.php");라고 코드를 작성하면 되므로 편리하고 경우에 따라서는 유연하게 global.php 파일을 선택해서 실행할 수 있기 때문에 적지 않게 사용되는 기능이다.

그렇다면 이클립스 PDT에서는 include_path가 왜 필요할까? 당연히 코드를 작성하는 데도 include_path 지정이 중요하기 때문이다. 가령, www 프로젝트와 libs 프로젝트가 있다고 해보자. www 프로젝트는 뷰(View) 컨트롤을 중심으로 구성돼 있고, libs 프로젝트는 비즈니스 로직이나 유틸리티 라이브러리로 구성돼 있다. 따라서 www 프로젝트에 속한 PHP 파일은 libs 프로젝트의 PHP 파일들을 인클루드한다. 하지만 이클립스 PDT는 기본적으로 서로 다른 프로젝트 간에는 컨텐트 어시스트 같은 기능이 동작하지 않게 돼 있다. 실제 웹 서버에서는 www 프로젝트와 libs 프로젝트가 하나의 프로그램으로 동작하지만 이클립스 PDT상에서는 서로 다른 프로그램으로 인식되는 것이다. 이러한 문제를 해결하기 위해 이클립스 PDT는 PHP Include Path를 제공한다. PHP Include Path를 이용하면 분리돼 있는 PHP 프로젝트 간에 연결 고리를 만들 수 있다. 예를 들면 www 프로젝트에서 libs 프로젝트에 있는 클래스, 함수, 변수 등을 컨텐트 어시스트에서 활용할 수 있다.

다음 화면을 보면 www 프로젝트의 PostTest.php 파일에 include("DB/Cubrid.php");라는 코드가 작성돼 있다. 그리고 $CUBRID에 클래스 인스턴스를 저장하고 있다. 여기서 Ctrl + Spacebar 를 입력해서 컨텐트 어시스트를 활성화하면 어떻게 될까? PostTest.php 파일에서 인클루드하고 있는 DB/Cubrid.php 파일은 libs 프로젝트에 속한 파일이라서 컨텐트 어시스트 창이 활성화되지 않고 오류가 출력된다.

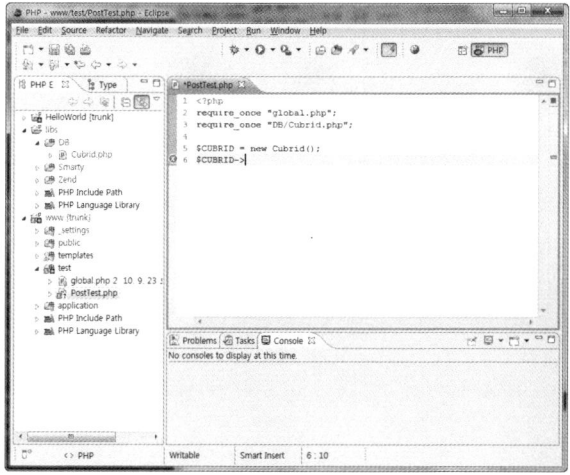

[그림 4-50] 컨텐트 어시스트가 동작하지 않는 화면

이러한 경우 다음과 같은 방법으로 PHP Include Path를 지정하면 된다.

01. PHP Explorer에서 www 프로젝트를 선택하고 마우스 오른쪽 버튼을 클릭한 후 Include Path → Configure Include Path를 차례로 선택한다.

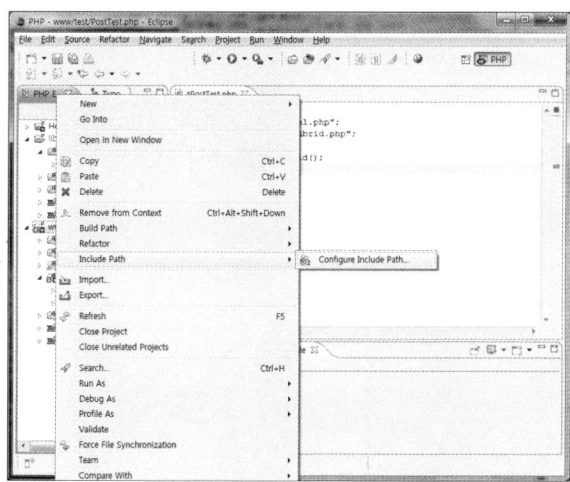

[그림 4-51] Include Path 메뉴

02. PHP Include Path 창이 열리면 Add 버튼을 클릭한다.

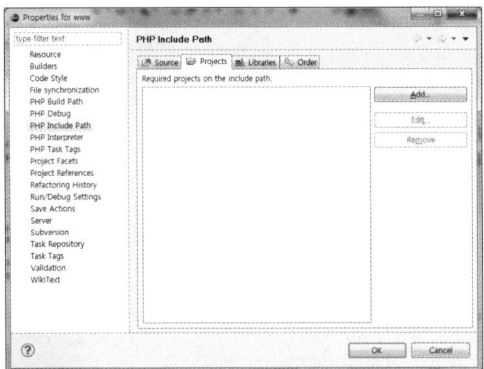

[그림 4-52] **PHP Include Path 설정 창**

03. Required Project Selection 창이 열리면 PHP Include Path로 지정하고자 하는 PHP 프로젝트를 지정한 후 OK 버튼을 클릭한다.

[그림 4-53] **프로젝트 선택**

04. 지정한 PHP 프로젝트가 등록되면 OK 버튼을 클릭한다.

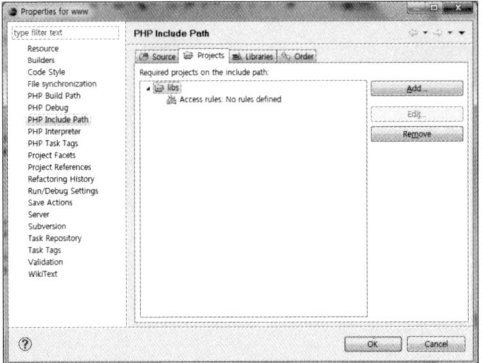

[그림 4-54] **Include Path에 등록된 화면**

05. 이제 편집기에서 Ctrl + Spacebar 를 누르면 컨텐트 어시스트 창이 활성화될 것이며 PHP Explorer에서 www 프로젝트의 PHP Include Path를 펼쳐보면 지정한 PHP 프로젝트가 등록돼 있을 것이다.

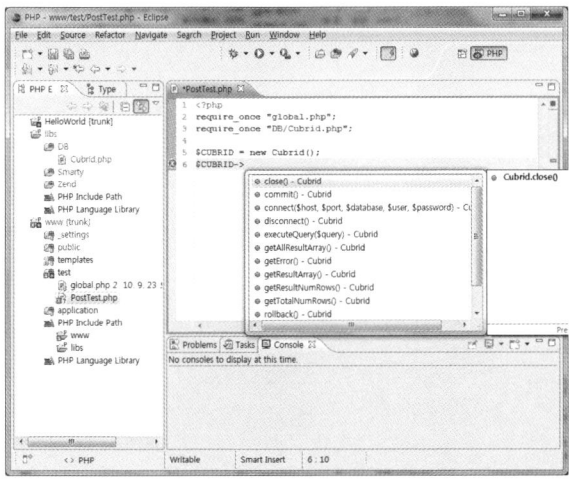

[그림 4-55] 컨텐트 어시스트가 동작하는 화면

PHP Include Path로 지정할 수 있는 대상은 PHP 프로젝트뿐 아니라 특정 폴더나 PHAR 등의 파일을 지정할 수도 있다. PHAR는 자바의 JAR 같은 패키지로서 PHP 5.3에서 추가된 사항중 하나다.

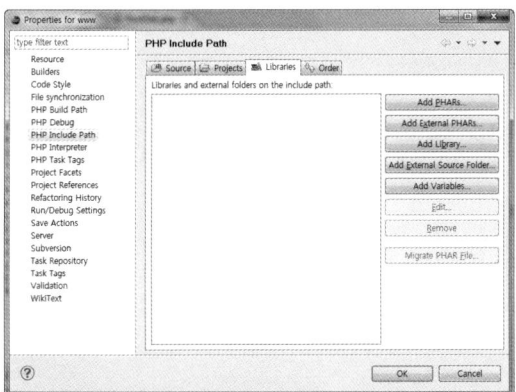

[그림 4-56] PHP Include Path 설정 창

CHAPTER 05

PHP 개발자를 위한
이클립스 PDT

유용한 이클립스 기능 익히기

외부 편집기 사용
파일 비교
편집기와 PHP Explorer 연결 보기
퍼스펙티브 초기화
단축키 확인 및 변경
PHP Explorer 파일 필터링
워크스페이스 인코딩 및 개행 문자 변경
외부 프로그램 실행

이클립스는 개발을 더욱 잘 할 수 있게 도와주는 다양한 기능을 제공한다. 이 장에서는 이클립스에서 기본적으로 제공하는 유용한 기능을 살펴본다. 이클립스의 기본 기능인 만큼 PDT를 설치하지 않은 상태에서도 사용할 수 있으므로 이클립스에서 다른 언어로 프로그램을 개발할 때도 도움될 것이다.

5-1. 외부 편집기 사용

이클립스에서 기본적으로 제공하는 텍스트 편집기를 사용하거나 HTML 편집기, 자바스크립트 편집기 등을 사용할 수 있다. 또한 특별히 사용하고 있는 외부 편집기가 있다면 이클립스에 등록해서 사용할 수도 있다.

예를 들어 HTML 파일은 이클립스에 내장된 HTML 편집기보다 드림위버나 MS 익스프레션 같은 전문 HTML 편집기를 사용하는 것이 더욱 편리하므로 이러한 소프트웨어를 이클립스에 등록해서 기본 편집기로 사용할 수 있다. 또한 JPEG나 GIF 같은 이미지 파일은 이클립스에서 편집하기가 어려우므로 GIMP나 포토샵 같은 전문 그래픽 소프트웨어를 지정해 두는 것이다.

원하는 확장자에 외부 편집기를 연결하는 방법은 다음과 같다.

01. 이클립스 상단 메뉴에서 Window → Preferences를 선택한다.
02. 다음 화면과 같이 General → Editors → File Associations를 선택한다.

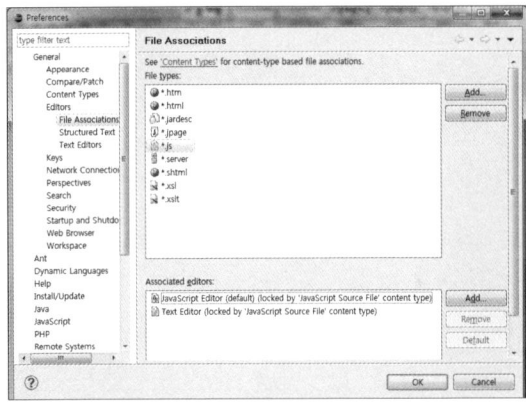

[그림 5-1] 확장자 설정 창

03. File Associations 화면의 File Type 항목에서 원하는 확장자를 선택한다.

04. Associated editors 항목의 오른쪽에 있는 Add 버튼을 클릭한다.

05. Editor Selection 창이 열리면 External programs를 선택한 후 원하는 외부 편집기를 선택한다. 만약 사용하려는 외부 편집기가 목록에 없다면 창 아래에 있는 Browse 버튼을 클릭해서 직접 지정해도 된다.

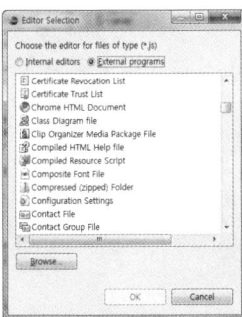

[그림 5-2] 확장자 연결 프로그램 선택 창

06. OK 버튼을 클릭하면 선택한 외부 편집기가 Associated editors 항목에 추가된다. 추가한 외부 편집기를 선택한 후 Default 버튼을 클릭한다.

07. Preferences 창 하단의 OK 버튼을 클릭한다.

이제 앞서 지정한 확장자를 PHP Explorer에서 선택하면 사용자가 지정한 외부 편집기를 통해 파일이 열린다. 또 [그림 5-3]과 같이 PHP Explorer 뷰에서 파일을 선택하고 마우스 오른쪽 버튼을 클릭한 후 Open With → System Editor를 선택하면 해당 파일이 운영체제에 지정돼 있는 시스템 기본 편집기로 열린다.

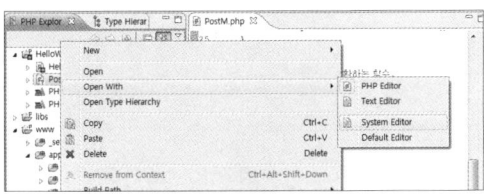

[그림 5-3] 시스템 에디터로 파일 열기

5-2. 파일 비교

코드를 작성하다 보면 예전에 작성한 소스 코드와 새로 작성된 소스 코드를 비교하거나 하나의 파일에서 확장된 비슷한 내용의 각 소스 파일이 어떻게 다른지 확인해 보고 싶을 때가 있다. 비슷한 기능을 하는 오픈소스 프로그램으로 WinMerge(http://winmerge.org/)가 있다. 이러한 경우 이클립스에서 제공하는 파일 비교 기능을 이용할 수 있다. 당연히 이클립스 환경을 벗어나지 않고도 비교, 편집 등이 가능하며 최대 3개의 파일을 비교할 수 있어서 매우 편리하다.

이클립스의 파일 비교 기능을 사용하려면 [그림 5-4]와 같이 PHP Explorer에서 비교할 파일을 선택한 후 마우스 오른쪽 버튼을 클릭한 후 Compare With → Each Other를 선택하면 [그림 5-5]와 같이 선택한 파일을 비교한 결과를 볼 수 있다.

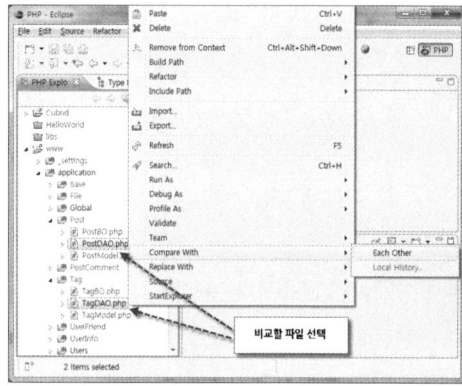

[그림 5-4] 파일 비교

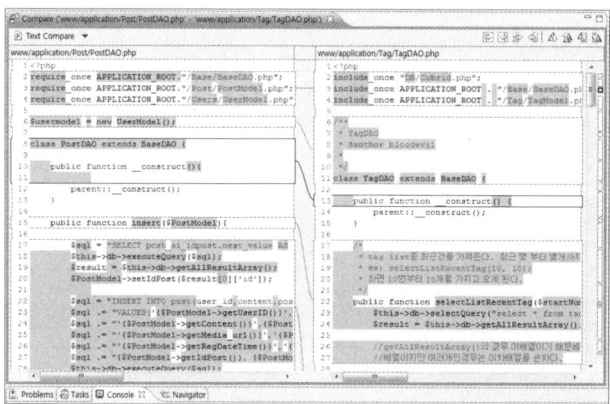

[그림 5-5] 파일 비교 결과

5-3. 편집기와 PHP Explorer 연결 보기

프로젝트의 폴더 구조가 복잡해지고 파일의 수가 늘어날수록 편집기와 PHP Explorer 간의 파일 관리가 어려워지기 마련이다. 예를 들어 편집기에 여러 개의 파일이 동시에 열려 있을 때 지금 편집하고 있는 파일이 어떤 폴더에 위치하고 있는지 알고 싶다면 어떻게 해야 할까? PHP Explorer의 폴더를 일일이 펼쳐 가며 파일 위치를 찾는 작업은 사실 너무나 귀찮은 일이다.

이러한 경우 PHP Explorer에서 제공하는 "Link with Editor" 기능을 이용하면 아주 쉽게 현재 편집기에서 편집 중인 파일의 위치를 확인할 수 있다. 이 기능을 이용하려면 [그림 5-6]과 같이 PHP Explorer 상단에 있는  아이콘을 클릭하기만 하면 된다.

[그림 5-6] 편집기와 탐색기 연결

5-4. 퍼스펙티브 초기화

이클립스에서 기본 퍼스펙티브 구성을 변경해서 사용하다가 초기 퍼스펙티브 구성으로 초기화하고 싶다면 [그림 5-7]과 같이 이클립스 상단 메뉴에서 Window → Reset Perspective를 선택하면 된다. 그러고 나서 [그림 5-8]과 같이 기본 퍼스펙티브로 초기화할 것이냐는 창이 열리면 OK 버튼을 클릭한다.

퍼스펙티브를 초기화할 때는 초기화하고자 하는 퍼스펙티브로 미리 전환한 상태에서 실행해야 한다. 예를 들어 PHP 퍼스펙티브를 초기화하고 싶다면 가장 먼저 PHP 퍼스펙티브로 전환한 후 Reset Perspective를 실행해야 한다.

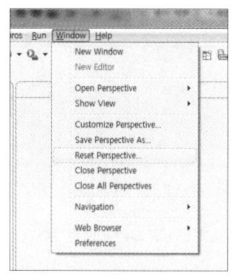
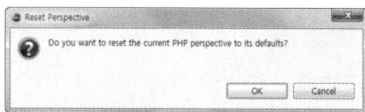

[그림 5-7] 퍼스펙티브 초기화   [그림 5-8] 퍼스펙티브 초기화 여부

5-5. 단축키 확인 및 변경

이클립스에는 무수히 많은 단축키가 등록돼 있다. 어떤 단축키가 지정돼 있는지 확인하고 싶거나 이미 지정된 단축키를 바꾸고 싶다면 이클립스 상단 메뉴에서 Window → Preferences를 선택한 후 Preferences 창을 열고, [그림 5-9]와 같이 General → Keys 화면에서 단축키를 확인하거나 변경할 수 있다.

단축키를 지정하거나 변경하려면 우선 Command 목록에서 원하는 Command를 선택해야 한다. 그리고 나서 Binding 항목과 When 항목을 입력한 후 Apply 버튼을 클릭하면 된다.

Command 목록 아래에 있는 Unbind Command 버튼은 선택한 단축키를 사용할 수 없도록 해제하는 버튼이다. 변경한 단축키를 초기화하려면 Restore Command 버튼을 클릭한다.

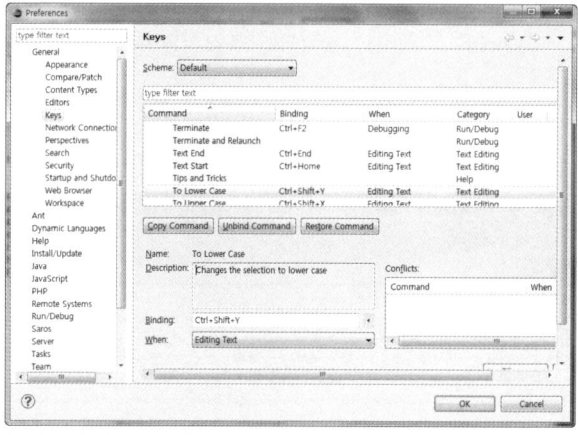

[그림 5-9] 이클립스 단축키 정의 및 변경

5-6. PHP Explorer 파일 필터링

이클립스는 프로젝트마다 환경 파일을 생성해서 사용하지만 PHP Explorer에서는 프로젝트 프로젝트 환경 파일 같은 시스템 파일이 보이지 않는다. 하지만 이클립스를 사용하다 보면 프로젝트 환경 파일을 직접 편집해야 하는 경우도 생기기 마련이다.

이클립스의 PHP Explorer는 필터를 이용해서 환경 파일 같은 특별한 파일들이 보이지 않게 한다. 이는 윈도우 탐색기의 파일 숨김 기능과는 조금 다르다. PHP Explorer의 필터는 PHP의 if 조건문처럼 감추고자 하는 파일명에 대한 조건을 부여해서 보이지 않게 하거나 반대로 보이게 할 수 있다. 예를 들어 PHP Explorer의 필터를 변경하면 PHP Explorer에서 환경 파일 같은 시스템 파일을 볼 수도 있고 반대로 PHP 파일이나 HTML 파일 등을 보이지 않게 할 수도 있다.

필터를 사용하려면 [그림 5-10]과 같이 PHP Explorer 상단의 작은 역삼각형 버튼을 클릭한 후 Filters를 선택한다. 그러면 [그림 5-11]과 같이 필터 창이 열리고 원하는 대로 필터를 지정하면 된다. 각 필터가 어떤 의미를 나타내는지는 [표 5-1]을 참고하기 바란다.

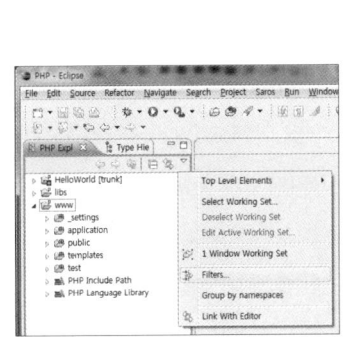

[그림 5-10] 필터 메뉴

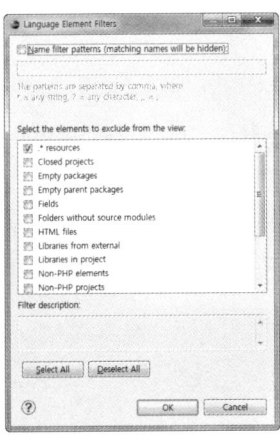

[그림 5-11] 필터 지정 화면

[표 5-1] PHP Explorer 필터

필터	설명
.* resources	.(점)으로 시작되는 이클립스 설정 파일을 보이지 않게 한다.
Closed projects	닫힌 프로젝트를 보이지 않게 한다.
Folders without source modules	Source Folder로 지정되지 않은 폴더를 모두 감춘다.
HTML files	HTML 파일을 보이지 않게 한다.
Libraries from external	프로젝트 폴더가 아닌 외부 폴더와 연결된 라이브러리를 감춘다.
Libraries in project	프로젝트 폴더에 포함돼 있는 라이브러리를 감춘다.
Non-PHP elements	PHP가 아닌 요소를 모두 감춘다. 예) JavaScript 파일
Non-PHP Projects	PHP 프로젝트가 아닌 프로젝트를 감춘다.
PHP files	PHP 파일을 모두 보이지 않게 한다.

5-7. 워크스페이스 인코딩 및 개행 문자 변경

한글 윈도우를 사용하고 있다면 편집기의 기본 인코딩(Encoding)이 MS949로 지정돼 있을 것이다. 하지만 최근 웹사이트는 대부분 UTF-8 인코딩을 사용하므로 이클립스의 기본 인코딩을 사용하면 문제가 생길 수 있다. 특히 다국어 서비스를 고려해서 프로그램을 개발하는 경우라면 더욱 UTF-8을 사용할 필요가 있다.

이클립스의 인코딩을 변경하려면 우선 이클립스 상단 메뉴에서 Window → Preferences를 선택해 Preferences 창을 연다. 그러고 나서 General → Workspace를 선택해서 [그림 5-12]와 같은 화면을 연다. 여기서 Text file encoding 항목을 Other로 변경하고 UTF-8을 찾아 선택하면 된다. 선택할 수 있는 인코딩은 UTF-8이나 MS949 외에도 ISO-8859-1, UTF-16 등이 있다. 더불어 인코딩 선택 항목에는 없지만 EUC-KR이나 EUC-JP 같은 인코딩도 지정해서 사용할 수 있다. 예를 들어 EUC-KR을 Workspace의 기본 인코딩으로 지정하고 싶다면 Other 항목에 EUC-KR이라고 직접 입력하면 된다.

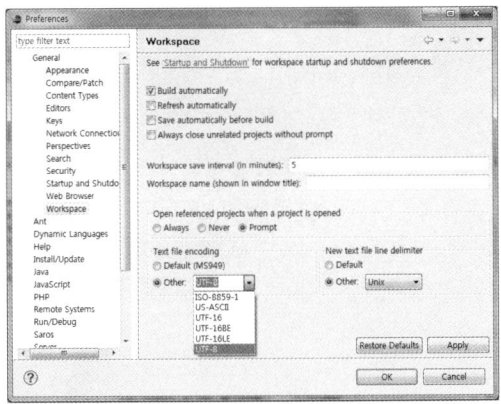

[그림 5-12] Workspace 환경 설정

그리고 소스 코드를 리눅스나 유닉스에서 작성하고 있다면 New text file line delimiter의 설정 값을 변경해서 개행 문자(줄바꿈 문자)를 운영체제에 맞게 지정할 수도 있다. 이 기능은 PHP 프로그램을 작성하는 운영체제와 웹 서버의 운영체제가 다른 경우에 유용하다. 일반적으로 윈도우에서는 CR+LF를 사용하고 리눅스, 유닉스 에서는 LF를 사용한다. 다르게 표현하면 윈도우에서는 \r\n을 사용하고 리눅스,유닉스 운영체제에서는 \n만을 사용한다.

개행 문자가 다르기 때문에 윈도우에서 작성한 PHP 파일을 리눅스 장비에서 VI로 보면 줄 끝 부분에 이상한 문자가 표시되는 것을 볼 수 있다. 이러한 문제를 방지하려면 이클립스의 기본 개행 문자를 웹 서버를 기준으로 맞춰 주는 게 좋다. 예를 들어 리눅스를 비롯한 유닉스 계열의 웹 서버를 사용 중이라면 New text file line delimiter를 Unix로 지정한다. 필자의 경우에는 웹 서버 환경에 상관없이 Unix를 지정한다. 그렇게 하는 이유는 대부분의 PHP 구동 환경이 리눅스 또는 유닉스이며, 윈도우용 편집기에서 Unix 형태의 개행 문자가 포함된 파일을 편집하는 데는 전혀 문제가 없지만 리눅스에서 윈도우 형태의 개행 문자가 포함된 파일을 편집할 경우 문제가 생길 수도 있기 때문이다.

또한 FTP 클라이언트를 사용해서 PHP 소스 파일을 웹 서버로 전송하면 개행 문자 문제가 나타나지 않는데, 이는 대부분의 FTP 클라이언트가 개행 문자를 운영체제에 맞게 자동으로 변경해서 전송하기 때문이다. 하지만 우리는 FTP뿐 아니라 SVN이나 CVS 같은 형상 관리 도구도 사용하므로 개행 문자를 통일하는 것이 아무래도 좋다. 물론 이클립스는 개행 문자를 자동으로 인식해서 문제없이 처리하지만 이클립스를 사용하지 않는 개발자와 함께 작업하는 경우 문제가 될 수 있다. 왜냐하면 개발자마다 개행 문자를 다르게 사용하면 코드에 변경 사항이 없더라도 개행 문자로 인해 변경 로그가 계속 올라갈 수도 있기 때문이다.

5-8. 외부 프로그램 실행

이클립스에서는 컴퓨터에 설치된 다른 프로그램을 등록해서 실행할 수 있다. 앞서 살펴본 외부 편집기를 실행하는 것 외에도 웹 서버를 실행하거나 MP3 재생기 등 외부 프로그램을 이클립스에서 바로 실행할 수 있다.

외부 프로그램을 실행하는 방법은 다음과 같다.

01. 이클립스 상단 External Tools 버튼( )의 삼각형 모양을 클릭한다.
02. 메뉴가 나타나면 External Tools Configurations를 선택한다.

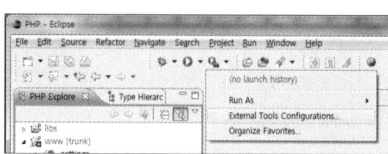

[그림 5-13] 상단 툴바의 Run 메뉴

03. External Tools Configurations 창이 열리면 Program 항목을 마우스 오른쪽 버튼으로 클릭해서 New를 선택한다.

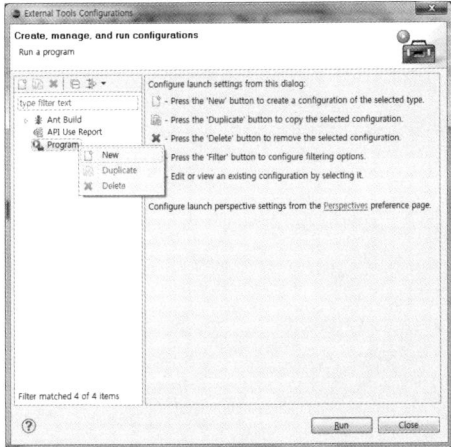

[그림 5-14] External Tools Configurations 창

04. Location 입력 란에 실행할 외부 프로그램을 지정하고 Name 입력 란에는 실행 설정의 이름을 입력한다. 그리고 Run 버튼을 클릭하면 지정한 외부 프로그램이 실행된다.

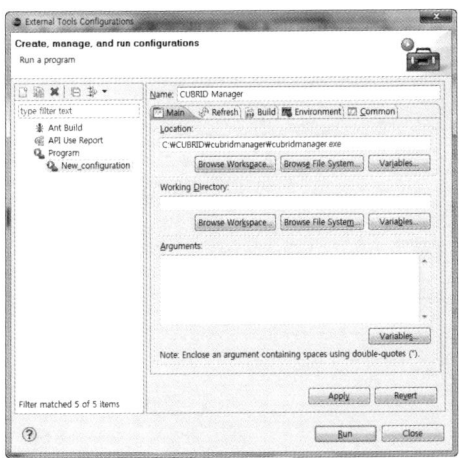

[그림 5-15] 외부 프로그램 등록

Working Directory는 프로그램을 실행할 때의 경로를 말한다. Arguments는 실행할 때 커맨드 라인 인자로 전달할 내용이다.

이클립스 변수

[그림 5-16]을 보면 모든 입력 란에 Variables 버튼이 함께 있는 것을 알 수 있다. Variables 버튼을 클릭하면 Select Variable 창이 열린다. Select Variable 창에 있는 다양한 변수 목록은 사용자가 사용할 수 있게 이클립스에서 제공하는 상수나 변수 값을 의미한다. 예들 들어 workspace_loc는 Workspace의 경로를 의미한다. 모든 변수의 의미는 [표 5-2]를 참고하기 바란다.

[그림 5-16] 이클립스 변수 선택 창

[표 5-2] 이클립스 변수

변수명	설명	예
${workspace_loc}	Workspace 경로	c:₩eclipse₩workspace
${project_loc}	프로젝트 경로	c:₩projects₩MyProject
${container_loc}	선택한 파일의 상위 폴더 경로	c:₩projects₩MyProject₩MyFolder
${resource_loc}	선택한 파일 경로	c:₩projects₩MyProject₩MyFile.txt
${project_path}	프로젝트 경로(Workspace 폴더 기준)	/MyProject
${container_path}	컨테이너(Container) 경로 (Workspace 폴더 기준)	/MyProject/MyFolder
${resource_path}	선택한 파일의 경로(Workspace 폴더 기준)	/MyProject/MyFolder/MyFile.txt
${project_name}	프로젝트 이름	MyProject
${container_name}	컨테이너 이름	MyFolder
${resource_name}	선택한 파일 이름	MyFile.txt

CHAPTER **06**

PHP 개발자를 위한
이클립스 PDT

실행과 디버그

Zend Debugger 플러그인 설치
PHP 스크립트 실행
PHP 웹 페이지 실행
PHP 스크립트 디버깅
로컬 웹 서버 연동 디버깅
원격 웹 서버를 연동한 실행
원격 웹 서버를 연동한 디버깅

프로그램을 개발하기 위해 우리는 최대한 실제 동작 환경과 비슷한 개발 환경을 준비한다. 웹 프로그램은 개발 과정에서 웹 서버에서 구동되는 프로그램의 상태를 지속적으로 확인해야 하기 때문에 일반적으로 로컬 컴퓨터에 웹 서버와 DBMS 서버를 설치해서 프로그램을 개발한다. 개발 시스템에 여유가 있으면 테스트용 웹 서버를 별도로 마련해서 개발을 진행하기도 한다. PHP 웹 프로그램을 개발할 때 웹 서버가 꼭 필요한 것으로 여겨지기도 하지만 사실 전체 웹 프로그램에서 반드시 웹 서버를 사용해야만 하는 부분은 많지 않다. 굳이 웹 서버와 웹 브라우저를 통해 실행하고 디버깅할 필요가 없는 부분을 개발할 때는 이클립스 PDT의 실행과 디버깅 기능을 활용하는 편이 경제적이다. UI에 영향을 주지 않는 코드를 수정했는데도 매번 웹 브라우저를 통해 테스트하는 것은 것은 전체적인 개발 속도를 떨어뜨리는 요인으로 작용할 수 있다.

이클립스 PDT는 웹 프로그래밍 언어라는 PHP의 특성이 잘 반영된 개발 도구다. 이클립스 PDT에서는 로컬 컴퓨터에 웹 서버를 설치하지 않은 상태에서 PHP 스크립트를 실행하고 테스트할 수도 있고 웹 서버와 연동해서 PHP 프로그램을 실행할 수도 있다.

특히 디버깅 기능을 사용하면 그동안 웹 프로그래밍을 디버깅하면서 느꼈던 답답함이 사라질 것이다. 이클립스 PDT에서 디버깅할 경우 소스 파일 안에 디버깅용 코드를 작성하고 디버깅이 끝나면 해당 코드를 다시 지우는 작업을 되풀이하지 않아도 된다. 또한 실제 웹 서버에서 구동되는 PHP 프로그램까지도 디버깅할 수 있다. 더불어 웹 브라우저가 GET 방식으로 전달하는 값인 QUERY_STRING 상수 값까지도 이클립스 PDT에서 직접 정의할 수 있다.

이클립스 PDT는 PHP Script Run/Debug와 PHP Web Page Run/Debug으로 네 가지 실행 방법을 제공한다. 로컬 웹 서버 연동 실행, 로컬 웹 서버 연동 디버깅, 원격 웹 서버 연동 실행, 원격 웹 서버 연동 디버깅은 이클립스 PDT의 PHP Web Page 기능을 사용하지만 사용법에 다소 차이가 있으므로 경우에 따라 각 사용법을 이해하는 것이 중요하다.

자, 그럼 이클립스에서 PHP 프로그램을 어떻게 실행하고 디버깅하는지 자세히 살펴보자.

6-1. Zend Debugger 플러그인 설치

이클립스에 PHP 디버거가 설치돼 있지 않다면 PHP 프로그램을 실행하거나 디버깅할 수 없으므로 꼭 설치해야 한다. PHP 디버거가 이클립스에 설치돼 있는지 확인하는 방법은 이클립스 상단 메뉴에서 Window → Preferences를 선택한 후 [그림 6-1]과 같이 PHP → PHP Executables에서 확인할 수 있다.

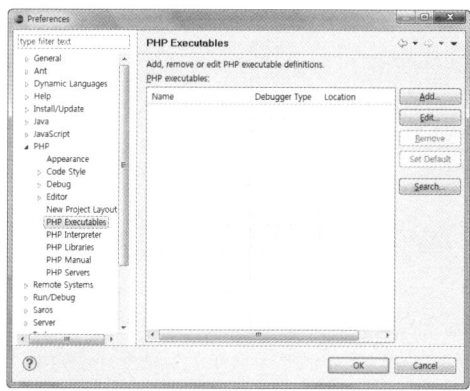

[그림 6-1] PHP 디버거 설정 창

Zend Debugger는 Zend사에서 만든 PHP용 디버그 프로그램으로서 웹 서버에서 PHP 인터프리터와 함께 사용할 수 있는 PHP 모듈과 이클립스 플러그인으로 두 가지 형태로 배포되고 있다. 이어서 두 가지 버전을 모두 설치해서 사용하겠지만, 우선 이클립스 플러그인 형태의 디버거에 대해 살펴보자.

> PHP Executables는 PHP 실행기 또는 PHP 인터프리터라는 용어로 부르는 것이 정확하다고 생각한다. 그럼에도 이 책에서 굳이 PHP 디버거라고 하는 이유는 이클립스 플러그인 형태의 PHP 인터프리터에 기본적으로 PHP 디버거가 포함돼 있고, 주 사용 목적이 디버깅이기 때문이다. 더불어 Zend사의 다운로드 페이지에도 PHP Debugger라고 표기돼 있다.

이클립스용 Zend Debugger 플러그인을 설치하는 방법에는 두 가지가 있다. 하나는 업데이트 사이트를 통해 자동으로 설치하는 방법이고, 다른 하나는 직접 다운로드 페이지로 들어가서 Zend Debugger 플러그인을 내려 받아 설치하는 방법이다. 두 가지 방법 모두 특별히 어려운 점은 없으므로 선호하는 방법으로 설치하면 된다.

업데이트 사이트를 이용한 설치

01. 이클립스 상단 메뉴에서 Help → Install New Software를 차례로 선택한다.

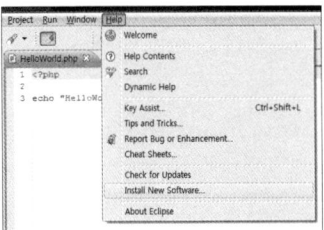

[그림 6-2] Help → Install New Software 선택

02. Install 창이 뜨면 Add 버튼을 클릭한다.

03. Add Site 창의 Name에는 Zend Debugger를 입력하고 Location에는 http://downloads.zend.com/pdt를 입력한 후 OK 버튼을 클릭한다.

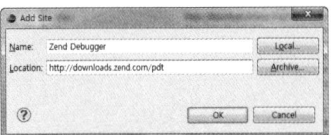

[그림 6-3] Add Site 창

04. Zend Debugger 항목을 선택한 후 Next 버튼을 클릭한다.

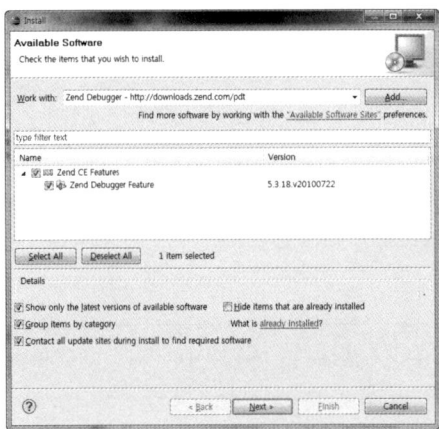

[그림 6-4] Install 창 설치 항목 선택

05. 설치할 항목을 자세히 보여주는 화면이 나타난다. 확인 후 Next 버튼을 클릭한다.

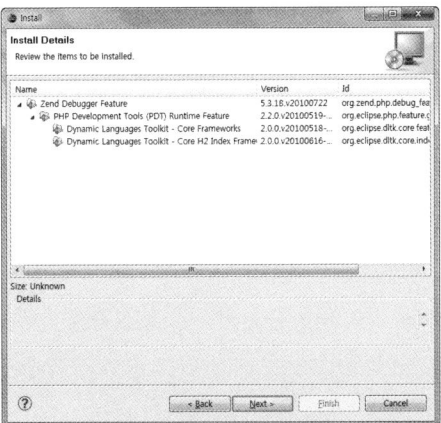

[그림 6-5] Zend Debugger 설치 항목 확인

06. 라이선스 동의 화면이 나타나면 I accept the terms of the license agreements 항목을 선택해서 라이선스에 동의한 후 Finish 버튼을 클릭한다.

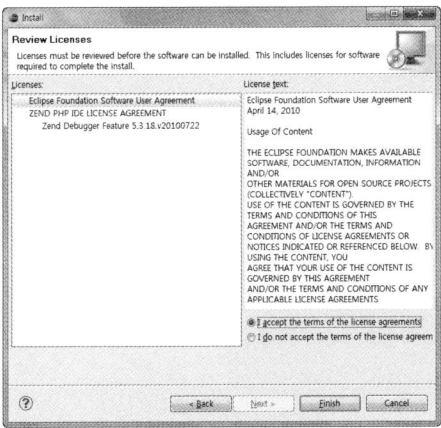

[그림 6-6] Install 창의 라이선스 동의 화면

07. 설치 과정에서 Security Warning 창이 뜰 수도 있는데 이 경우에는 OK 버튼을 클릭해서 계속 설치를 진행한다.

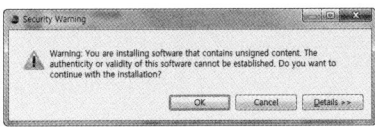

[그림 6-7] 보안 경고 창

08. 끝으로 Restart Now 버튼을 클릭해서 이클립스를 재시작하면 된다.

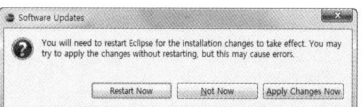

[그림 6-8] 이클립스 재시작 여부 확인

다운로드 설치 방법

업데이트 사이트를 통해 설치하는 데 시간이 오래 걸리거나 그 밖의 이유로 설치하기가 여의치 않다면 웹 브라우저를 이용해서 Zend Debugger 플러그인을 직접 내려 받아 설치해보기 바란다. 내려 받은 Zend Debugger 파일은 압축 파일 형태이므로 이클립스 PDT를 설치할 때와 마찬가지로 파일의 압축을 해제한 후 이클립스가 설치된 폴더에 덮어쓰기만 하면 손쉽게 설치가 완료된다. Zend Debugger 파일을 내려 받아 설치하는 방법은 다음과 같다.

01. 웹 브라우저를 열고 Zend.com의 Eclipse PHP Development Tools 페이지(http://www.zend.com/en/community/pdt)에 접속한다.

02. 웹 페이지에 있는 Download Only the PHP Debugger 단락 가운데 download the Zend Executable Debugger Eclipse Plug-in 링크를 클릭한다.

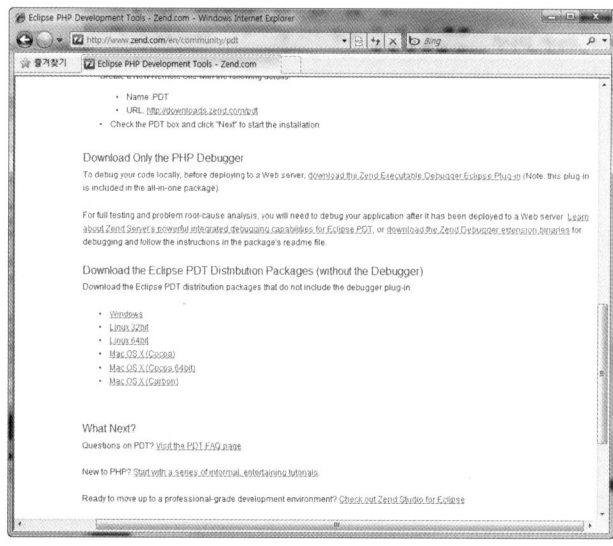

[그림 6-9] Zend.com Zend Debugger 다운로드 페이지

03. 웹 브라우저의 다운로드 창이 열리면 원하는 폴더에 Zend Debugger 플러그인을 저장한다.

[그림 6-10] Zend Debugger 다운로드 창

04. 내려 받은 Zend Debugger 플러그인 파일의 압축을 풀면 features와 plugins라는 폴더가 생성된다.
이 두 폴더에 들어 있는 파일을 이클립스 폴더에 있는 features와 plugins 폴더에 복사한다.

[그림 6-11] 압축 해제한 Zend Debugger 플러그인 폴더

05. Zend Debugger 플러그인 파일의 복사가 완료되면 이클립스를 다시 실행한다.

Zend Debugger 설치 확인

이클립스를 재시작한 후 Zend Debugger가 정상적으로 설치돼 있는지 확인하는 방법은 다음과 같다.

1. 이클립스 상단 메뉴에서 Help → About Eclipse를 선택한다.
2. About Eclipse 창이 열리면 Installation Details 버튼을 클릭한다.

실행과 디버그 **121**

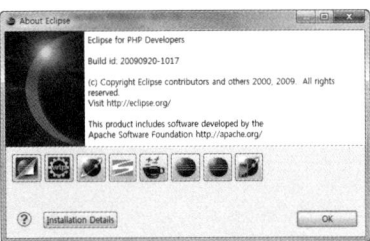

[그림 6-12] About Eclipse 창

3. Eclipse Installation Details 창이 열리면 Plug-ins 탭을 클릭한다.

4. 이클립스에 설치된 플러그인 목록이 나타나면 목록 상단의 Provider를 클릭해서 Provider 순으로 정렬한다.

5. 그리고 Provider가 Zend Technologies Ltd이고 Plug-In Name이 아래 두 항목에 해당하는 것이 있는지 확인한다.

- Debugger Plug-in
- Zend Debugger for Windows

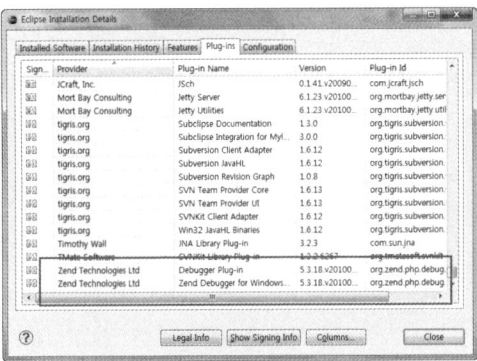

[그림 6-13] 이클립스에 설치된 플러그인 목록

항목이 존재하지 않으면 위의 "Zend Debugger 설치"에서 살펴본 방법 중 다른 방법으로 Zend Debugger를 설치해 본다. 예를 들어 업데이트 사이트를 이용한 설치가 실패했다면 다운로드해서 설치하는 방법을 시도해 본다.

6-2. PHP 스크립트 실행

PHP 프로그램을 실행하는 방법은 PHP 스크립트 실행과 PHP 웹 페이지 실행으로 나눌 수 있다. 이 장에서 살펴볼 PHP 스크립트 실행은 PHP 프로그램을 콘솔에서 실행하는 것과 비슷하다. 콘솔에서 직접 PHP 프로그램을 실행하면 실행 결과가 웹 서버를 통해 출력되지 않고 콘솔의 표준 출력(STDOUT)으로 출력되듯이 이클립스 PDT의 PHP 스크립트 실행으로 PHP 프로그램을 실행하면 웹 브라우저로 출력돼야 할 실행 결과가 Debug Output 뷰를 통해 텍스트 형태로 출력된다. 이러한 특징은 셸 스크립트나 서버 프로그램과 같이 웹 브라우저로 출력할 필요가 없는 독립적인 PHP 프로그램을 개발할 때 유용하다. 또한 HTML 형식의 웹 문서를 출력하는 액션(Action) 로직과는 다르게 명확한 반환값을 출력하는 DAO(Data Access Object)나 BO(Business Object) 컨트롤러 로직을 개발할 때도 매우 유용하다.

> PHP 스크립트 실행을 살펴보기 전에 다시 한번 강조하지만 이클립스에서 PHP 프로그램을 실행하려면 PHP 디버거가 꼭 설치돼 있어야 한다. PHP 디버거를 설치하지 않았다면 "Zend Debugger 플러그인 설치" 장에 자세히 설명돼 있으므로 참고하기 바란다.

Zend Debugger를 설치하면 이클립스 상단 메뉴에서 Window → Preferences를 클릭한 후 PHP → PHP Executables를 선택했을 때 [그림 6-14]와 같이 PHP 디버거가 여러 개 등록돼 있을 것이다. 이 중에서 굵은 글씨로 Workspace Default라고 표시된 항목이 PHP 프로그램을 실행할 때 기본적으로 사용하는 PHP 디버거이며, Debugger Type은 PHP 인터프리터가 어떤 디버거를 사용하는지를 나타낸다.

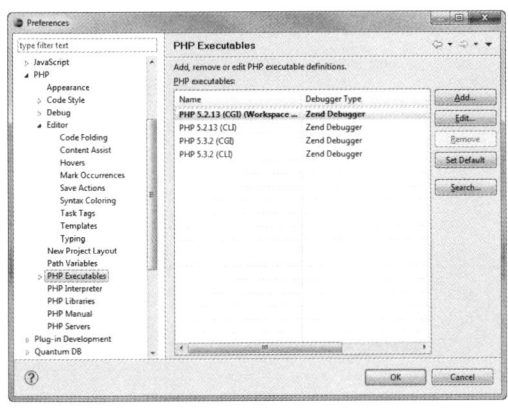

[그림 6-14] PHP Executables 화면

PHP 디버거의 설정을 변경하는 방법은 변경하고자 하는 PHP 인터프리터 항목을 선택하고 PHP Executables 화면 오른쪽에 있는 Edit 버튼을 클릭하면 된다. 그러나 이클립스 플러그인으로 설치한 경우에는 사실상 PHP 디버거의 설정을 변경할 수 없다. 그리고 다른 PHP 디버거를 기본(Default) 디버거로 지정하고 싶다면 지정할 PHP 디버거를 선택한 후 화면 오른쪽에 있는 Set Default 버튼을 클릭하면 된다.

자, 이제 이클립스 PDT에서 PHP 스크립트를 실행하는 방법을 살펴보자.

01. 실행하고자 하는 PHP 파일을 편집기에서 연다.
02. 이클립스 PDT 상단 툴 바의 Run 버튼(◉▾) 오른쪽에 있는 삼각형을 클릭한다. 편집기에서 아무런 PHP 파일을 열지 않은 상태에서 Run 버튼의 삼각형 버튼을 클릭하면 PHP Script 메뉴가 보이지 않을 것이다.
03. 메뉴에서 Run As → PHP Script를 선택한다.

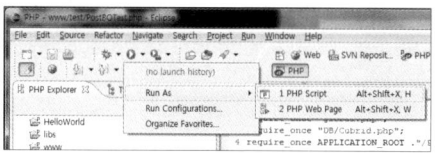

[그림 6-15] PHP 스크립트 실행

편집기에서 PHP 파일을 연 상태에서만 PHP Script 메뉴를 볼 수 있다는 점에 주의하자. PHP Explorer에서 폴더를 선택했거나 PHP 파일이 아닌 다른 파일을 편집기에서 활성화한 상태라면 다음 화면과 같이 PHP 실행 메뉴가 나타나지 않는다.

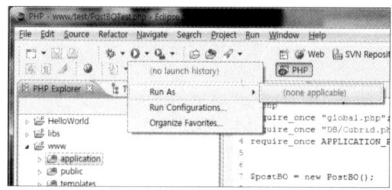

[그림 6-16] Run As 메뉴에 PHP Script 메뉴 항목이 없음

04. PHP 스크립트가 실행되면 Debug Output 뷰에 실행 결과가 출력된다.

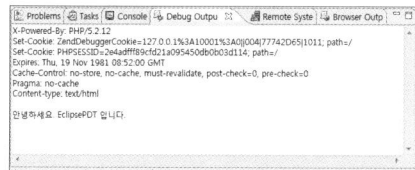

[그림 6-17] PHP 스크립트 실행 결과가 출력된 Debug Output 뷰

Debug Output 뷰에 출력된 실행 결과를 보면 특이하게도 X-Powered-By나 Set-Cookie, Content-type 같은 HTTP 헤더 값이 포함돼 있다. Debug Output 뷰에 HTTP 헤더 값이 출력되는 이유는 앞서 설명한 바와 같이 웹 서버를 통해 출력돼야 할 PHP 프로그램의 실행 결과가 Debug Output 뷰를 통해 그대로 출력되기 때문이다. 이러한 특징 덕분에 PHP 프로그램에서 setcookie() 함수나 header() 함수를 사용해 임의의 HTTP 헤더를 전송하고자 하는 경우 Debug Output 뷰에서 그러한 내용을 확인할 수 있다. 단, 웹 서버에서 덧붙이는 HTTP 헤더 값은 Debug Output 뷰에 출력되지 않는다.

PHP 실행 설정 변경하기

PHP 스크립트를 실행하면 실행과 관련된 설정 내용이 자동으로 저장되며, 다음과 같은 방법으로 설정 값을 변경하거나 삭제할 수 있다.

01. 이클립스 상단 메뉴에서 Run → Run Configurations를 선택한다.

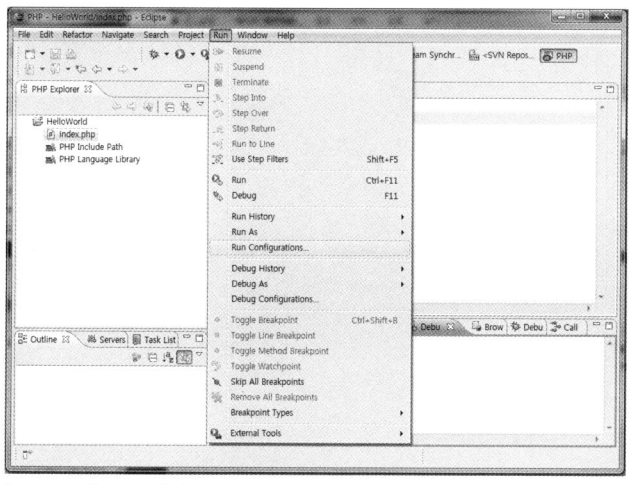

[그림 6-18] PHP 실행 메뉴

02. PHP Script 항목을 열면 실행했던 PHP 파일에 대한 설정 내용을 볼 수 있다. 여기서는 index.php 파일을 실행했으므로 index라는 항목이 저장돼 있다. index 항목을 선택하면 PHP Script 탭에서 실행에 관련된 내용을 확인할 수 있다.

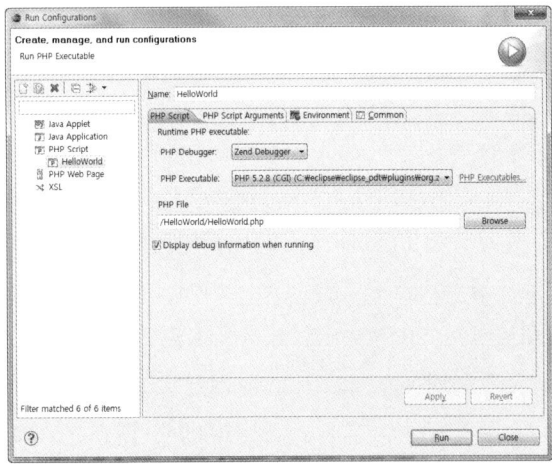

[그림 6-19] PHP 실행 설정 화면

03. 실행할 대상 PHP 파일을 변경하려면 PHP File 입력란의 파일 경로를 원하는 PHP 파일로 변경한다.
04. 변경 내용을 저장하기 위해 활성화된 Apply 버튼을 클릭한다.
05. Run 버튼을 클릭하면 변경한 실행 설정으로 PHP 파일이 실행된다. 변경한 내용을 되돌리고 싶다면 Revert 버튼을 클릭한다.

PHP Script 설정을 복사하거나 삭제할 수도 있다. PHP Script 항목에서 삭제하고자 하는 설정 항목을 선택하고 마우스 오른쪽 버튼을 클릭한다. 그리고 나서 [그림 6-20]과 같이 선택 메뉴가 나타나면 Delete를 선택한다.

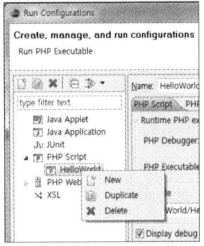

[그림 6-20] Run 설정 항목 삭제

PHP 스크립트의 인자 값 전달

예를 들어 윈도우 콘솔에서 dir /a를 실행하거나 리눅스의 ls –la를 실행할 때처럼 콘솔에서 어떤 프로그램을 실행할 때 인자 값을 전달할 수 있다. 이클립스에서 PHP 스크립트를 실행할 때도 콘솔에서 프로그램에 인자 값을 전달하는 것과 같이 PHP 프로그램에 인자 값을 전달할 수 있다.

PHP 스크립트를 실행할 때 인자 값을 전달하는 방법은 다음과 같다.

01. 이클립스 상단 메뉴에서 Run → Run Configurations를 차례로 선택해서 PHP Script 실행 설정 화면을 연다.

02. PHP Script 항목에서 인자 값을 전달해서 실행할 PHP 실행 항목을 선택한다.

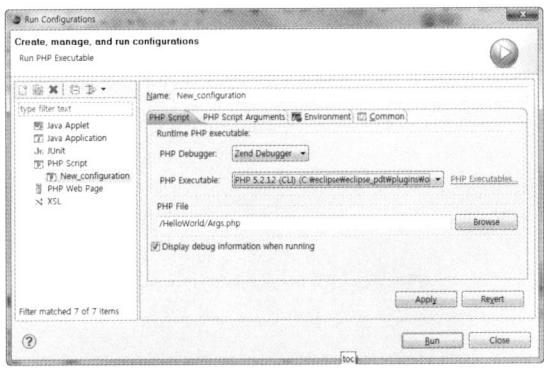

[그림 6-21] PHP 스크립트 실행 설정

03. PHP Script Arguments 탭을 클릭한 후 전달하고자 하는 인자 값을 입력한다.

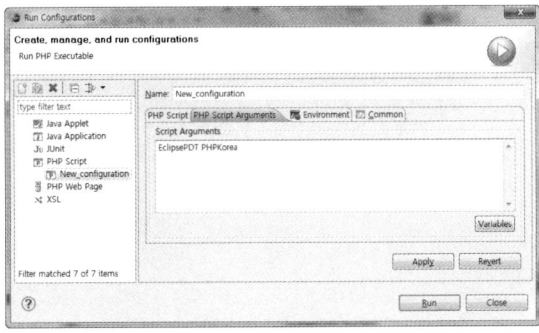

[그림 6-22] PHP 스크립트 인자 값 입력

04. Run Configurations 창 하단에 있는 Run 버튼을 클릭한다.

05. PHP Script Arguments 에 입력한 값은 $argv라는 배열로 PHP 프로그램에 전달된다.

[그림 6-23] PHP 스크립트 인자 값 확인

$argv에 저장된 실행 인자 값은 PHP 소스 코드에 다음과 같이 입력한 후 실행해 보면 확인할 수 있다.

```
var_dump($argv);
// 또는
print_r($argv);
```

실행 결과를 파일로 저장하기

PHP 스크립트를 실행한 후의 결과 값이 복잡하고 많거나 결과 값을 지속적으로 기록해야 하는 경우 실행 결과를 파일로 저장하면 좋다.

PHP 스크립트 실행 결과를 파일로 저장하려면 앞서 살펴본 PHP 스크립트 실행 설정 화면에서 Common 탭을 클릭한다. 그리고 나서 [그림 6-24]와 같이 File 입력란을 체크하고 출력 내용이 저장될 파일 경로를 입력하면 된다. 이제 Run 버튼을 클릭하면 PHP 스크립트가 실행되고 실행 결과가 File 입력란에 입력한 파일에 텍스트 형태로 저장될 것이다.

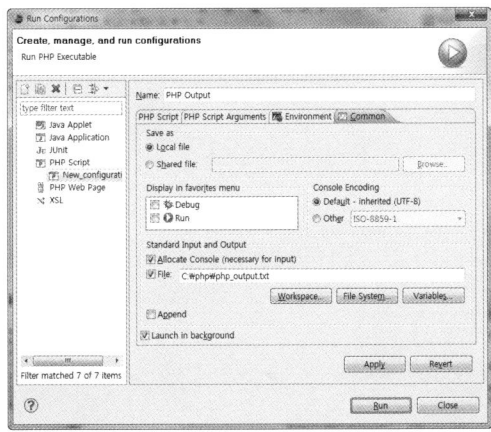

[그림 6-24] PHP 스크립트 실행 설정 화면의 Common 탭

그런데 실행 결과를 파일에 저장하면 PHP 스크립트를 실행할 때마다 해당 파일에 실행 결과를 그대로 쓰기 때문에 기존에 저장돼 있던 실행 결과가 사라진다. 이전 실행 결과를 지우지 않고 새로운 실행 결과를 저장하고 싶다면 [그림 6-24]의 File 입력란 아래에 있는 Append를 체크하면 된다. 그러면 PHP 로그 파일처럼 기존 내용이 지워지지 않고 새로운 내용이 덧붙여 기록된다.

PHP 인터프리터의 버전 변경

Zend 사에서 이클립스용 Zend Debugger 플러그인을 개발, 배포하고 있긴 하지만 php.net에 공개된 최신 버전의 PHP와는 다소 차이가 있을 수 있다. 약간의 버전 차이가 PHP 프로그램을 개발하는 데 큰 문제를 야기하지는 않지만 개발 환경의 PHP 버전과 실제 웹 서버의 PHP 버전이 다르면 왠지 불안하기도 하고 PHP 버전 차이로 인한 버그를 모른 채 지나칠 수도 있다.

그러므로 Zend 사에서 공식적으로 배포하는 이클립스용 Zend Debugger 플러그인 버전과는 상관없이 사용자가 직접 Zend Debugger 플러그인에 포함돼 있는 PHP 인터프리터 버전을 변경해야 할 경우가 있으며, 이 경우 다음과 같은 방법으로 이클립스용 Zend Debugger 플러그인에 포함된 PHP 인터프리터 버전을 변경할 수 있다.

01. 우선 PHP 인터프리터 플러그인이 설치된 경로를 확인해야 한다. 이클립스의 Preferences 창을 열고 PHP → PHP Executables를 선택하면 다음 화면과 같이 Location 항목을 볼 수 있는데 이 경로가 이클립스용 Zend Debugger 플러그인에 포함돼 있는 PHP 인터프리터 경로에 해당한다.

   예) C:\eclipse\eclipse_pdt\plugins\org.zend.php.debug.debugger.win32.x86_5.2.15.v20081217\resources

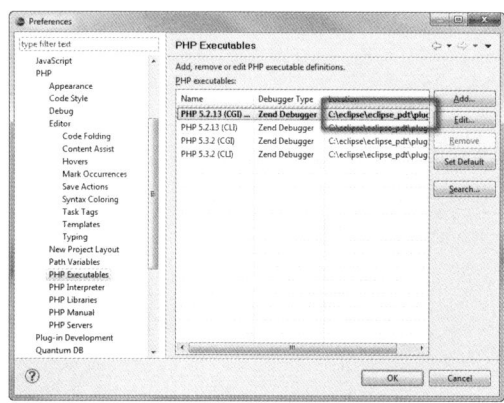

[그림 6-25] PHP 디버거 설정 창

02. PHP 인터프리터가 설치돼 있는 폴더를 열면 PHP를 실행하는 데 필요한 최소한의 파일들을 볼 수 있다. 이 중에서 ZendDebugger.dll 파일을 다른 폴더에 임시로 복사해 둔다.

03. PHP.net의 다운로드 페이지에서 내려 받은 최신 버전의 PHP 파일의 압축을 풀어 PHP 인터프리터가 설치된 폴더에 덮어쓴다.

04. 임시 폴더에 복사해 둔 ZendDebugger.dll 파일을 다시 PHP 인터프리터의 플러그인 폴더에 복사해 넣는다.

05. php.ini 파일을 열고 extension_dir을 찾아 다음과 같이 변경한다.

   extension_dir = "./ext/"

06. 마지막으로 php.ini 파일 내용의 extension 부분에 다음 코드를 추가한다.

   zend_extension_ts=.\ZendDebugger.dll

07. 앞으로 이클립스에서 PHP 스크립트를 실행하면 변경한 PHP 버전에서 PHP 프로그램이 실행된다.

Zend Debugger 플러그인에 모듈 추가하기

이클립스용 Zend Debugger 플러그인의 PHP 인터프리터 버전을 변경한 것과 마찬가지로 Zend Debugger 플러그인에 포함된 PHP Extension을 추가하거나 변경할 수 있다. PHP Extension을 변경하는 방법은 다음과 같다.

01. 이클립스용 Zend Debugger 플러그인의 PHP 인터프리터가 설치된 폴더를 연다.
02. ext 폴더에 추가하고자 하는 PHP Extension을 복사해 넣는다.
03. php.ini 파일에 extension을 추가한다.

6-3. PHP 웹 페이지 실행

이클립스 PDT에서는 PHP 웹 페이지 실행이라는 기능을 제공한다. PHP 웹 페이지 실행은 앞서 살펴본 PHP 스크립트 실행과는 방법에 있어서 큰 차이가 있다. PHP 스크립트 실행이 이클립스용 PHP 디버거를 설치해서 PHP 프로그램을 실행하는 반면 PHP 웹 페이지 실행은 웹 서버를 통해 PHP 프로그램을 실행하고 그 결과를 이클립스 PDT의 PHP Browser로 출력한다. 다시 말해서 PHP 스크립트 실행이 콘솔에서 실행하는 것과 같다면 웹 페이지 실행은 웹 서버와 연동해 실제 서비스에서 PHP 프로그램을 구동하듯 실행하는 것이다. 이러한 PHP 웹 페이지 실행은 개발 과정에서 PHP 프로그램의 액션(Action) 로직을 실행하는 데 유용하다.

PHP 웹 페이지 실행을 위해서는 PHP가 설치된 웹 서버가 필요하다. 일반적으로 이클립스가 설치된 로컬 PC나 네트워크를 통해 접속할 수 있는 컴퓨터에 웹 서버를 설치해서 사용한다. 필자는 이클립스를 사용해야 하는 로컬 PC보다는 별도의 개발용 웹 서버 PC를 하나 더 마련해서 사용했다. 웹 서버가 아무리 가벼워도 개발용 PC의 자원을 사용하는 것은 사실이며 웹 프로그램의 특성상 DBMS도 함께 설치해야 하는 경우가 많기 때문이다.

PHP 웹 페이지 실행을 위한 절차는 다음과 같다.

01. 웹 페이지 실행에 필요한 파일을 모두 웹 서버로 전송한다.
02. PHP 파일에 접근 가능하게끔 웹 서버를 구동한다.
03. 이클립스 PDT의 PHP Explorer에서 실행하고자 하는 파일을 선택하고 마우스 오른쪽 버튼을 클릭한다.

04. 문맥 메뉴가 나타나면 Run As → PHP Web Page를 선택한다.

05. Run PHP Page 창이 열리면 Launch URL에 실행하고자 선택했던 파일에 대한 웹 서버 URL을 입력한다. 예를 들어 실행하고자 하는 PHP 파일명이 index.php이고 이 파일에 대한 웹 서버 URL이 http://localhost/www/public/index.php라면 Launch URL에 이 URL을 입력하면 된다

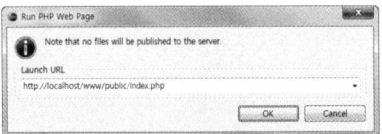

[그림 6-26] PHP Web Page의 Launch URL 선택 창

웹 서버를 이클립스가 설치된 로컬 PC에 설치해서 사용하고 있다면 웹 서버의 DocumentRoot를 이클립스 PDT의 Workspace로 지정할 것을 권장한다. 왜냐하면 이클립스 PDT는 Workspacer가 DocumentRoot로 지정돼 있다는 것을 전제로 해서 PHP 웹 페이지 실행을 하기 때문이다. 단, 실제 서비스의 URL과는 차이가 있다는 점을 고려해서 프로그램을 설계해야 한다.

06. 이클립스 안에 PHP 웹 브라우저가 열리면서 웹 페이지가 실행된다.

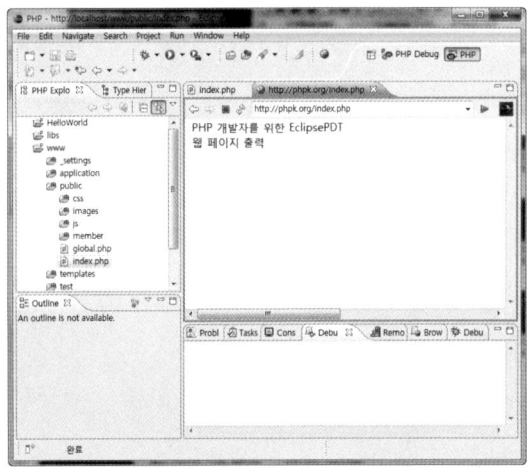

[그림 6-27] PHP 웹 페이지 실행 결과

6-4. PHP 스크립트 디버깅

오래 전 필자가 PHP 프로그램을 개발할 때는 디버깅이라 하면 소스 코드 사이에 echo 문이나 printf() 함수를 집어넣는 방법밖에 없었다. 일명 디버깅 코드라고 하는 임시 코드를 정상적인 소스 코드 사이에 끼워 넣은 후 프로그램을 실행하는 것이다. 그리고 나서 개발자가 의도한 대로 변수 값이 잘 전달되고 있는지, 어떤 값이 입력돼 있는지, 결과는 잘 출력되는지 등을 확인했다. 디버깅이 끝나면 소스 코드에서 디버깅 코드를 지우는 작업을 해야 했다. 디버깅 코드를 사용해서 디버깅하는 방법은 많은 프로그래밍 언어에서 일반적으로 사용하는 디버깅 방법이라고 생각한다. 특히 간단하게 디버깅하는 경우에는 아주 유용한 방법이지만 가끔 필자에게는 이 방법이 매우 불편하게 느껴졌다. 예를 들어 프로그램이 실행되는 동안 특정 변수 값의 변화를 확인하고 싶다고 가정하자. 디버깅 코드를 프로그램 전체 소스 코드에 걸쳐 추가할 수도 없고 이렇게 한다고 해서 값이 변화하는 시점을 개발자가 정확하게 인식할 수 있다고 보장할 수도 없다. 그렇기 때문에 여러 차례에 걸쳐 디버깅 코드를 삽입·제거하는 과정을 반복하게 될 것이다. 더불어 디버깅 코드를 깨끗하게 제거하지 않은 채 실제 서비스 서버에 배포하면 경우에 따라서는 개인정보 유출 같은 심각한 문제가 초래될 수도 있다.

이클립스 PDT에서는 향상된 PHP 프로그램의 디버깅 방법을 제공한다. 단, PHP 스크립트 디버깅을 하려면 반드시 이클립스 PDT에 PHP 디버거가 설치돼 있어야 한다. PHP 디버거를 설치하는 방법은 "Zend Debugger 설치"에서 자세히 설명하고 있으므로 먼저 읽어보기 바란다.

이클립스 PDT에서 PHP 스크립트를 디버깅하는 방법은 다음과 같다.

01. 디버깅하고 싶은 파일을 편집기에서 연다.
02. 이클립스 상단 툴 바에서 벌레 버튼을 클릭한다.
03. 메뉴에서 Debug As → PHP Script를 선택한다. 기존에 실행했던 PHP 스크립트 설정의 이름을 클릭해도 된다. 한번이라도 실행 또는 디버깅한 PHP 스크립트 설정은 실행이나 디버그 메뉴에 등록되어 표시된다.

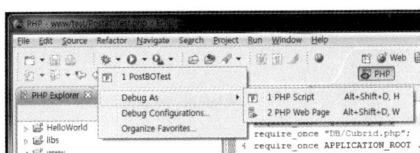

[그림 6-28] PHP 디버깅 메뉴

04. 퍼스펙티브를 변경할 것인지 묻는 창이 나타나면 Yes를 클릭한다.

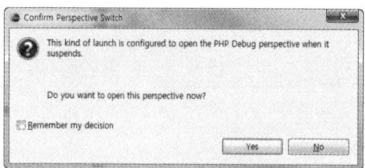

[그림 6-29] PHP Debug 퍼스펙티브로 변경 확인

05. 이클립스가 PHP Debug 퍼스펙티브로 변경된다.

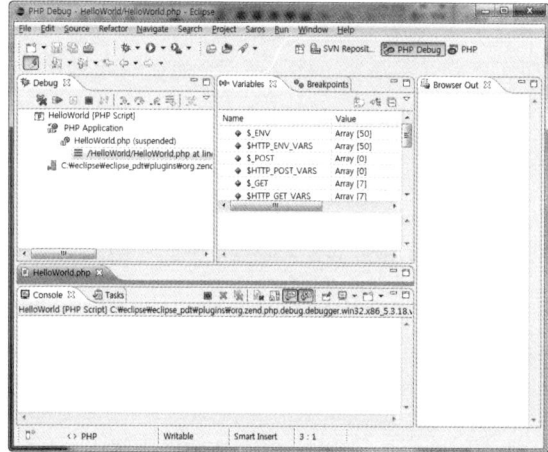

[그림 6-30] PHP Debug 퍼스펙티브

06. **F6** 키를 누르면 PHP 프로그램이 실행되는 순서대로 PHP 디버깅이 수행된다. 디버깅을 종료하는 방법은 **Ctrl** + **F2** 키를 입력하거나 Console 뷰의 상단 툴바에 있는 빨간색 Terminate 버튼을 클릭하면 된다.

PHP Debug 퍼스펙티브

PHP Debug 퍼스펙티브는 PHP 퍼스펙티브와는 많은 차이가 있다. PHP 퍼스펙티브는 소스 코드를 작성하기 위해 편집기 중심으로 구성돼 있었지만 PHP Debug 퍼스펙티브는 PHP 프로그램을 분석하기 위한 Debug 뷰와 Variables 뷰를 중심으로 배치돼 있다. 또한 PHP Debug 퍼스펙티브에서 제공되는 편집기는 소스 코드의 어느 부분이 진행 중인지 보여주는 용도로 사용된다.

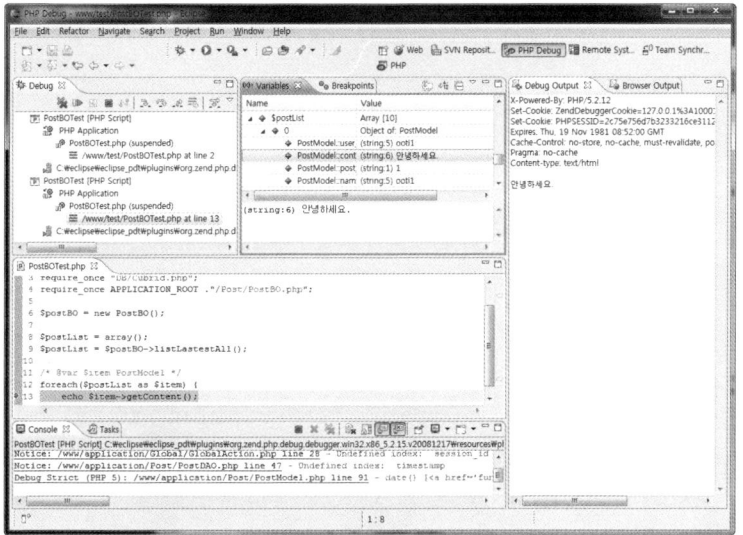

[그림 6-31] PHP 스크립트 디버그 화면

이클립스 PDT 상단에 위치한 Debug 뷰는 현재 어떤 PHP 인터프리터를 사용하고 있고 어떤 PHP 파일의 몇 번째 줄에 대한 디버깅을 진행하고 있는지 등 중요한 디버깅 정보를 트리 형식으로 보여 준다. Debug 뷰에 나타난 항목 가운데 다음 화면과 같이 line이 표시된 항목을 클릭하면 Variables 뷰를 통해 현재 실행 중인 줄의 변수 목록을 확인할 수 있다.

≡ /www/test/PostBOTest.php at line 13

Variables 뷰에서 원하는 항목을 클릭하면 바로 아래 빈 영역에 선택한 변수에 할당된 값이 나타나고 편집기에는 현재 진행 중인 소스 코드가 표시된다. Debug Output 뷰는 이클립스 화면 오른쪽에 있고 이클립스 화면 아래쪽에는 Console 뷰가 있다. Console 뷰에는 Debug Output 뷰로는 출력되지 않는 내부 경고나 오류 메시지 등이 출력된다.

디버그 컨트롤

- 디버깅 중단
- 브레이크 포인트가 나타날 때까지 계속 실행(F8)
- 일시 정지

- ■ 실행 중단(**Ctrl** + **F2**)
- 연결 끊기
- 함수나 메서드 내부로 진입(**F5**)
- 함수나 메서드 내부로 진입하지 않고 다음을 실행(**F6**)
- 현재 진입한 함수나 메서드를 빠져나가 다음을 실행(F7)

브레이크 포인트 지정

브레이크 포인트는 디버깅 과정에서 멈춰서는 지점을 말한다. 예를 들어 1000줄의 소스 코드가 있고, 이 중에서 100번째 줄부터 디버깅을 시작하고 싶다면 1번째 줄부터 99번째 줄까지는 디버깅하지 않고 건너뛰어야 할 것이다. 만약 그렇게 하지 않는다면 100번째 줄에 다다를 때까지 사용자는 수십 번에 걸쳐 진행 버튼(**F6**) 키를 눌러야 할 수도 있다. 일반적으로 Debug 버튼을 클릭하기 전에 미리 브레이크 포인트를 지정한다. 디버깅이 시작되면 디버거는 첫 번째 브레이크 포인트에서 자동으로 일시 정지한다. 이는 DVD를 보다가 일시 정지(Pause) 버튼을 누른 것과 같다. 디버거는 멈춰선 지점에서의 실행 정보를 Debug 뷰를 통해 자세히 보여준다.

브레이크 포인트를 지정하는 것은 아주 쉽다. 이클립스 PDT의 편집기에 브레이크 포인트를 걸고 싶은 PHP 파일을 연다. 그리고 나서 편집기 맨 왼쪽의 줄 번호 바로 앞의 빈 영역을 마우스로 더블 클릭한다. 그러면 [그림 6-32]와 같이 자그마한 원이 클릭한 위치에 나타나며, Breakpoints 뷰에 파일명과 줄 번호가 표시된다. Breakpoints 뷰에서 항목을 선택하고 마우스로 더블 클릭하면 편집기를 통해 소스 코드를 확인할 수 있다.

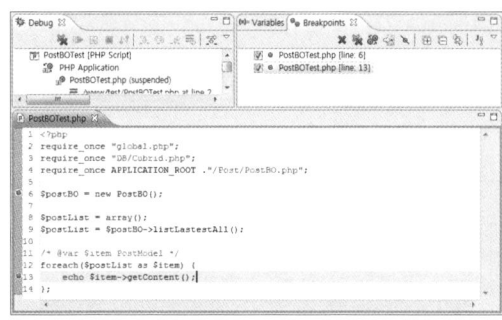

[그림 6-32] Breakpoints 뷰

이제 앞에서 살펴본 PHP 스크립트 디버깅 절차에 따라 Debug를 실행한다. 한 가지 주의할 점은 PHP 스크립트 디버깅의 기본 설정은 PHP 프로그램의 맨 첫 번째 줄에서 자동으로 일시 정지하도록 돼 있어서 브레이크 포인트가 지정돼 있지 않더라도 맨 첫 번째 줄에서 무조건 일시 정지한다는 것이다. 그 상태에서 F8 키를 누르거나 ▶ 버튼을 클릭하면 브레이크 포인트로 지정한 첫 번째 위치로 이동한다.

6-5. 로컬 웹 서버를 연동한 디버깅

궁극적으로 PHP 프로그램은 웹 서버에서 동작할 프로그램이므로 개발자는 작성한 PHP 프로그램을 실제 웹 서버에 반영하기 전에 개발용 웹 서버에서 테스트할 수밖에 없다. 웹 프로그램을 개발할 때 자주 쓰는 방법은 로컬 PC에 웹 서버를 설치해서 테스트하는 것이다. 이렇게 하면 이클립스 같은 개발도구에서 프로그램을 개발한 뒤 배포 과정을 거치지 않고도 빠르게 결과를 확인할 수 있기 때문이다. 이클립스 PDT와 Zend Debugger는 웹 서버와 연동해서 디버깅하는 방법을 제공한다.

웹 서버에 Zend Debugger 설치하기

웹 서버와 연동해서 디버깅하려면 먼저 웹 서버에 PHP 디버거를 설치해야 한다. 웹 서버에 설치된 PHP 디버거는 PHP 프로그램이 실행될 때 디버깅 정보를 이클립스로 전송하는 역할을 한다.

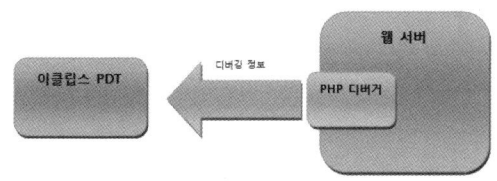

웹 서버에 Zend Debugger를 설치하는 방법은 다음과 같다.

01. http://downloads.zend.com/pdt/server-debugger/에서 웹 서버용 Zend Debugger를 내려 받는다. 여기서 제공되는 Zend Debugger는 윈도우용, 리눅스용으로 구분돼 있으므로 운영체제에 맞는 버전을 내려 받으면 된다.

[그림 6-33] Zend Debugger 다운로드 웹 페이지

02. 내려 받은 파일의 압축을 풀면 각종 폴더와 파일이 생성되는데, 각 폴더의 이름은 PHP 버전을 의미한다. 웹 서버에 설치된 PHP 버전에 따라 폴더를 선택하면 된다. 예를 들어 PHP 5.2.13를 설치한 경우라면 5_2_x_comp 폴더에 있는 ZendDebugger.dll 파일을 설치하면 된다. 5_2_x_nts_comp 폴더에 있는 Zend Debugger는 다중 스레드에 안전하지 않은(Non-thread safe) 파일이다.

[그림 6-34] Zend Debugger 압축을 풀면 생기는 폴더

> **참고 PHP의 Non-thread safe**
>
> 리눅스나 유닉스용 아파치 웹 서버는 기본적으로 프로세스 기반으로 구동된다. 하지만 윈도우용 아파치 웹 서버나 IIS는 다중 스레드로 동작하므로 프로세스 기반인 PHP가 윈도우에서 구동되는 경우 심각한 오류가 발생할 수 있다. 예를 들면 스레드 기반에서는 메모리 같은 프로그램의 자원을 공유하기 때문에 다중 스레드를 고려하지 않은 프로그램의 경우 스레드 간에 영향을 주어 프로그램이 동작을 멈추는 현상이 나타날 수도 있다. 그렇기 때문에 스레드 기반에서 안정적이면서도 좋은 성능을 발휘하기 위해 윈도우용 PHP는 크게 Thread safe와 Non-thread safe로 나누어 배포하고 있다. 만약 윈도우용 웹 서버에 PHP를 모듈(mod_php)이나 ISAPI로 설치하면 Thread safe로 동작하며 CGI로 설치를 하면 Non-thread safe로 동작한다.

03. PHP 버전에 맞게 선택한 ZendDebugger.dll 파일을 PHP의 모듈 폴더에 복사해 넣는다. 일반적으로 PHP의 모듈 폴더는 PHP가 설치된 폴더 아래에 있는 ext 폴더이며, PHP 설치 환경이나 옵션에 따라 다를 수 있으므로 미리 확인해두는 편이 좋다. 참고로 PHP 모듈 폴더는 php.ini 파일의 extension_dir 항목에 지정돼 있다.

04. ZendDebugger.dll 파일을 복사하고 나면 php.ini 파일의 맨 끝에 다음과 같은 내용을 추가한다. 다음은 ZendDebugger 압축 파일에 포함된 README.txt 파일에 들어 있는 내용이므로 직접 입력하기가 번거롭다면 README.txt 파일의 내용을 적절히 변경해서 사용해도 된다.

```
[Zend]
zend_extension_ts=<ZendDebugger.dll의 절대 경로>
; 예) C:\php\php-5.2.13\ext\ZendDebugger.dll

zend_debugger.allow_hosts=127.0.0.1
zend_debugger.expose_remotely=always
```

05. php.ini 파일을 저장한 후 아파치 웹 서버를 재시작한다.

Zend Debugger를 활용한 웹 서버 디버깅

웹 서버에 Zend Debugger 설치가 완료되면 아래 방법에 따라 웹 서버와 연동한 상태에서 디버깅할 수 있다.

01. 이클립스 상단 툴바에서 Debug As → PHP Web Page를 선택한다.

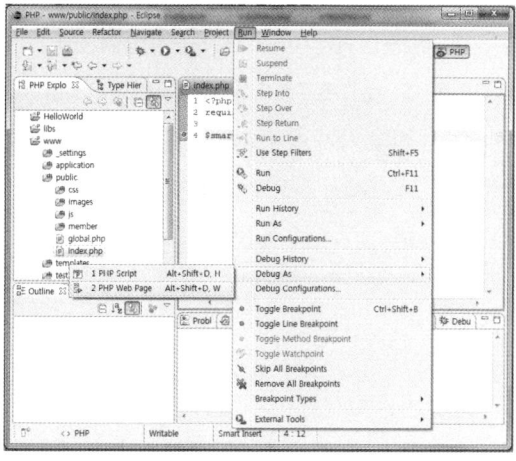

[그림 6-35] PHP 웹 페이지 디버깅 실행

실행과 디버그 **139**

02. PHP 웹 페이지 실행과 마찬가지로 Launch URL을 입력하는 창이 뜨면 OK 버튼을 클릭한다.

03. PHP Debug 퍼스펙티브로 변경할지 여부를 묻는 창이 뜨면 Yes를 클릭한다.

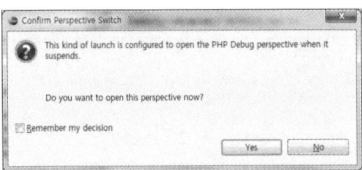

[그림 6-36] PHP Debug 퍼스펙티브 변경 여부

04. PHP 스크립트를 디버깅할 때와 마찬가지로 이클립스 PDT의 Debug 뷰를 통해 웹 서버에서 실행되고 있는 PHP 프로그램에 대한 디버깅 정보를 확인할 수 있다.

리소스에 대한 경로 매핑

웹 서버에 설치된 Zend Debugger는 이클립스 PDT로 디버그 정보를 전송한다. 이클립스 PDT는 전달받은 디버깅 정보를 이용해 사용자에게 웹 서버에서 어떤 파일의 몇 번째 줄을 실행하고 있으며 그 당시의 상수나 변수 등에 대한 정보를 Debug 뷰를 통해 보여준다. 이때 한 가지 문제가 발생할 수 있다.

동일한 파일이 여러 PHP 프로젝트에 포함돼 있는 경우에는 Zend Debugger가 전달한 정보가 어떤 프로젝트에 속한 파일에 대한 정보인지 이클립스 PDT가 분간하기 어렵다. 예를 들어 Smarty.class.php 파일은 Smarty라는 PHP용 템플릿 엔진 라이브러리 파일이다. 이 파일은 여러 PHP 웹 프로젝트에서 공통적으로 사용하기 때문에 각 PHP 프로젝트에 동일한 이름의 파일이 존재할 가능성이 있다. 이런 경우 이클립스 PDT는 아래 그림과 같이 Hello 프로젝트의 Smarty.class.php 파일에 대한 디버깅인지 World 프로젝트의 Smarty.class.php 파일에 대한 디버깅인지 알 수 없다. 왜냐하면 사용자가 여러 가지 이유로 Hello 프로젝트에서 World 프로젝트에 있는 Smarty.class.php 파일을 인클루드해서 사용할 가능성도 있기 때문이다.

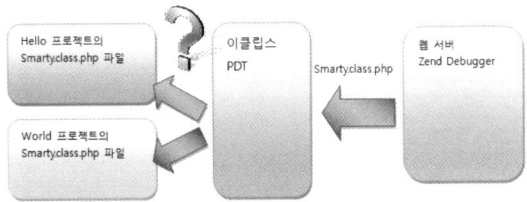

PDT가 어떤 파일인지 판단할 수 없는 경우 [그림 6-37]과 같이 사용자에게 직접 물어본다.

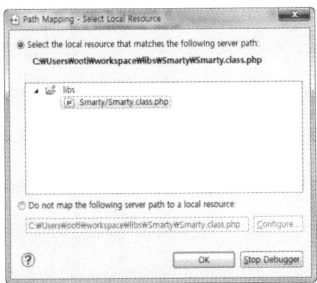

[그림 6-37] Path Mapping 경로 확인

Smarty.class.php 파일도 버전에 따라 내용이 다를 수 있으므로 반드시 정확한 파일을 지정해 줘야 한다. 파일 이름은 같지만 내용이 다르다면 디버깅하더라도 오류를 찾지 못할 수도 있다.

6-6. 원격 웹 서버를 연동한 실행

원격 웹 서버를 연동한 실행은 로컬 PC에 설치된 웹 서버가 아니라 별도로 구축된 테스트용 웹 서버나 실제 서비스용 웹 서버에 저장된 PHP 파일을 이클립스 PDT에서 실행하는 방법이다. 이렇게 하면 이클립스 PDT가 제공하는 PHP 웹 브라우저를 이용해 웹 서버에 접속할 수 있으므로 외부 웹 브라우저를 띄워야 하는 수고를 덜 수 있다. 더불어 원격 웹 서버를 연동해서 실행하는 방법은 원격 웹 서버를 연동한 디버깅과도 연관이 있으므로 잘 알아둘 필요가 있다.

01. 이클립스 상단 메뉴에서 Run → Run Configurations을 차례로 선택해 실행 설정 창을 띄운다.
02. PHP Web Page를 선택하고 마우스 오른쪽 버튼을 클릭한 후 New를 선택한다.

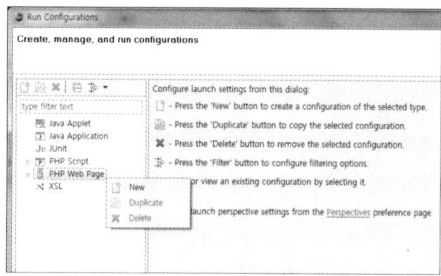

[그림 6-38] PHP Web Page 설정 창

03. Name 입력란에는 웹 서버 이름을 입력하고 URL 입력란에는 서버의 접속 URL을 입력한다. PHP 파일 경로까지 입력하는 게 아니라 도메인 주소만 입력한다는 점에 주의한다.

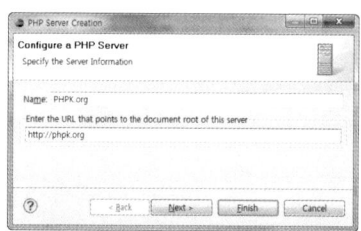

[그림 6-39] PHP 서버 등록 창

04. 여기까지 진행했다면 Finish 버튼을 클릭해서 설정 값을 저장한다.

05. 일단 Run 버튼을 클릭해서 실행해 보자. [그림 6-40]과 같이 PHP 브라우저에 웹 페이지를 찾을 수 없다는 오류 메시지가 출력될 것이다. 로컬 PC에서 웹 서버를 연동해서 실행할 때는 Workspace를 DocumentRoot로 지정했으므로 프로젝트 경로인 www/public/index.php 파일이 잘 실행됐지만 원격 웹 서버에는 Workspace가 없고 www/public 디렉터리가 DocumentRoot로 지정돼 있어 결과적으로 이클립스 PDT가 인식하는 index.php 파일의 경로와 원격 웹 서버에 존재하는 index.php 파일의 경로가 달라 실행되지 않은 것이다.

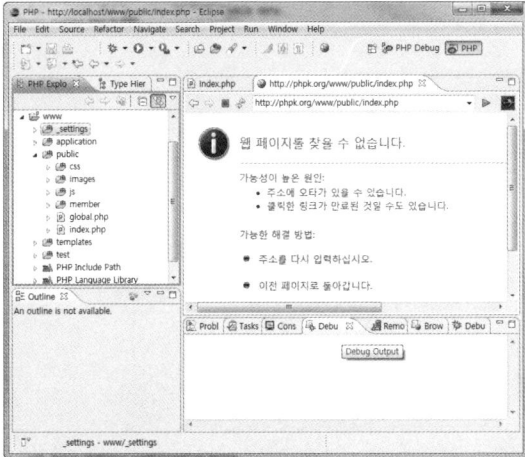

[그림 6-40] PHP Web Page 실행 실패

06. 다시 이클립스 상단 메뉴에서 Run ➜ Run Configurations를 선택해서 Run Configurations 창을 연다.
07. PHP Web Page 항목을 펼쳐 위에서 저장한 실행 설정을 선택한다.
08. Server 탭 화면 아래에 위치한 URL 부분의 Auto Generate의 체크를 해제한 후 PHP 파일을 실행하기 위한 정확한 원격 웹 서버 URL을 입력한다.

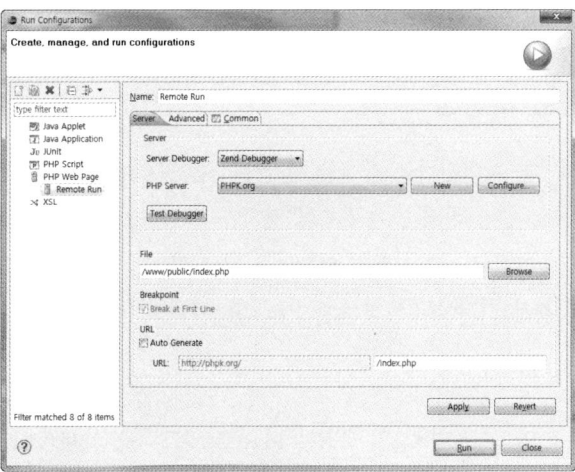

[그림 6-41] PHP Web Page 설정 창

실행과 디버그 **143**

09. Run 버튼을 클릭한다. 이제 정상적으로 웹 서버에서 실행된 PHP 파일의 결과를 볼 수 있다.

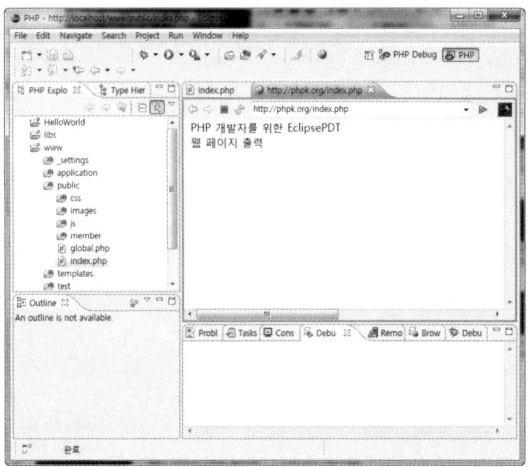

[그림 6-42] PHP Web Page 실행 성공

이클립스는 Workspace를 기준으로 각 파일의 URL을 생성한다. 예를 들어 HelloWorld 프로젝트에 index.php 파일이 있다면 이 파일의 URL은 /HelloWorld/index.php이다. 그러나 실제 웹 서버에서는 각 프로젝트 폴더 자체가 DocumentRoot로 지정되기 때문에 index.php 파일의 URL은 index.php가 될 것이므로 URL에 차이가 생긴다.

6-7. 원격 웹 서버를 연동한 디버깅

일반적으로 사용하는 원격 웹 서버를 디버깅하는 방법을 생각해보자. 원격 웹 서버의 운영체제가 리눅스라면 SSH나 Telnet으로 웹 서버의 셸에 접속할 것이다. 그리고 tail이나 vim 등을 사용해서 PHP 로그 파일을 열고 PHP 로그에 기록된 오류 메시지를 확인하고 오류가 발생한 PHP 파일을 수정한다. 오류가 발생하는 원인이 복잡하게 얽혀 있다면 echo 같은 임시 디버깅용 코드를 삽입해서 디버깅할 것이다.

이 장에서 살펴볼 원격 웹 서버를 연동한 디버깅의 장점은 PHP 프로그램을 실제 웹 서버에서 실행하는 경우에도 이클립스 PDT를 통해 디버깅할 수 있다는 점이다. 물론 PHP 프로그램이 웹 서버에서 실행돼야 하므로 당연히 PHP 코드를 웹 서버로 파일을 전송해야 하는 불편함이 있지만 자세하고 정확하게 디버깅할 수 있으므로 그만한 가치는 충분하다고 본다. 혹시라도 PHP 파일을 수정한 후 전송해야 하는 과정이 마음에 들지 않는다면 로컬 PC에 테스트 웹 서버 환경을 구축하거나 Samba나 네트워크 드라이브 연결로 이클립스가 테스트 웹 서버의 DocumentRoot에 직접 저장하게 하는 방법도 있다. 어찌 됐건 웹 서버로 PHP 파일을 전송하는 방법은 다양하며 이 책에서는 "Ant를 이용한 배포 방법"을 다루고 있으므로 참고하기 바란다. 이제 웹 서버 연동 디버깅 방법을 자세히 살펴보자.

01. 원격 웹 서버를 연동해서 디버깅하려면 원격 웹 서버의 php.ini에 다음과 같은 내용을 추가해야 한다.

```
[Zend]
zend_extension_ts=<ZendDebugger.dll의 절대 경로>
; 예) C:\php\php-5.2.13\ext\ZendDebugger.dll

zend_debugger.allow_hosts=<이클립스 PDT가 설치된 PC의 IP>
zend_debugger.expose_remotely=always
```

이 설정 값은 이미 "로컬 웹 서버 연동 방법" 절에서 살펴본 바 있다. 중요한 차이점은 zend_debugger.allow_hosts의 값으로 127.0.0.1이 아니라 이클립스 PDT가 설치된 개발용 PC의 IP를 입력해야 한다는 점이다.

02. 원격 웹 서버의 php.ini 파일을 편집하고 나면 웹 서버를 재시작해서 변경한 php.ini 파일의 내용이 적용되게 한다.
03. "원격 웹 서버 연동 실행" 장에서 살펴본 것과 같이 PHP Web Page 설정을 생성한다.
04. PHP Web Page 설정을 완료한 후 이클립스 상단 툴바의 Debug 버튼을 클릭해서 생성한 PHP Web Page를 선택한다.

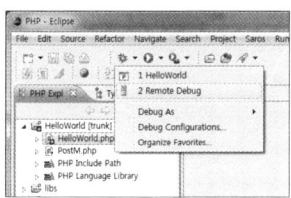

[그림 6-43] PHP Web Page 디버그 실행

05. PHP 스크립트 디버깅을 하는 경우와 같이 이클립스 PDT가 PHP Debug 퍼스펙티브로 변경되며 디버깅이 가능한 상태가 된다.

혹시라도 원격 웹 서버의 php.ini 파일에 개발용 PC의 IP를 입력하지 않은 상태에서 디버깅하면 다음 화면과 같이 디버그 세션을 열 수 없다는 오류 메시지가 나타난다.

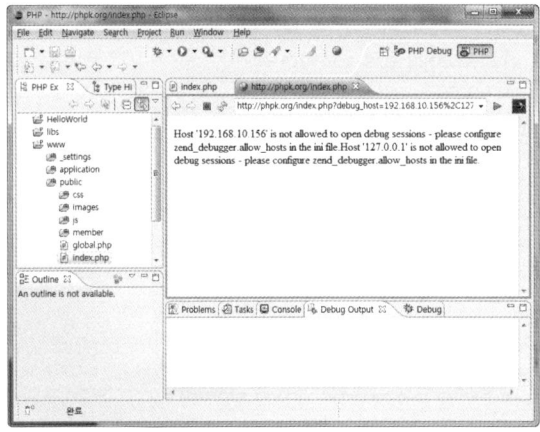

[그림 6-44] 디버그 세션 오류

경우에 따라서는 IP를 등록했음에도 디버그 세션을 연결할 수 없다는 메시지가 나타나기도 하는데 그 이유는 원격 웹 서버와 개발용 PC 사이에 방화벽이 설치돼 있거나 기타 문제로 디버그 세션을 생성하지 못했기 때문이다.

이클립스 PDT는 원격 웹 서버로 디버깅 요청을 할 때 개발용 PC의 IP, 디버그 옵션, 디버그 세션 포트 등을 QUERY_STRING을 통해 웹 서버의 Zend Debuger로 전달한다. 다음 URL은 이클립스 PDT가 원격 웹 서버로 전송하는 URL이다.

```
http://phpk.org/index.php?debug_host=192.168.0.156%2C127.0.0.1&start_debug=1&debug_port=10001&original_url=http%3A%2F%2Fphpk.org%2Findex.php&send_sess_end=1&debug_stop=1&debug_start_session=1&debug_no_cache=1276365021488&debug_session_id=1032
```

이클립스 PDT가 Zend Debugger로 전달하는 인자 값을 자세히 살펴보면 다음과 같다.

[표 6-1] Zend Debugger 인자

전달 인자	전달 방법	설명
start_debug	GET/COOKIE	디버그 세션 시작 여부 0: 세션 연결 안 함, 1: 세션 연결함
debug_host	GET/COOKIE	디버그 세션을 연결하기 위한 이클립스 PDT가 설치된 IP. 이 값은 php.ini 파일에서 기본 값을 지정할 수 있다. 기본값 : localhost 또는 127.0.0.1
debug_port	GET/COOKIE	디버그 세션 연결 포트 번호
send_sess_end	GET/COOKIE	프로파일링 세션 종료 데이터 전달 여부
debug_stop	GET/COOKIE	PHP 코드의 첫 번째 줄에서의 일시 정지 여부 1: 첫 번째 줄에서 무조건 디버깅을 일시 정지한다.
original_url	GET/COOKIE	디버그할 URL
use_ssl	GET/COOKIE	SSL 암호화 사용 여부
debug_start_session	GET/COOKIE	debug_cont_session 값에 따라 디버그 세션을 시작할지 여부
debug_start_url	GET	디버그 세션 시작 URL. debug_start_session 값을 1로 지정했을 때 동작한다. 디버그 세션 시작 시점은 debug_cont_session에 의해 결정된다.
debug_cont_session	GET	디버그 세션 시작 시점 0: debug_start_url로 요청이 들어오면 디버그 세션이 한번 시작된다. 1: debug_start_url에 요청이 들어오면 그 다음 요청부터 디버그 세션이 시작된다. Ajax 디버깅에 효과적이다. 2: 디버그 세션을 항상 시작한다.
debug_file_bp	GET/COOKIE	특정 파일에 브레이크 포인트를 지정한다.
debug_line_bp	GET/COOKIE	Debug_file_bp에서 지정한 파일의 특정 줄에 브레이크 포인트를 지정한다.
debug_jit	COOKIE	디버그 세션이 종료되면 쿠키 값을 삭제한다.
debug_session_id	GET/COOKIE	디버그 세션 ID

여러 개의 디버그 허용 IP 등록하기

개발자가 여러 명이고 테스트 웹 서버가 한 대인 경우 모든 개발용 PC가 원격 웹 서버에 디버그 세션을 생성할 수 있게 zend_debugger.allow_host 값에 IP를 등록해야 한다. 하지만 개발자의 수가 많은 경우 모든 IP를 일일이 등록하기에는 관리 비용이 너무 많이 든다. 그럴 땐 다음과 같이 IP 대역을 입력하고 zend_debugger.expose_remotely의 값을 allowed_hosts로 바꿔주면 해당 IP 대역에 속하는 개발사가 접근할 수 있게 된다.

```
end_debugger.allow_hosts=192.168.10.1/255 127.0.0.1/255
zend_debugger.expose_remotely=allowed_hosts
```

DBMS 연동

DBMS 연동 준비
GEF 설치
Quantum DB 설치
Quantum 퍼스펙티브
Quantum 사용법

웹 프로그램은 웹 서비스 이용자가 보내는 수 많은 요청을 아주 짧은 시간 안에 처리한 후 그 결과를 다시 이용자에게 전달해야 한다. 요청 수는 1초당 수 건에서 많은 경우 수백 건에 이를 수도 있는데 이처럼 웹 서버를 통해 들어오는 많은 요청을 PHP 프로그램이 원활하게 처리하려면 웹 서버 외에 데이터만 처리하는 고성능 데이터베이스 시스템(이하 DBMS)이 필요하다. 웹 서비스에서 DBMS를 사용하지 않는다면 PHP 프로그램 같은 웹 서비스용 프로그램이 엄청난 양의 데이터를 자체적으로 처리할 수밖에 없다. 하지만 동시 접속자가 많아지고 요청 건수가 증가할수록 데이터의 안정성이 극도로 낮아질 수 있으므로 고품질의 웹 서비스를 제공하기가 어려워진다. 그러므로 PHP 프로그래밍에서도 DBMS에 대한 지식은 필수이며 PHP 프로그램을 개발하는 과정에서 웹 서버만큼이나 DBMS를 많이 사용하게 된다.

DBMS는 여러 종류가 있다. 어떤 분야의 프로그램에서 사용될 것이냐에 따라 선택하는 DBMS도 달라지는데, 이 중에는 웹 서비스에 최적화되어 PHP와 같은 웹 프로그래밍 언어와 함께 사용했을 때 최고의 성능을 발휘하는 DBMS도 있다. 대표적으로 전세계 웹 서비스 분야에서 가장 많이 사용되고 있는 MySQL과 국내 오픈소스 DBMS인 CUBRID를 꼽을 수 있다.

웹 프로그램과 DBMS가 떼려야 뗄 수 없는 관계이다 보니 많은 웹 프로그래머가 이클립스 PDT 같은 통합 개발 환경과 함께 모니터 한 편에 DBMS 클라이언트 프로그램을 띄워놓고 프로그램을 개발하고 있으리라 생각한다. 이 장에서는 이클립스 플러그인 중 하나인 Quantum DB를 사용해서 DBMS에 연결하는 방법을 살펴보겠다.

Quantum DB는 MySQL Workbench(http://mysql.com/products/workbench/)처럼 많은 기능을 제공하지는 않지만 개발 과정에서 데이터를 조작하고 확인하는 용도로는 충분하다. 한 가지 알아둬야 할 점이 있는데 Quantum DB는 SELECT, INSERT, UPDATE, DELETE 등 같은 DML(Data Manipulation Language)에 대해서는 GUI 기능을 제공하지만 CREATE, ALTER 등 DDL(Data Definition Language)에 대해서는 사용자가 직접 SQL을 작성해서 실행하는 방식으로 DBMS의 데이터를 관리해야 한다는 것이다. 필자도 Quantum DB가 DML에 대해서만 GUI 기능을 제공하는 것을 아쉽게 생각하지만 웹 프로그램 개발 과정에서 가장 많이 사용하는 것이 DML이라서 크게 문제가 되지는 않을 것이다.

7-1. DBMS 연동 준비

이클립스에서 플러그인을 통해 DBMS를 연결하려면 먼저 연결하려는 DBMS에 알맞은 JDBC 드라이버를 컴퓨터에 설치해야 한다. JDBC 드라이버는 자바용 DBMS 드라이버로서 이클립스 PDT를 비롯해 자바로 작성된 모든 프로그램에서 DBMS를 연결하는 용도로 사용된다. 다음 목록은 DBMS별 JDBC 다운로드 웹 페이지 목록이다. 한 가지 주의할 점은 MySQL의 경우 JDBC가 아니라 Connector/J로 명시돼 있다는 것이다.

- MySQL : http://www.mysql.com/downloads/connector/j/
- CUBRID : http://sourceforge.net/projects/cubrid/files/
- Oracle : http://www.oracle.com/technology/software/tech/java/sqlj_jdbc/index.html
- MS SQL Server: http://www.microsoft.com/downloads/details.aspx?displaylang=ko&FamilyID=a737000d-68d0-4531-b65d-da0f2a735707
- PostgreSQL : http://jdbc.postgresql.org/download.html

JDBC는 자바로 작성돼 있으므로 운영체제에 상관없이 사용할 수 있다. 예를 들어 윈도우에서 내려 받아 사용하든 JDBC 드라이버 파일을 리눅스나 맥에 복사해서 사용하든 문제없이 동작한다.

따라서 JDBC 다운로드 웹 페이지에 접속하면 다음 화면과 같이 운영체제별로 구분돼 있지 않고 Platform Independent(운영체제 독립적)로 표시돼 있다. 이 장에서는 오픈소스 DBMS이면서 웹 서비스 분야에서 가장 많이 사용되고 있는 MySQL을 기준으로 설명하겠다. CUBRID나 PostgreSQL, Oracle, MS SQL Server와 같은 다른 DBMS도 기본적인 연결 방법이나 사용법은 MySQL과 비슷하므로 이 장의 내용을 참고하기 바란다. 다음 화면은 MySQL의 JDBC(Connector/J) 다운로드 페이지다.

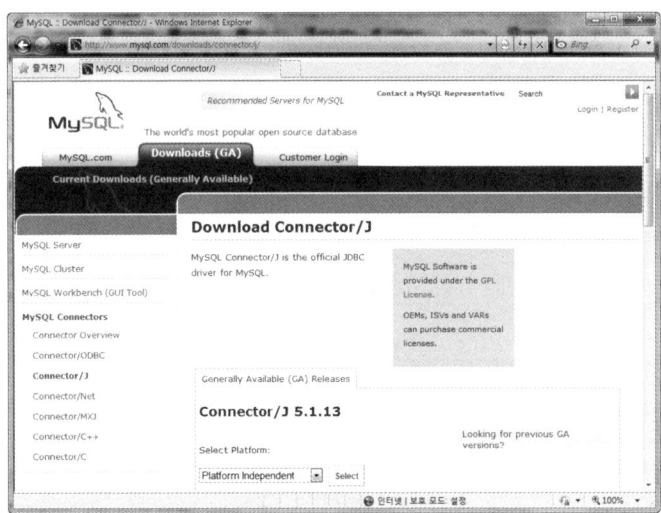

[그림 7-1] MySQL의 JDBC 다운로드 페이지

JDBC 다운로드 페이지에서 원하는 버전의 JDBC 파일을 내려 받는다. 이 JDBC 파일은 나중에 사용할 것이므로 잘 저장해 두는 것이 좋다. 필자는 DBMS별로 내려 받은 JDBC 파일을 C:\java\JDBC 폴더 아래에 모아뒀다. 이처럼 한 곳에 모아 두면 새로운 버전으로 업데이트하거나 여러 프로그램에서 JDBC 파일을 참조해야 할 때 편리하다.

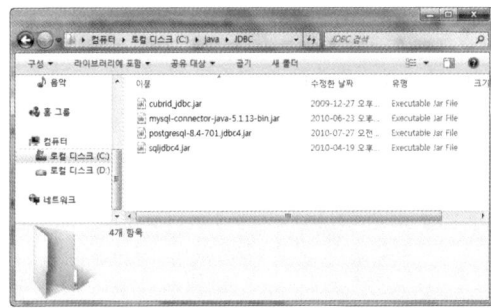

[그림 7-2] JDBC 설치 폴더

7-2. GEF 설치

GEF(Graphical Editing Framework)는 이클립스용 그래픽 프레임워크로 Quantum을 설치하기에 앞서 GEF를 설치해야 한다.

GEF를 설치하는 방법은 다음과 같다.

01. 이클립스 상단 메뉴에서 Help → Install New Software를 선택한다.
02. Install 창이 뜨면 Add 버튼을 클릭한다.
03. Name에는 GEF라고 입력하고 Location에는 http://download.eclipse.org/tools/gef/updates/releases/를 입력한 뒤 OK 버튼을 클릭한다.
04. 설치 항목 선택 창이 나타나면 다음 화면과 같이 GEF SDK 최신 버전에서 Graphical Editing Framework GEF All-In-One SDK를 선택한다.

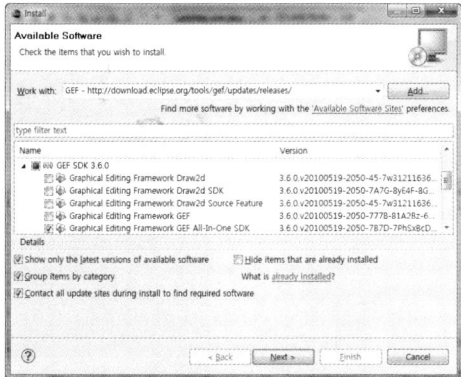

[그림 7-3] GEF 설치 항목 선택

05. Next 버튼을 클릭하면 다음 화면과 같이 설치될 항목을 확인할 수 있다.

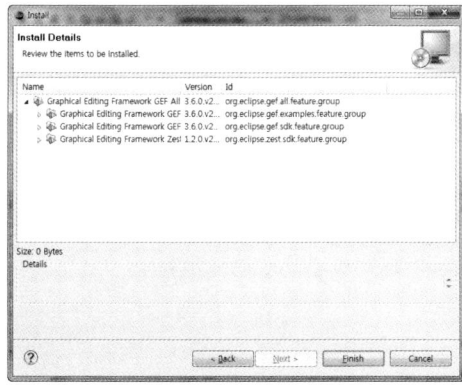

[그림 7-4] GEF 설치 항목 확인

06. Finish 버튼을 클릭하여 설치를 시작한다.

07. 설치 과정에서 인증서와 관련된 확인 창이 뜨면 Eclipse.org 항목에 체크하고 OK 버튼을 클릭한다.

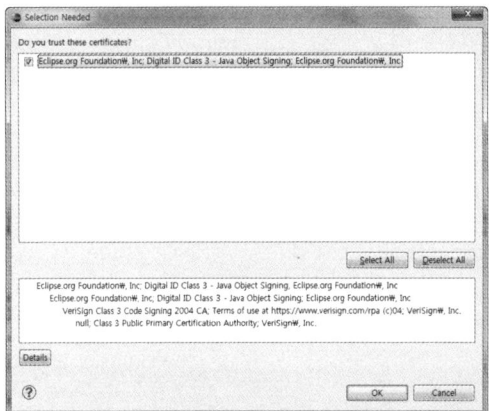

[그림 7-5] 이클립스 인증서 확인

08. Yes 버튼을 클릭해서 이클립스를 재시작한다.

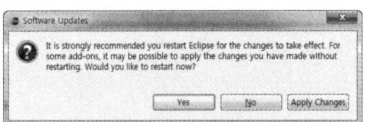

[그림 7-6] 이클립스 재시작 확인

7-3. Quantum DB 설치

Quantum(http://sourceforge.net/projects/quantum/)을 설치하는 방법으로는 직접 다운로드해서 설치하는 방법과 업데이트 사이트를 이용해서 설치하는 방법으로 두 가지가 있다. 아무래도 직접 설치하기보다는 업데이트 사이트를 이용해서 설치하는 편이 간편하고 관리하기도 쉽다. 여기서는 업데이트 사이트를 이용해서 설치하는 방법만 살펴보겠다.

01. 이클립스 상단 메뉴에서 Help → Install New Software를 선택한다.

02. Install 창이 뜨면 Add 버튼을 클릭한다.

03. Add Site 창이 열리면 Name에는 Quantum을 입력하고 Location에는 http://quantum.sourceforge.net/update-site를 입력한 후 OK 버튼을 클릭한다.

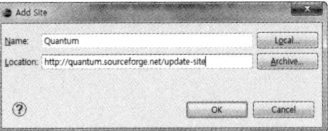

[그림 7-7] Quantum DB 업데이트 사이트 등록

04. 업데이트 사이트를 통해 설치할 수 있는 항목이 나타난다. 모든 항목을 선택한 후 Next 버튼을 클릭한다.

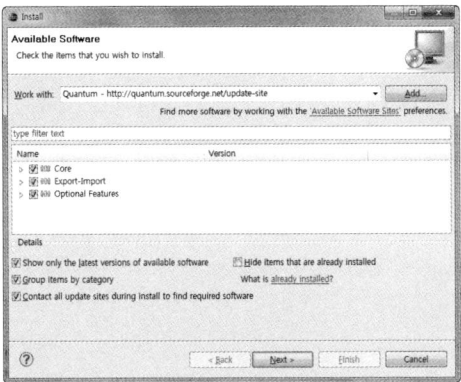

[그림 7-8] Quantum DB 설치 항목 선택

05. 설치할 항목을 확인한 후 Next 버튼을 클릭한다.

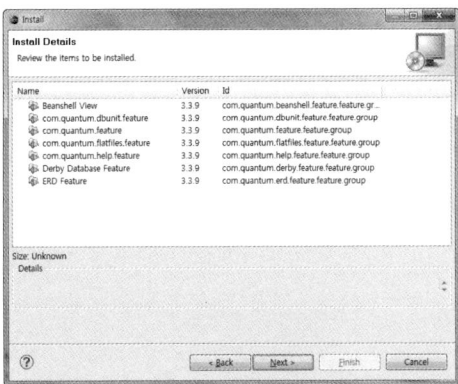

[그림 7-9] Quantum DB 설치 항목 확인

06. 라이선스 동의 화면이 나타나면 I accept the terms of the license agreements를 선택한 후 Finish 버튼을 클릭한다.

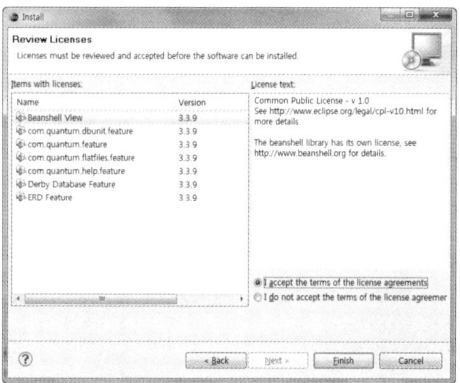

[그림 7-10] 라이선스 확인

07. 설치 과정에서 보안 경고 창이 나타나면 OK 버튼을 클릭해서 설치를 계속 진행한다.

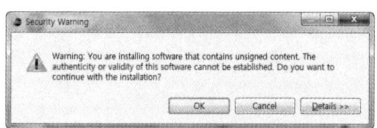

[그림 7-11] 설치 중 보안 경고 창

08. 끝으로 Yes 버튼을 클릭하고 이클립스를 재시작한다..

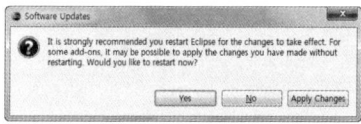

[그림 7-12] 이클립스 재시작 확인

7-4. Quantum 퍼스펙티브

Quantum 설치를 정상적으로 완료했다면 이클립스에 Quantum DB 퍼스펙티브가 추가돼 있을 것이다. Quantum DB 퍼스펙티브를 확인하는 방법은 다음과 같다.

01. 이클립스 상단 메뉴에서 Window → Open Perspective → Other를 차례로 선택한다.
02. Open Perspective 창이 뜨면 Quantum DB를 찾아 선택한 후 OK 버튼을 클릭한다.

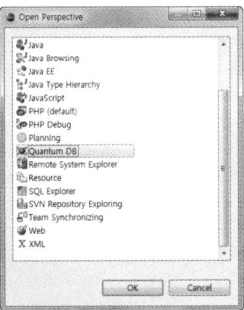

[그림 7-13] Quantum DB 퍼스펙티브 선택

03. 이클립스 퍼스펙티브가 Quantum DB로 바뀐다.

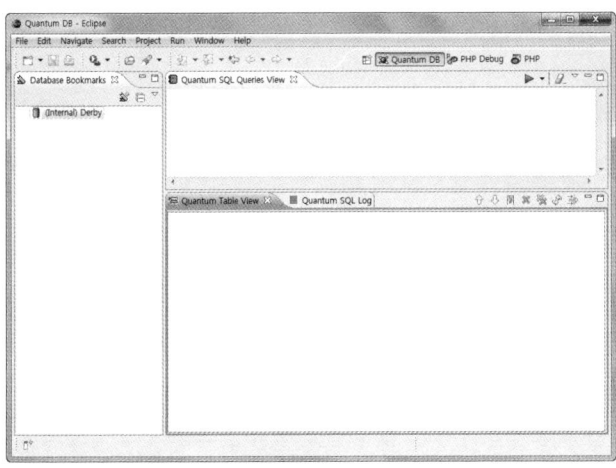

[그림 7-14] Quantum DB 퍼스펙티브

기본적인 형태의 Quantum 퍼스펙티브는 왼쪽에 Database Bookmarks가 있고 오른쪽 상단에는 Quantum SQL Queries View가, 하단에는 Quantum Table View와 Quantum SQL Log가 위치해 있다. Database Bookmarks는 웹 브라우저의 즐겨찾기처럼 DBMS 연결 정보를 저장해두면 다음에 연결할 때 마우스 클릭만으로 데이터베이스 연결할 수 있다. Quantum SQL Queries View는 DBMS로 보낼 SQL 쿼리를 작성하는 편집기이고 Quantum Table

View는 DBMS로부터 전달받은 결과를 마이크로소프트 엑셀과 같이 테이블 형태로 보여주는 뷰다. Quantum SQL Log는 실행한 SQL에 대한 자세한 실행 결과를 출력하는 로그 뷰다.

MySQL 연결

JDBC, GEF, Quantum DB까지 모두 설치했으므로 Quantum을 이용해 MySQL DBMS에 연결하는 방법을 살펴보자.

> JDBC 드라이버는 네트워크 포트(Port)를 통해 DBMS에 접속하므로 이클립스와 DBMS 사이에 방화벽이 있는 경우에는 접속되지 않을 수도 있다. 또한 MySQL의 경우 네트워크 접속 권한이 없는 경우에도 접근이 거부될 수 있으므로 DBMS의 설정 및 권한을 미리 확인해두는 편이 좋다.

Quantum에서 MySQL에 연결하는 방법은 다음과 같다.

01. Quantum 퍼스펙티브의 왼쪽에 있는 Database Bookmarks에서 마우스 오른쪽 버튼을 클릭한다.

02. 문맥 메뉴가 나타나면 New Bookmark를 선택한다.

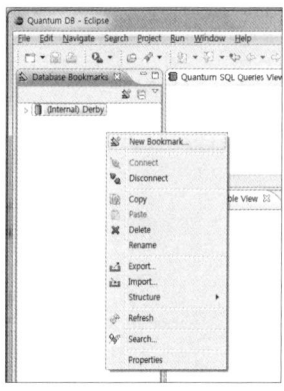

[그림 7-15] DB 연결 북마크 추가

03. JDBC 드라이버를 선택하는 창이 열리면 목록에 MySQL JDBC 드라이버가 있는지 확인한다. 목록에 MySQL JDBC 드라이버가 보이지 않는다면 다음 과정을 따라 설치한다. JDBC 드라이버가 이미 설치돼 있다면 11번 단계로 가서 계속 진행한다.

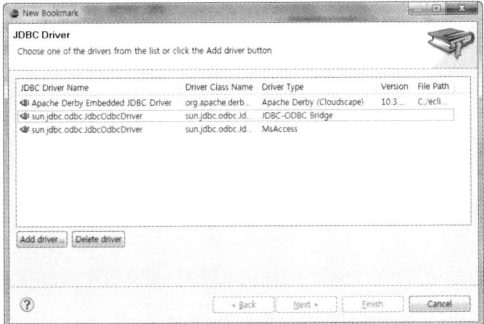

[그림 7-16] JDBC 드라이버 선택

04. MySQL JDBC 드라이버를 설치하려면 화면 하단에 있는 Add driver 버튼을 클릭한다.

05. New JDBC Driver 창이 뜨면 Type을 MySQL로 변경하고 화면 오른쪽에 Add External Jar 버튼을 클릭한다.

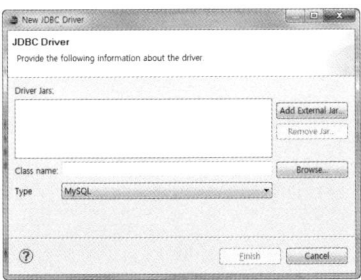

[그림 7-17] JDBC 드라이버 등록

06. 파일 선택 창이 열리면 내려 받은 MySQL JDBC 드라이버 파일을 선택한 후 "열기" 버튼을 클릭한다.

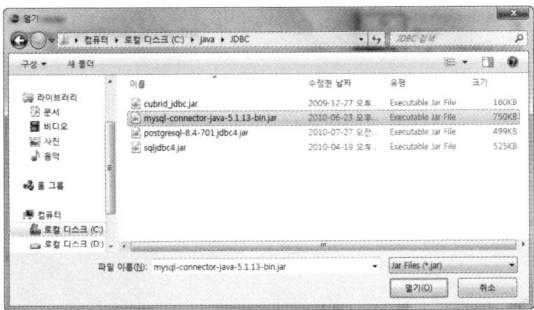

[그림 7-18] MySQL JDBC 드라이버 파일 선택

07. 선택한 MySQL JDBC 드라이버가 New JDBC Driver 창에 등록되면 등록된 드라이버를 선택한 후 화면 오른쪽에 있는 Browse 버튼을 클릭한다.

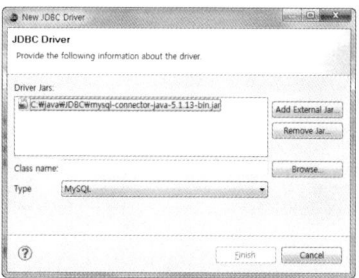

[그림 7-19] MySQL JDBC 드라이버 등록

08. 그러면 다음 화면과 같이 드라이버를 선택하는 창이 뜨는데, 여기서는 com.mysql.jdbc.Driver를 선택한 후 OK 버튼을 클릭한다.

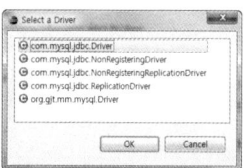

[그림 7-20] MySQL JDBC의 클래스 선택

09. 이제 New JDBC Driver 창 아래에 Finish 버튼이 활성화됐다. Finish 버튼을 클릭해서 MySQL JDBC 드라이버 등록을 완료한다.

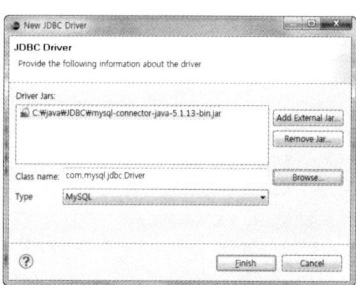

[그림 7-21] MySQL JDBC 드라이버 등록

10. 다시 DBMS 연결 북마크 생성을 계속 진행해 보자. 처음과는 달리 MySQL JDBC 드라이버가 목록에 추가됐을 것이다. 추가된 MySQL JDBC 드라이버를 선택한 후 Next 버튼을 클릭한다.

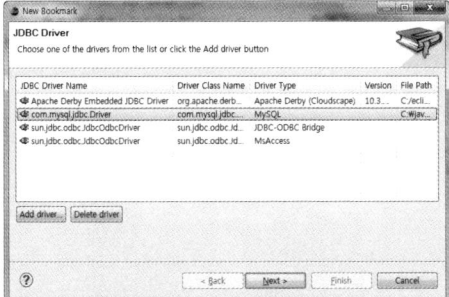

[그림 7-22] MySQL JDBC 드라이버 등록 완료

11. MySQL에 접속하기 위한 세부적인 연결 정보를 입력한 후 Next 버튼을 클릭한다.

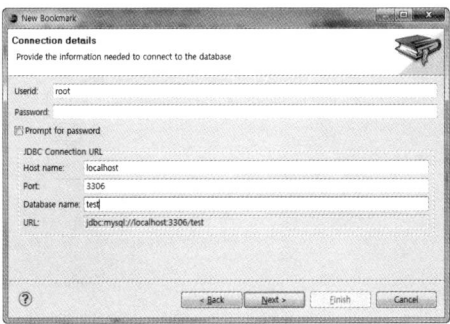

[그림 7-23] MySQL 연결 정보 입력

12. DBMS 연결 북마크의 이름을 입력한 후 Next 버튼을 클릭한다.

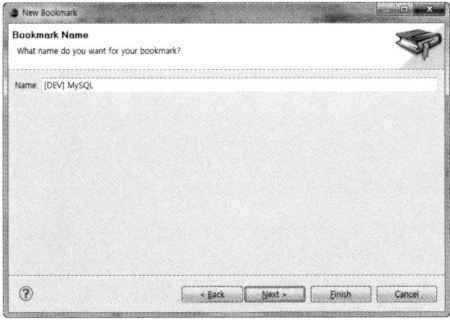

[그림 7-24] MySQL 연결 북마크 이름 입력

13. Show all schemas를 선택한 후 Finish 버튼을 클릭한다.

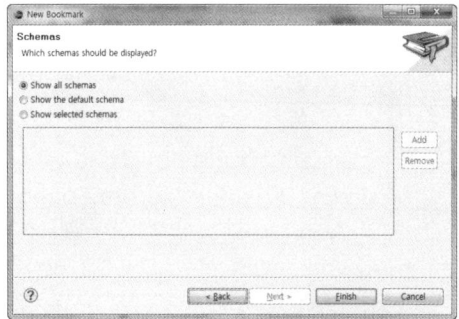

[그림 7-25] DB 스키마 선택

14. Database Bookmarks 뷰에 추가된 MySQL 북마크를 더블 클릭하면 DBMS에 연결된다.

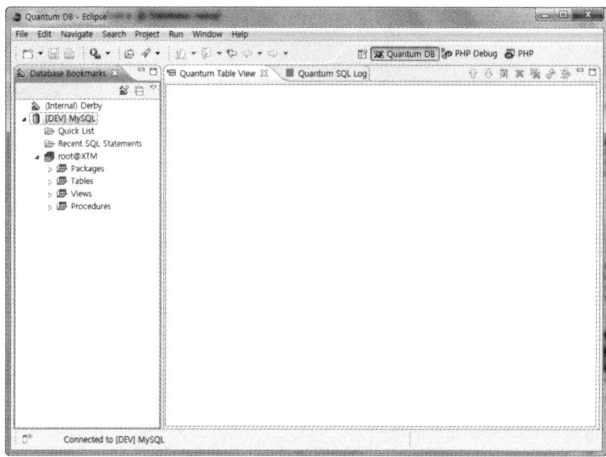

[그림 7-26] MySQL에 연결 완료된 모습

CUBRID 연결 방법

CUBRID는 국내 유일의 오픈소스 DBMS다. CUBRID는 현재 네이버(http://www.naver.com)의 약 50여 개의 서비스에서 사용되고 있으며 국내외 다수의 기업과 시청, 박물관, 도서관 등 정부 관련 공기업에서도 사용하고 있다. 이 장에서 CUBRID 연결 방법을 살펴보는 이유는 CUBRID의 성장세가 무시하지 못할 만큼 높게 나타나고 있고, 실제로 국내외에서 CUBRID를 DBMS로 채택하는 사례가 꾸준히 증가하는 추세에 있기 때문이다. 최근에는 php.net의 온라인 문서(http://www.php.net/manual/en/book.cubrid.php)에 등록될 만큼 PHP 분야에서도 국내 오픈소스 DBMS인 CUBRID가 좋은 성과를 보이고 있다.

CUBRID도 MySQL과 마찬가지로 JDBC 드라이버를 이용해 DBMS에 연결한다. CUBRID용 JDBC는 CUBRID 다운로드 페이지에서 내려 받을 수 있다. CUBRID 연결 방법은 다음과 같다.

01. Database Bookmarks 뷰에서 마우스 오른쪽 버튼을 클릭해서 New Bookmark를 선택한다.
02. New Bookmark 창이 열리면 Add driver 버튼을 클릭한다.
03. New JDBC Driver 창이 열리면 Add External Jar 버튼을 클릭한다.

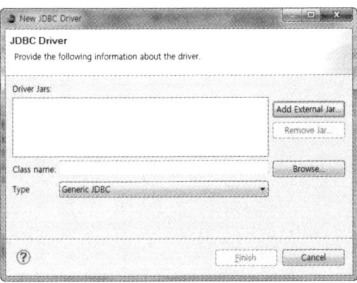

[그림 7-27] JDBC 드라이버 등록

04. 내려 받은 CUBRID JDBC 파일을 찾아 선택한 후 열기 버튼을 클릭한다.

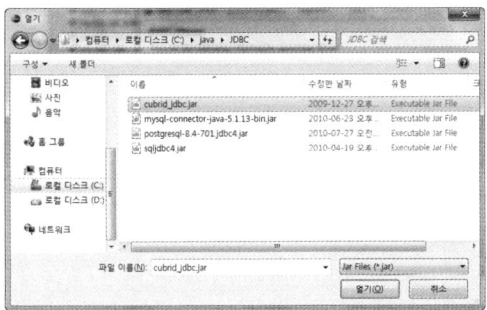

[그림 7-28] CUBRID JDBC 드라이버 파일 선택

05. CUBRID JDBC 드라이버가 추가되면 Class name 입력란 옆에 있는 Browse 버튼을 클릭한다.

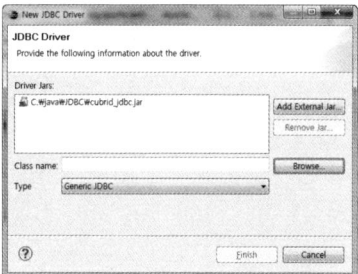

[그림 7-29] CUBRID JDBC 드라이버 등록

06. cubrid.jdbc.driver.CUBRIDDriver를 선택한 후 OK 버튼을 클릭한다.

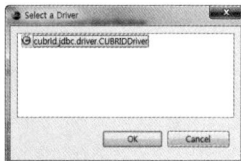

[그림 7-30] CUBRID JDBC의 클래스 선택

07. 추가된 CUBRID JDBC 드라이버를 선택한 후 Next 버튼을 클릭한다.

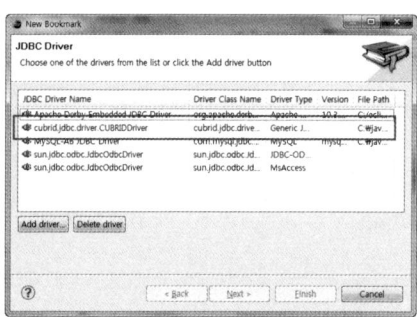

[그림 7-31] CUBRID JDBC 드라이버 등록 완료

08. CUBRID 연결 정보를 입력한다. JDBC URL은 jdbc:cubrid:〈큐브리드URL주소〉:33000:〈DB명〉::: 형식으로 입력한다.

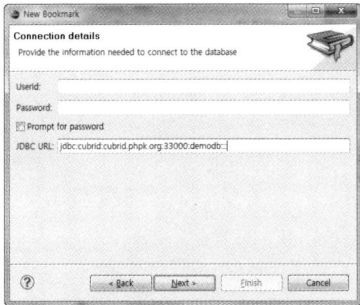

[그림 7-32] CUBRID 연결 정보 입력

JDBC URL 형식에서 33000은 CUBRID의 브로커(Broker) 포트 번호다. 브로커 포트 번호는 CUBRID Manager에서 연결하고자 하는 데이터베이스의 구성 정보 화면을 보면 알 수 있다.

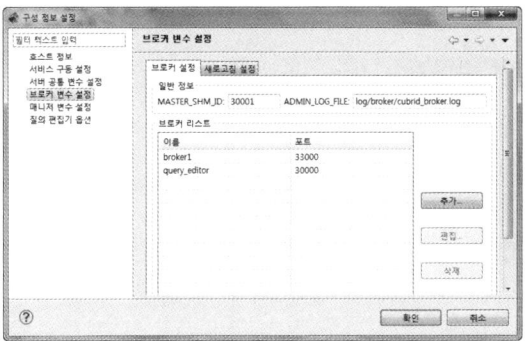

[그림 7-33] CUBRID Manager의 구성 정보 설정 창

09. 북마크 이름을 입력한 후 Next 버튼을 클릭한다.

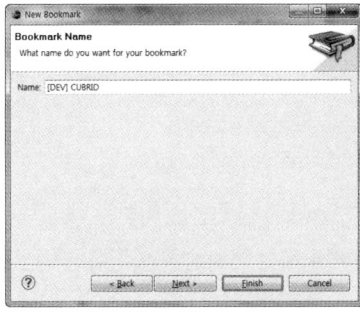

[그림 7-34] CUBRID 연결 북마크 이름 입력

10. 원하는 스키마 항목을 선택한 후 Finish 버튼을 클릭한다. 기본값은 Show all schemas이며, 특별한 경우가 아니면 이 항목을 선택한다.

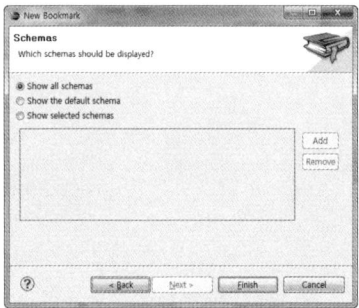

[그림 7-35] DB 스키마 선택

11. Database Bookmarks 뷰에 추가된 CUBRID를 더블 클릭하면 CUBRID DBMS에 연결된다.

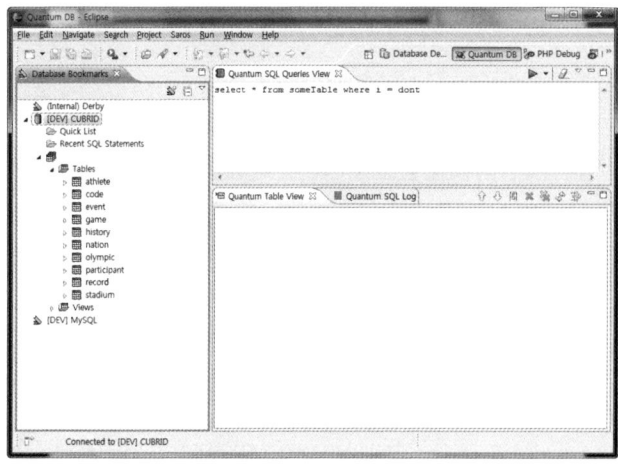

[그림 7-36] CUBRID에 연결된 화면

7-5. Quantum 사용법

Quantum DB는 상대적으로 간단한 기능을 제공하고 있으므로 사용법을 익히는 데 큰 문제는 없을 것이다. 이 장에서는 Quantum DB에서 데이터를 확인하고 조작하는 방법을 살펴보겠다.

테이블 생성 방법

Quantum DB에서는 SQL을 직접 작성해서 테이블을 생성할 수 있다. CREATE TABLE 문을 이용해 원하는 테이블을 생성하면 Quantum DB의 Database Bookmarks 뷰에 생성된 테이블이 나타난다. Quantum DB에서 테이블을 생성하는 방법은 다음과 같다.

01. Quantum SQL Queries View에 테이블을 생성하는 SQL을 작성한다.

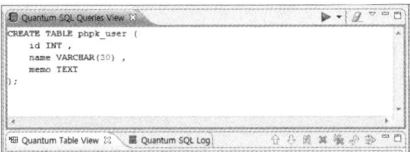

[그림 7-37] Quantum SQL Queries View 뷰

02. Quantum SQL Queries View 오른쪽 상단에 있는 Execute 버튼을 클릭해서 SQL 쿼리를 실행한다.

03. SQL 쿼리의 실행 결과는 Quantum SQL Log 뷰에서 확인할 수 있다. SQL 쿼리가 문제 없이 실행되면 Success: result set displayed라는 결과 메시지가 나타날 것이다.

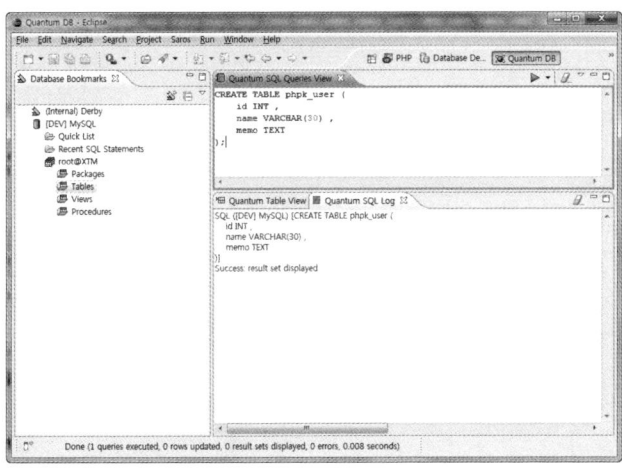

[그림 7-38] Quantum SQL Log 뷰

04. Database Bookmarks 뷰의 Table 항목을 선택하고 마우스 오른쪽 버튼을 클릭한 후 Refresh를 선택한다. 그러면 Table 항목에 생성한 테이블 이름이 나타날 것이다.

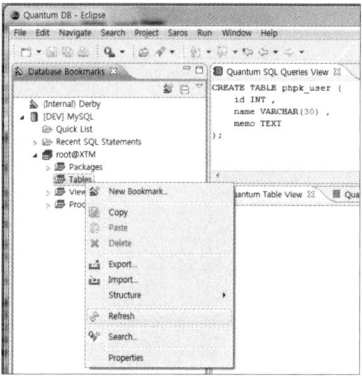

[그림 7-39] Refresh 선택

테이블 삭제 및 전체 데이터 삭제

테이블을 삭제하는 것은 다음과 같이 직접 SQL 쿼리를 작성하지 않고도 아주 쉽게 할 수 있다.

01. Database Bookmarks 뷰에서 삭제하고자 하는 테이블을 선택하고 마우스 오른쪽 버튼을 클릭한다.
02. 문맥 메뉴에서 SQL Statements → Drop Table/View/Sequence를 선택한다.

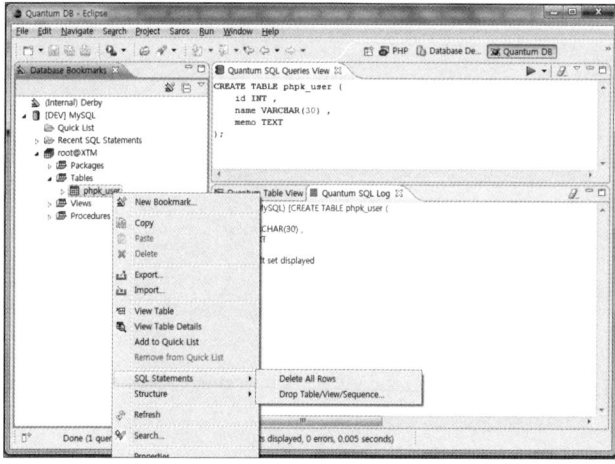

[그림 7-40] 테이블 삭제 문맥 메뉴

03. SQL Statement DROP TABLE 창이 열리면 Next 버튼을 클릭한다. 삭제하려는 테이블에 제약 조건이 지정돼 있다면 How to handle dependent entities에서 CASCADE나 RESTRICT 중 원하는 항목을 선택하면 된다.

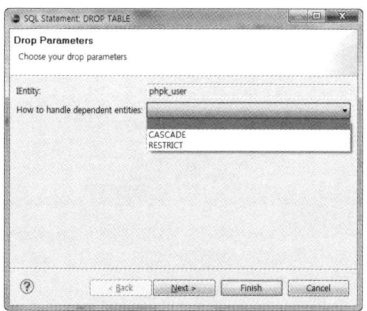

[그림 7-41] 테이블 관계 선택

How to handle dependent entities는 데이터의 무결성을 유지하기 위한 중요한 옵션이다. 아무것도 선택하지 않은 채로 Next 버튼을 클릭해서 테이블을 삭제하면 Quantum DB는 무결성을 무시하고 선택한 테이블을 삭제한다. CASCADE는 테이블을 삭제할 때 연결된 의존 객체를 자동으로 삭제한다. 예를 들어 외래키(Foreign Key)로 연결된 다른 테이블에 데이터가 있다면 함께 삭제될 것이다. RESTRICT는 테이블을 삭제할 때 연결된 테이블이나 뷰 등이 존재하는 경우 테이블을 삭제하지 않는다. DB에서 데이터 무결성은 매우 중요한 요소이므로 테이블을 삭제(DROP)할 때 이 옵션을 잘 활용하기를 바란다.

04. Finish 버튼을 클릭하면 테이블이 삭제된다. 그러나 삭제 후에도 Database Bookmarks 뷰에는 여전히 보일 것이다. Database Bookmarks 뷰에서 Table 항목을 선택하고 마우스 오른쪽 버튼을 클릭한 후 Refresh를 선택하면 테이블의 변경 사항이 반영될 것이다.

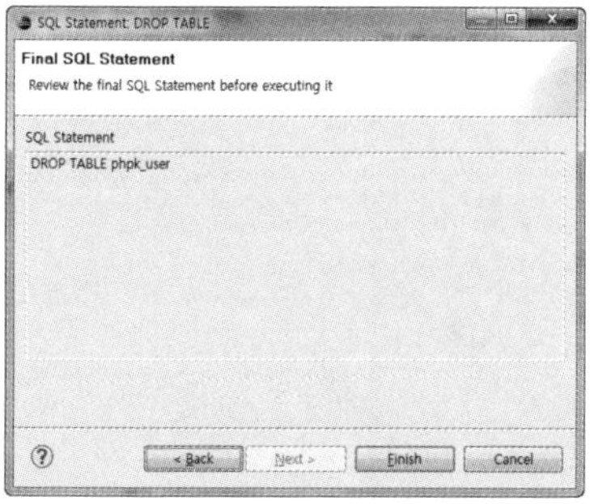

[그림 7-42] 테이블 삭제

데이터 추가(INSERT)

DBMS에 연결도 했고 테이블도 생성했으니 이제 테이블에 데이터를 입력하고 변경, 삭제하는 방법을 살펴볼 차례다. Quantum DB는 데이터를 쉽게 관리할 수 있게 여러 가지 기능을 제공한다.

Quantum DB에서 DB 테이블에 데이터를 추가(INSERT)하는 방법은 다음과 같다.

01. Database Bookmarks 뷰에서 데이터를 추가하고자 하는 테이블을 선택하고 마우스 오른쪽 버튼을 클릭한다.
02. 문맥 메뉴가 나타나면 View Table을 선택한다. Quantum DB에서 데이터를 관리하려면 먼저 원하는 테이블을 Quantum Table View 뷰에 나타나게 해야 한다.

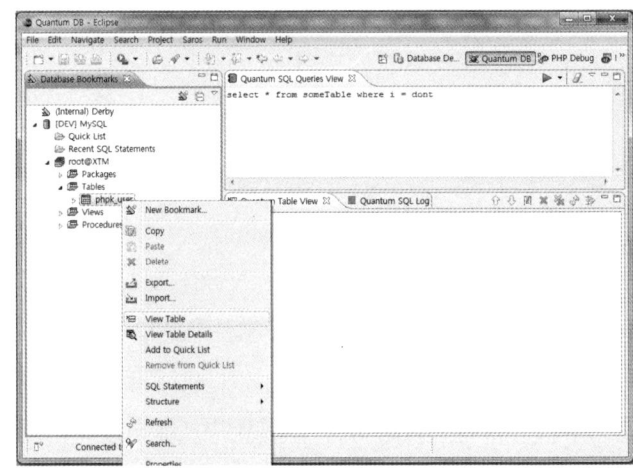

[그림 7-43] 테이블 데이터 보기 문맥 메뉴

03. Quantum Table View 뷰가 활성화되면 Quantum Table View 뷰에서 마우스 오른쪽 버튼을 클릭한 후 Insert를 선택한다.

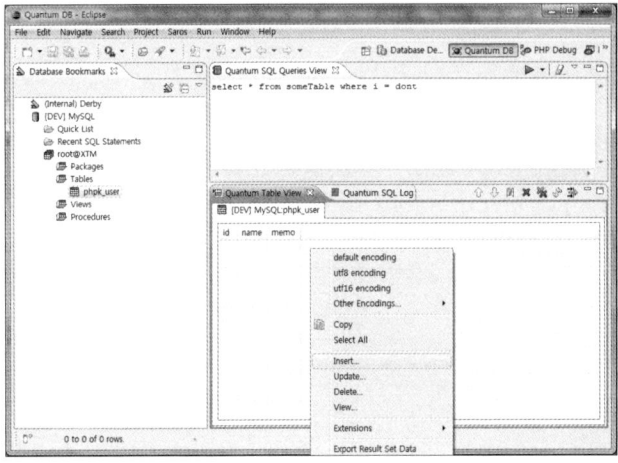

[그림 7-44] 데이터 추가 문맥 메뉴

04. Insert Record 창이 열리면 각 컬럼에 해당하는 Value 항목에 원하는 값을 입력한 후 Finish 버튼을 클릭한다. 각 Value 값을 입력하면 Insert Record 창 하단에 DBMS로 전송할 SQL 쿼리가 자동으로 작성되는 것을 확인할 수 있다.

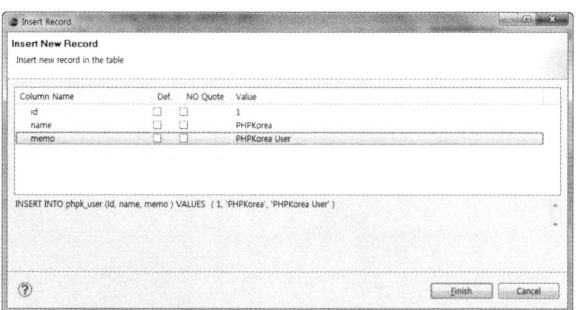

[그림 7-45] Insert Record 창

05. SQL 쿼리가 정상적으로 실행됐다면 Quantum Table View 뷰에 추가한 데이터가 나타난다.

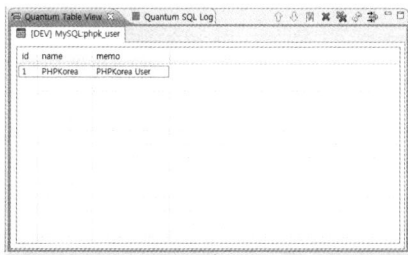

[그림 7-46] 데이터가 추가된 Quantum Table View 뷰

데이터 조건 및 정렬 변경

Quantum Table View 뷰에서는 출력된 결과 값을 사용자가 임의 조건을 지정하거나 정렬 방식을 변경해서 원하는 데이터를 쉽게 찾을 수 있게 필터 기능을 제공한다.

필터를 지정하는 방법은 다음과 같다.

01. Quantum Table View 뷰의 오른쪽 상단에 위치한 Filter and Sort 버튼( )을 클릭한다.
02. Filter and Sort 창이 열리면 Where, Sorter 등의 옵션을 원하는 조건으로 맞춘다.

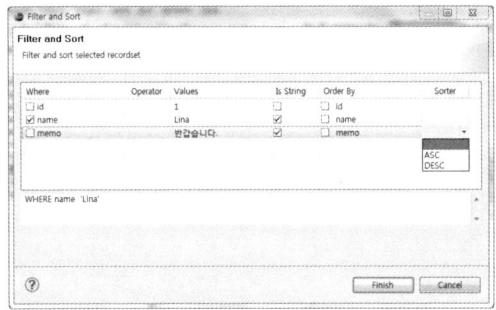

[그림 7-47] Quantum Table View 뷰의 Filter and Sort 창

03. Finish 버튼을 클릭하면 지정한 조건대로 Quantum Table View 뷰에 결과가 출력된다.

데이터 변경(UPDATE)

DB 테이블에 저장돼 있는 데이터를 변경(UPDATE)하는 방법은 다음과 같다.

01. Quantum Table View 뷰에서 변경하고자 하는 데이터(Row)를 선택하고 마우스 오른쪽 버튼을 클릭한 후 Update를 선택한다.

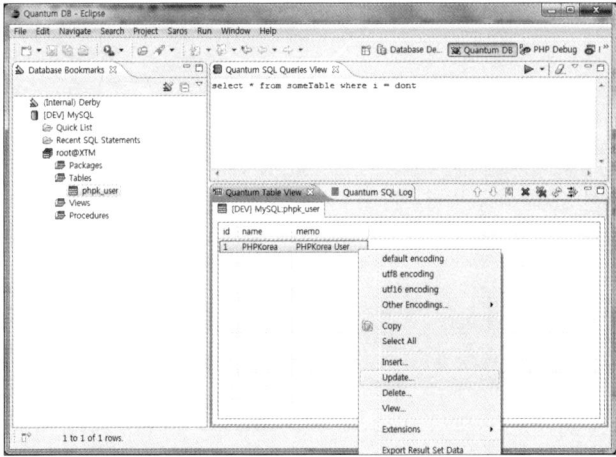

[그림 7-48] 데이터 변경 문맥 메뉴

02. Update Record 창이 열리면 각 컬럼에 해당하는 New Value 항목에 변경하고자 하는 새로운 값을 입력한다. 그러면 데이터를 추가할 때와 마찬가지로 하단에 SQL 쿼리가 자동으로 작성되는 것을 확인할 수 있다.

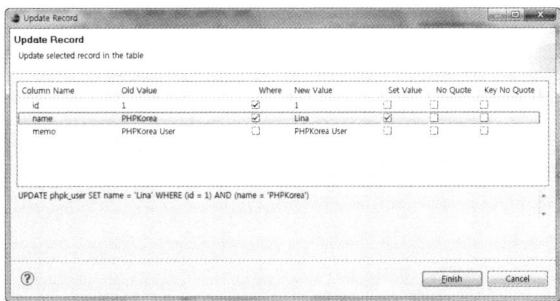

[그림 7-49] Update Record 창

> Where 항목은 데이터를 변경할 때 WHERE 조건을 추가하거나 변경하는 옵션이다. No Quote 항목은 SQL 쿼리를 작성할 때 따옴표(')로 값을 묶을지 지정하는 옵션이다. 이러한 옵션을 지정했을 때도 Update Record 창 하단에 반영되어 바로 확인할 수 있다.

03. SQL 쿼리까지 확인한 후 Finish 버튼을 클릭하면 Quantum Table View 뷰에 데이터가 변경될 것이다.

데이터 삭제(DELETE)

테이블의 데이터를 삭제하는 방법도 앞서 살펴본 데이터 변경과 비슷하다. Quantum Table View 뷰에서 삭제하고자 하는 데이터를 선택하고 마우스 오른쪽 버튼을 클릭한 후 Delete를 선택하면 Delete Record 창이 열리는데 여기서 Where 항목을 알맞게 선택한 후 Finish 버튼을 클릭하면 된다.

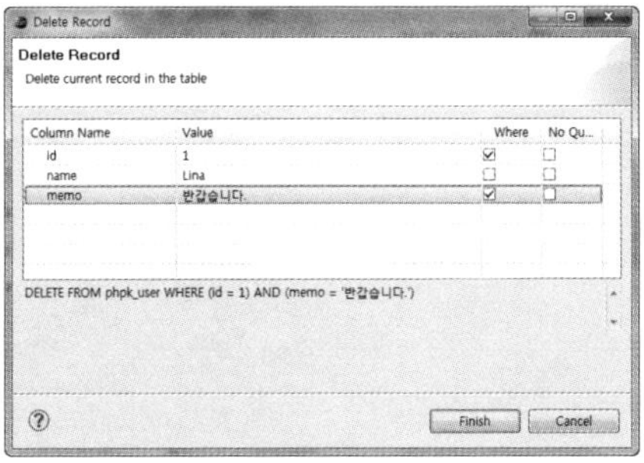

[그림 7-50] Delete Record 창

DB 인코딩 설정

Quantum DB는 모든 인코딩을 지원하므로 한글을 사용하는 데 아무런 문제가 없다. 그러나 DBMS와 클라이언트 간에 인코딩이 올바르게 지정돼 있지 않으면 한글이 제대로 표현되지 않을 수도 있으므로 이 장에서 소개하는 내용을 참고해서 인코딩 문제를 해결하기 바란다.

우선 Quantum DB와 DBMS 간에 동일한 인코딩을 지정한다. Database Bookmarks를 생성할 때 Options 탭을 클릭하면 Default Encoding 항목을 볼 수 있다. 이 항목에서 DBMS와 동일한 인코딩을 선택해 주는 것이 좋다.

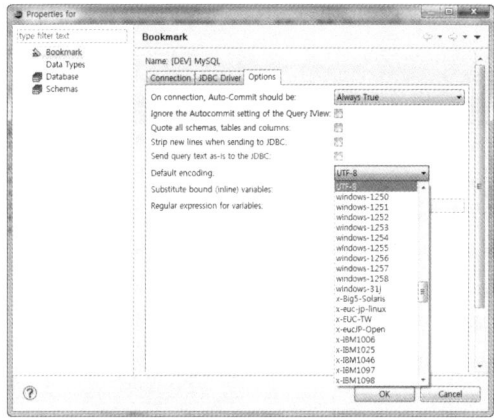

[그림 7-51] DB 연결 인코딩 지정

DB나 DB 테이블이 한글을 표현할 수 없는 인코딩으로 지정된 경우 연결 인코딩을 올바르게 지정했음에도 한글이 제대로 보이지 않을 수 있다. 예를 들어 MySQL의 경우에는 DB, DB 테이블, 테이블 안에 있는 컬럼에 대해 각기 인코딩을 다르게 지정할 수 있게 되어 있으므로 DB의 인코딩이 올바르게 지정돼 있는지 확인하는 것이 좋다.

[그림 7-52] 한글이 올바르게 표시되지 않은 데이터

DB의 인코딩이 모두 올바르게 지정돼 있는데도 한글이 깨진 상태로 표현된다면 Quantum DB에서 적당한 인코딩으로 변경해 보기 바란다. Quantum Table View 뷰에서 인코딩을 변경하는 방법은 마우스 오른쪽 버튼을 클릭한 후 Other Encoding 중에서 원하는 인코딩을 선택하면 된다.

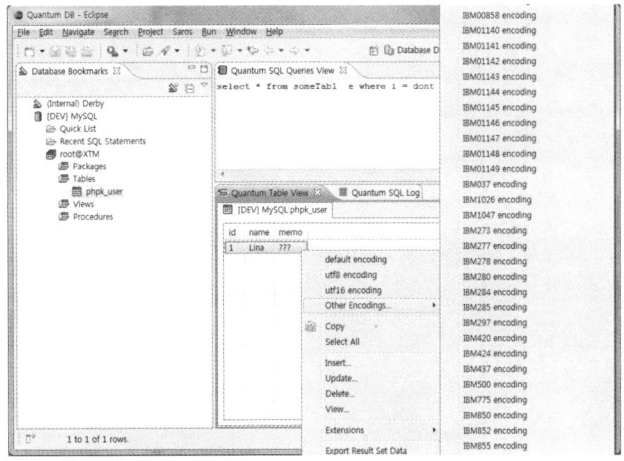

[그림 7-53] 데이터 결과 인코딩 지정

데이터 변경이 안 되는 문제

DBMS 연결도 잘 됐고 인코딩도 올바르게 지정해서 한글을 표현하는 데 문제가 없는데도 데이터 변경(UPDATE)이 되지 않는 경우가 있다. 특이한 점은 데이터가 숫자나 영문인 경우에는 문제가 없지만 한글이 입력돼 있는 경우에는 문제가 나타난다는 것인데, 이러한 문제는 다음과 같은 방법으로 해결할 수 있다.

01. Database Bookmarks 뷰에서 데이터 변경이 안 되는 DBMS 연결을 선택하고 마우스 오른쪽 버튼을 클릭한 후 Properties를 선택한다.

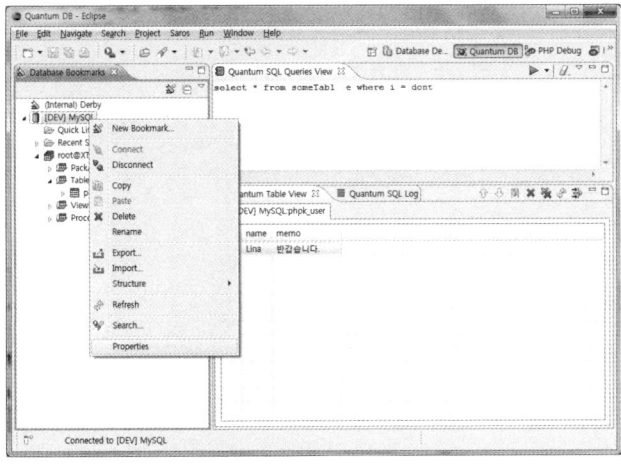

[그림 7-54] DB 연결 북마크의 설정 문맥 메뉴

DBMS 연동 **175**

02. Properties 창이 열리면 Bookmark의 Connection 탭을 연다.

03. Connection URL에 입력한 jdbc 주소 끝에 "?characterEncoding=인코딩값"을 추가한다. 이를테면, UTF-8로 연결하고 있다면 ?characterEncoding=utf8이라고 입력하면 된다.

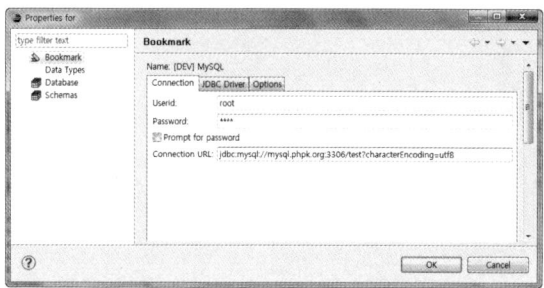

[그림 7-55] 북마크 설정 창

04. OK 버튼을 클릭해서 Properties 창을 닫는다.

05. DBMS 연결을 종료한 후 다시 연결하면 데이터 변경이 가능할 것이다.

결과 데이터를 파일로 저장하기

Quantum Table View 뷰에 출력된 결과 데이터를 엑셀 파일이나 CSV 파일 등의 형식으로 저장할 수 있다.

01. Quantum Table View 뷰에서 마우스 오른쪽 버튼을 클릭한 후 Export Result Set Data를 선택한다.

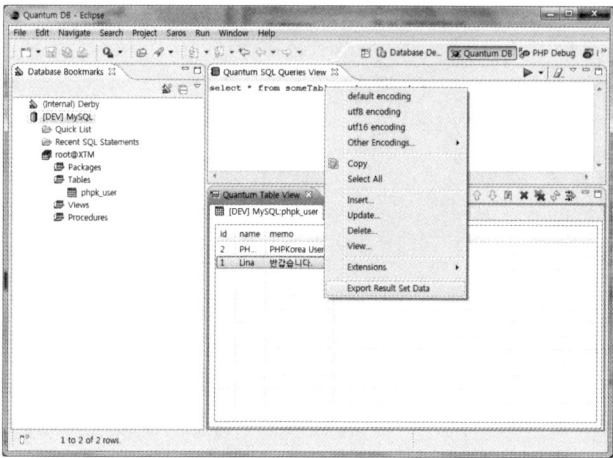

[그림 7-56] 결과 데이터 저장 문맥 메뉴

02. Export Result Set Data 창이 열리면 File name 입력란에 저장할 파일 경로를 입력하고 Format 항목에서 파일의 형식을 지정한다. 단, 확장자는 자동으로 지정되지 않으므로 File name 입력란에 확장자를 기입하는 것이 좋다. Overwrite file without warning 옵션은 동일한 이름의 파일이 있는 경우에 경고 없이 저장하게 한다.

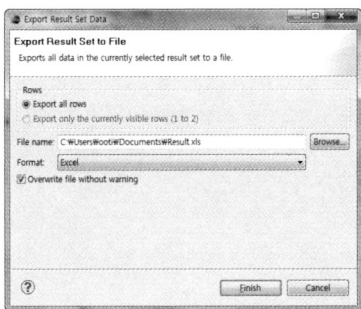

[그림 7-57] 데이터 저장 파일명 및 형식 지정

03. 지정한 파일 형식으로 저장돼 있는 것을 확인할 수 있다.

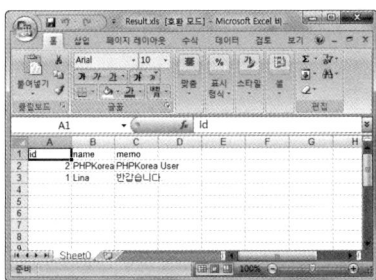

[그림 7-58] 엑셀 파일로 저장된 데이터

CHAPTER 08

PHP 개발자를 위한
이클립스 PDT

형상 관리

SVN
패치

프로그램을 개발하다 보면 작성한 프로그램을 실수로 날려본 경험이 한 번쯤 있을 것이다. 필자는 1개월에 걸쳐 작성한 프로그램에서 필요 없는 파일을 지운다는 이유로 rm *.c(같은 디렉터리 안에 존재하는 모든 파일을 삭제하는 UNIX 명령어)를 실행했다가 모든 소스 코드를 다 지운 적이 있다. 그 한번의 실수로 1개월 간의 노력이 순식간에 사라졌고 필자는 한동안 컴퓨터를 멀리하기까지 했다. 여러분이 필자와 같은 실수를 해본 적이 없다면 앞으로도 그러지 않도록 형상 관리 시스템을 도입해서 사용하기를 적극 권한다.

형상 관리는 소스 파일이 생성되는 시점부터 삭제되기까지의 모든 변경사항을 기록하는 활동을 말하며, 이를 가능하게 해주는 시스템을 형상 관리 시스템이라고 한다. 형상 관리 시스템을 사용해서 소스 파일을 관리하면 실수로 소스 코드가 변경되거나 삭제된 경우에도 이전 상태로 언제든지 되돌릴 수 있다. 더불어 다수의 개발자가 함께 일하는 회사와 같은 큰 조직에서는 누가, 언제, 어떻게 소스 코드를 변경했는지까지 모두 알 수 있으며 여러 사람이 동일한 파일을 변경하는 경우에도 문제 없이 안전하게 소스 파일을 관리할 수 있다.

웹 서비스를 개발할 때도 형상 관리 시스템은 매우 중요한 역할을 수행한다. 예를 들어 실제 서비스에 반영한 소스 코드에서 예상치 못한 버그를 발견했을 때 형상 관리 시스템을 이용하면 빠른 시간 내에 새로운 소스 코드를 반영하기 전의 상태로 되돌릴 수 있어 서비스 안정성에도 큰 도움을 준다.

형상 관리 시스템은 대체적으로 SVN, CVS 그리고 분산 저장소로 유명한 Git, Mercurial 등을 많이 쓴다. 이 장에서는 대표적인 형상 관리 툴인 SVN을 사용하는 방법을 살펴보겠다. 더불어 이클립스에서 패치(Patch)를 생성하고 적용하는 방법도 살펴보겠다.

8-1. SVN

이클립스에서 SVN(Subversion)을 사용하려면 플러그인을 설치해야 한다. 이클립스용 SVN 플러그인으로는 대표적으로 Subclipse와 Subversive가 있는데 이 책에서는 Subclipse를 설치하고 사용하는 방법과 Subversive를 설치하는 방법을 살펴보겠다. Subclipse를 더 자세히 다루는 이유는 지금까지 필자가 사용해 본 경험으로는 Subversive보다 Subclipse가 더 편리하게 느껴졌으며 안정성도 훨씬 뛰어났기 때문이다. 사용자에 따라 느끼는 바가 다를 수 있으므로 직접 사용해 보고 판단하기를 바란다.

Subclipse 설치

Subclipse는 Subversion을 만든 CollabNet에서 개발한 이클립스용 SVN 플러그인이다. Subclipse는 이클립스 업데이트 사이트를 통해 설치하는 방법과 Subclipse 다운로드 페이지에서 직접 내려 받아 설치하는 방법이 있다. 이클립스 업데이트 사이트를 통해 설치하는 방법을 권장하며 이 장에서도 이 방법으로 설치하겠다. 직접 내려 받아 설치하고 싶다면 http://subclipse.tigris.org/에 접속해서 Download and Install 페이지로 이동하면 관련 파일을 내려 받을 수 있다.

Subclipse는 이클립스 버전에 따라 이클립스 업데이트 사이트 주소가 다르므로 사용하고 있는 이클립스에 맞는 URL을 선택하기 바란다.

- 이클립스 3.2 이상
- http://subclipse.tigris.org/update_1.6.x

- 이클립스 3.0 또는 3.1인 경우
- http://subclipse.tigris.org/update_1.0.x

Subclipse를 설치하는 방법은 다음과 같다.

01. 이클립스 상단 메뉴에서 Help → Install New Software를 선택해서 Install 창을 연다.
02. Install 창이 열리면 Add 버튼을 클릭한다.
03. Name 입력란에 Subclipse를 입력하고 Location에는 위에서 선택한 URL을 입력한 후 OK 버튼을 클릭한다.

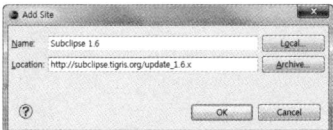

[그림 8-1] Subclipse 업데이트 사이트 추가

형상 관리 **181**

04. Available Software 화면이 나타나면 Subclipse 항목을 열어 설치할 항목을 선택한다. 설치할 항목은 다음과 같다.

- Subclipse (필수)
- Subversion Client Adapter (필수)
- Subversion JavaHL Native Library Adapter (필수)
- Subversion Revision Graph
- SVNKit Client Adapter (선택)

SVNKit Client Adapter는 JavaHL과 같이 자바용 SVN 라이브러리다. 이에 대한 자세한 설명은 "JavaHL과 SVNKit"을 참고하기 바란다. 소스포지(SourceForge)나 네이버 개발자 센터 (http://dev.naver.com)에서도 HTTPS를 사용하고 있으므로 가능하면 설치하기를 권장한다. Next 버튼을 클릭해서 다음으로 진행한다.

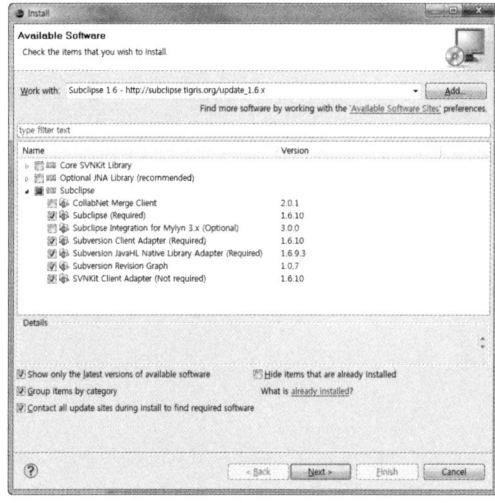

[그림 8-2] Subclipse 설치 항목 선택

05. 설치할 항목을 확인하는 화면이다. Next를 클릭한다.

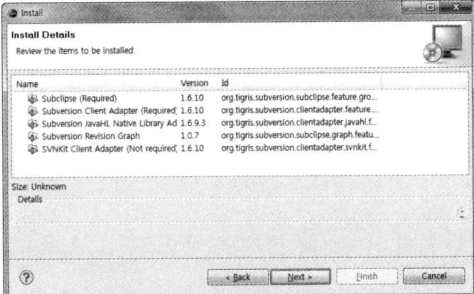

[그림 8-3] Subclipse 설치 항목 확인

06. Accept the terms of the license agreements를 선택해서 라이선스에 동의한 후 Finish 버튼을 클릭한다.

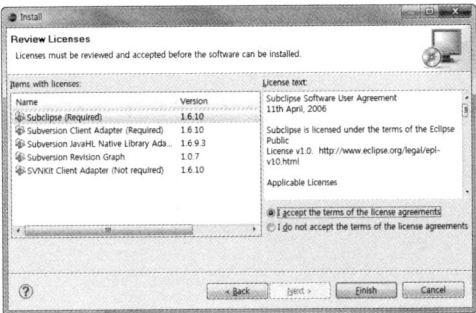

[그림 8-4] 라이선스 확인

07. 설치 중에 Security Warning 창이 뜨면 OK 버튼을 클릭한다.

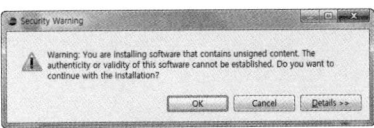

[그림 8-5] 보안 경고

08. Yes 버튼을 클릭해서 이클립스를 재시작한다.

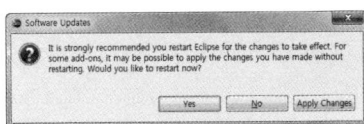

[그림 8-6] 이클립스 재시작 확인

09. 이클립스가 재시작하고 나면 상단 메뉴에서 Window → Open Perspective → Other를 차례로 선택해서 Open Perspective 창을 연다. 항목 중에 SVN Repository Exploring이 있다면 Subclipse가 정상적으로 설치된 것이다.

Subversive 설치

Subversive도 이클립스 업데이트 사이트를 통해 간편하게 설치할 수 있다. 단, Subclipse와는 다르게 SVN 커넥터(Connector)를 별도로 설치해야 하므로 아래의 설치 과정을 끝까지 읽고 설치하기를 바란다.

01. 이클립스 상단 메뉴에서 Help → Install New Software를 선택한다.
02. Install 창이 열리면 Work with 항목에서 이클립스 버전에 맞는 이클립스 업데이트 사이트를 선택한다. 예를 들어 Helios를 사용한다면 "Helios - http://download.eclipse.org/releases/helios"를 선택한다.

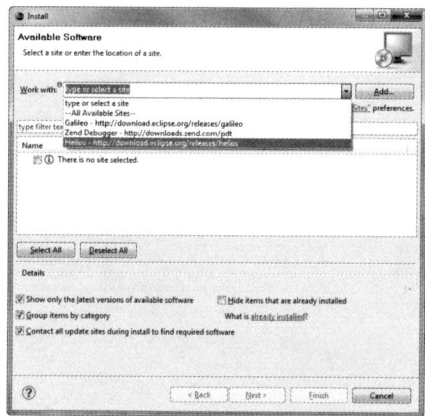

[그림 8-7] 이클립스 업데이트 사이트 선택

03. 설치 선택 항목이 나타나면 Collaboration 항목을 펼쳐 Subversive SVN Team Provider를 선택한 후 Next 버튼을 클릭한다.

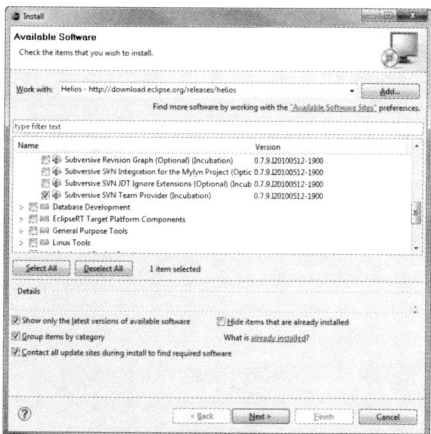

[그림 8-8] Subversive 설치 항목 선택

04. 설치 항목을 확인 한 후 Next 버튼을 클릭한다.

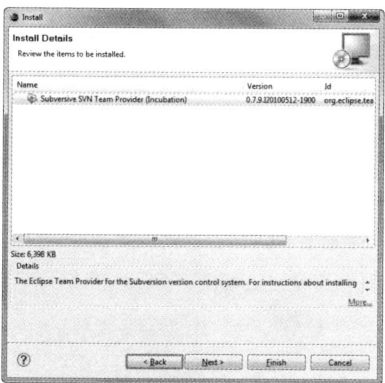

[그림 8-9] 설치 항목 확인

05. accept the terms of the license agreement를 선택해 라이선스에 동의한 후 Finish 버튼을 클릭한다.

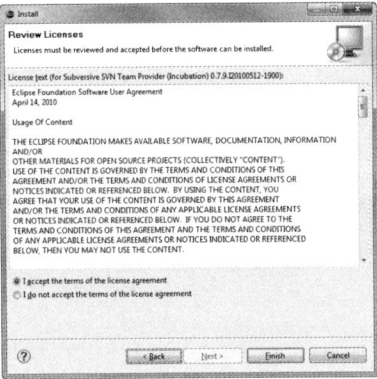

[그림 8-10] 라이선스 동의

06. 이클립스 재시작 여부를 묻는 창이 나타나면 Restart Now 버튼을 클릭해서 재시작한다.

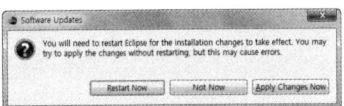

[그림 8-11] 이클립스 재시작 여부 확인

07. 이클립스가 재시작되면 Install Connectors 창이 열릴 것이다. 이 창은 SVN 커넥터를 설치하기 위한 창으로 최신 버전의 SVN Kit를 선택한 후 Finish 버튼을 클릭한다. 만약 Install Connectors 창이 열리지 않는다면 이클립스 상단 메뉴에서 Window → Preferences를 클릭해 Preferences 창을 열고 Team → SVN을 선택한다. 그러면 Install Connectors 창이 열릴 것이다.

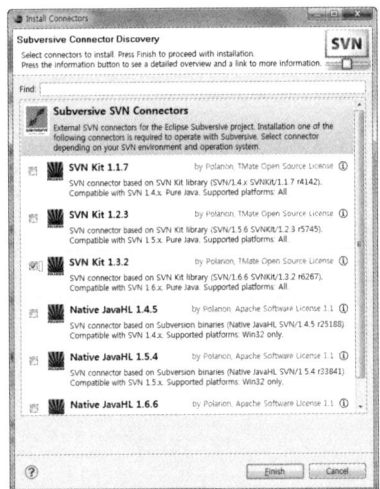

[그림 8-12] Subversive 커넥터 설치

08. 설치 항목에 나타난 항목을 모두 선택한 후 Next 버튼을 클릭한다.

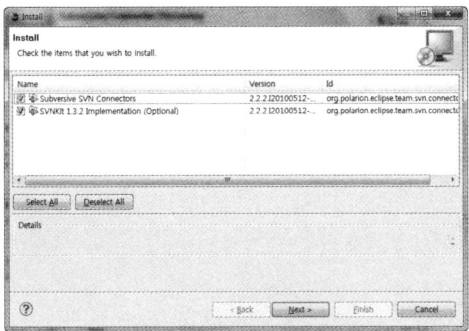

[그림 8-13] **설치할 커넥터 선택**

09. 설치할 항목을 확인한 후 Next 버튼을 클릭한다.

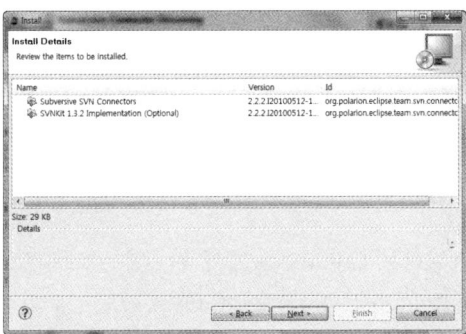

[그림 8-14] **설치할 항목 확인**

10. 라이선스에 동의한 후 Finish 버튼을 클릭한다.

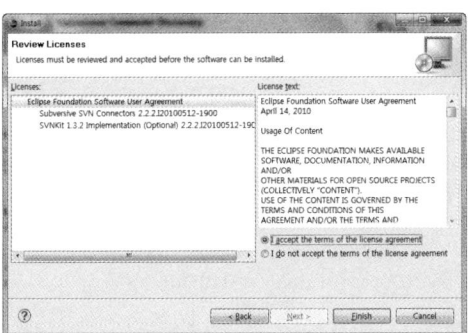

[그림 8-15] **라이선스 동의**

11. 보안 경고 창이 뜨면 OK 버튼을 클릭해서 설치를 계속 진행한다.

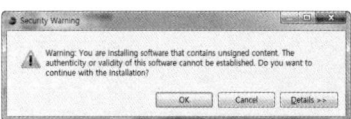

[그림 8-16] 설치할 항목에 인증서가 없다는 보안 경고

12. 다시 한번 이클립스를 재시작하면 Subversive가 설치돼 있을 것이다.

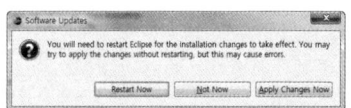

[그림 8-17] 이클립스 재시작 여부 확인

JavaHL과 SVN Kit

JavaHL과 SVNKit은 이클립스에서 사용하는 SVN 클라이언트 라이브러리다. 이클립스에서 SVN을 연동하려면 최소한 둘 중 하나가 필요하므로 JavaHL과 SVNKit의 차이점을 알고 사용하는 것이 도움될 것이다.

JavaHL은 Subversion, Subclipse를 개발하는 CollabNet에서 진행하는 프로젝트라서 SVN의 최신 기능이 빠르게 반영된다. 하지만 자바 네이티브 인터페이스(JNI)를 사용하므로 JavaHL 이외에 운영체제에 맞는 C++ 라이브러리가 필요하고 Subclipse 버전에 맞는 JavaHL 버전을 설치해야 한다는 점이 불편하다.

[표 8-1] Subclipse와 JavaHL 버전

Subclipse 버전	SVN/JavaHL 버전
1.6.x	1.6.x
1.4.x	1.5.x
1.2.x	1.4.x
1.0.x	1.4.x

SVNKit은 순수하게 자바로만 개발된 SVN 라이브러리이므로 운영체제에 상관없이 사용할 수 있으며 이클립스와 함께 사용했을 때도 안정된 성능을 보여준다. 반면 SVN의 최신 기능이 다소 늦게 반영될 수도 있다는 약점이 있다.

JavaHL, SVNKit 중에서 어떤 것을 사용하더라도 이클립스에서 SVN을 연동하는 데 특별한 문제가 발생하진 않을 것이므로 각자 마음에 드는 것을 선택해서 사용하면 된다. 필자는 SVNKit을 선호하는데, SVNKit이 JavaHL에 비해 사용하기가 편리하고 이클립스에서 조금 더 안정적으로 동작하기 때문이다.

관련 웹 페이지
- JavaHL : http://subclipse.tigris.org/wiki/JavaHL
- SVNKit : http://svnkit.com/

SVN 저장소 연결

생성한 프로젝트의 소스 파일을 SVN 저장소에 저장하려면 SVN 저장소에 프로젝트 공간을 만들어야 한다.

이클립스 프로젝트를 SVN 저장소에 저장하는 방법은 다음과 같다.

01. 이클립스 상단 메뉴에서 Window → Open Perspective → Other를 선택한다.
02. Open Perspective 창에서 SVN Repository Exploring을 선택한 후 OK 버튼을 클릭한다.

[그림 8-18] SVN Repository Exploring 퍼스펙티브 선택

03. SVN Repositories 뷰를 선택하고 마우스 오른쪽 버튼을 클릭한 후 메뉴에서 New → Repository Location을 선택한다.

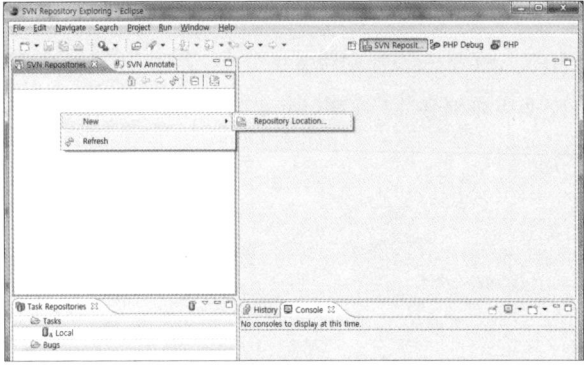

[그림 8-19] SVN 저장소 추가 문맥 메뉴

04. Location의 Url 입력란에 SVN 저장소의 URL을 입력한 후 Finish 버튼을 클릭한다.

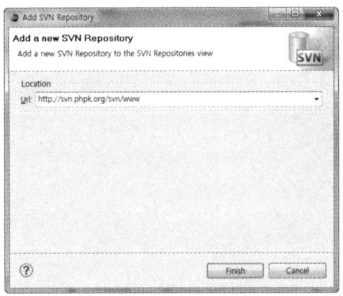

[그림 8-20] SVN 저장소 URL 입력

만약 [그림 8-21]과 같이 오류 창이 나타나면 SVN 저장소의 URL이 잘못된 것은 아닌지 확인해 보기 바란다.

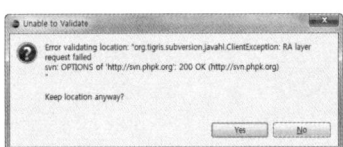

[그림 8-21] SVN 저장소 URL 오류

05. SVN 저장소에 접속하기 위한 아이디와 비밀번호를 입력한 후 OK 버튼을 클릭한다.

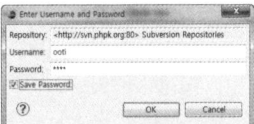

[그림 8-22] SVN 저장소 접근 정보 입력

06. 정상적으로 SVN에 접속되면 SVN Repositories 뷰에 연결된 SVN 저장소의 내용이 나타난다.

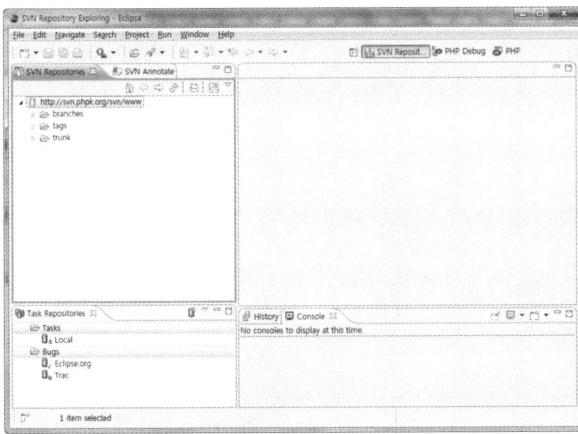

[그림 8-23] SVN 저장소에 연결된 화면

SVN 저장소에 프로젝트 생성하기

SVN 저장소에 연결했으므로 이제는 이클립스에서 생성한 프로젝트를 SVN 저장소에 저장하는 과정을 살펴보자. SVN 저장소에 저장하는 방법은 다음과 같다.

01. PHP 퍼스펙티브를 연다.
02. PHP Explorer 뷰에서 SVN 저장소에 저장할 프로젝트를 선택하고 마우스 오른쪽 버튼을 클릭한다.
03. 문맥 메뉴가 나타나면 Team → Share Project를 선택한다.

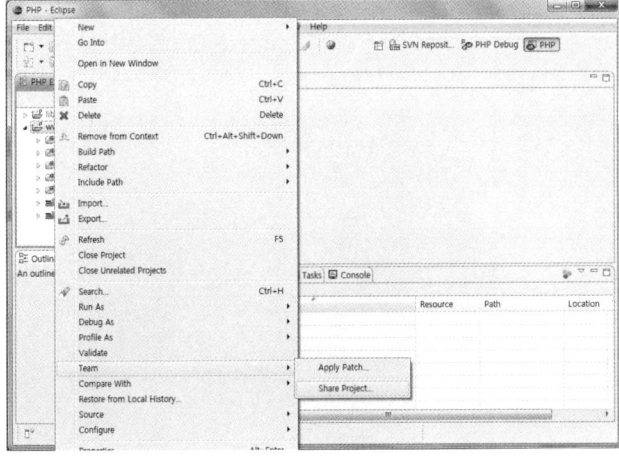

[그림 8-24] PHP Explorer의 문맥 메뉴

04. Share Project 창이 열리면 SVN을 선택한 후 Next 버튼을 클릭한다.

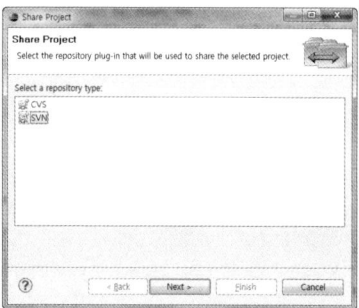

[그림 8-25] Share Project 창

05. 앞서 연결한 SVN 저장소가 선택 항목에 나타나면 선택 후 Next 버튼을 클릭한다. 다른 SVN 저장소에 저장하고 싶다면 Create a new repository location을 선택한 후 위에서 살펴본 SVN 저장소 연결 방법과 같이 새로운 SVN 저장소를 연결하면 된다.

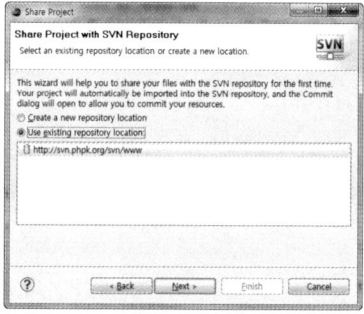

[그림 8-26] SVN 저장소 선택

06. 프로젝트를 저장할 디렉터리를 지정하는 화면이다. "trunk"라고 입력한 후 Next 버튼을 클릭한다.

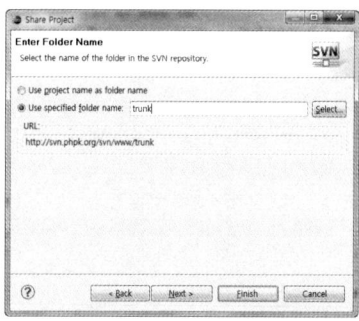

[그림 8-27] SVN 저장소의 폴더 입력

07. 코멘트를 입력하는 화면이다. 원하는 내용을 입력한 후 Finish 버튼을 클릭한다.

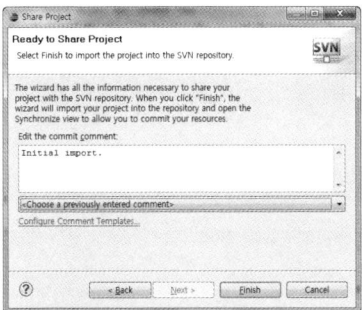

[그림 8-28] **코멘트 작성**

08. [그림 8-29]은 SVN 저장소에 trunk라는 디렉터리가 이미 존재하는 경우에 나타나는 경고 창이다. Yes를 클릭한다.

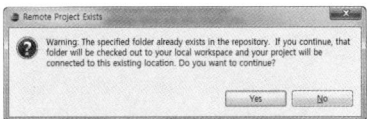

[그림 8-29] **이미 존재하는 폴더 확인**

09. 프로젝트를 SVN 저장소에 저장한 후 Team Synchronizing 퍼스펙티브를 열 것인지 묻는 창이다. Yes 버튼을 클릭한다.

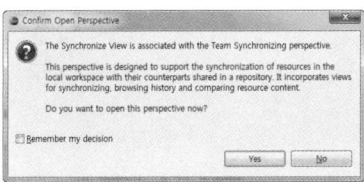

[그림 8-30] **Team Synchronizing 퍼스펙티브로의 전환 여부 확인**

10. Team Synchronizing 퍼스펙티브로 변경되고 Synchronize 뷰에서 SVN 저장소에 저장한 폴더와 파일 목록을 볼 수 있다.

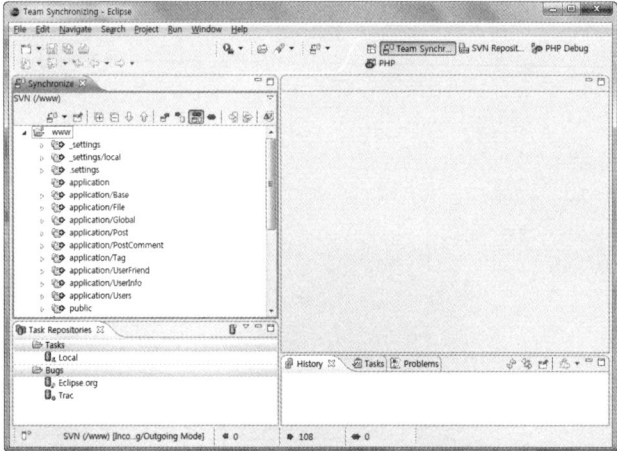

[그림 8-31] Team Synchronizing 퍼스펙티브

11. Synchronize 뷰의 오른쪽 상단에 있는 Commit All 버튼( )을 클릭한다.

12. Commit 창이 열리면 간단하게 설명을 적고 OK 버튼을 클릭하면 SVN 저장소로 폴더와 파일을 포함한 프로젝트 리소스를 전송하기 시작한다.

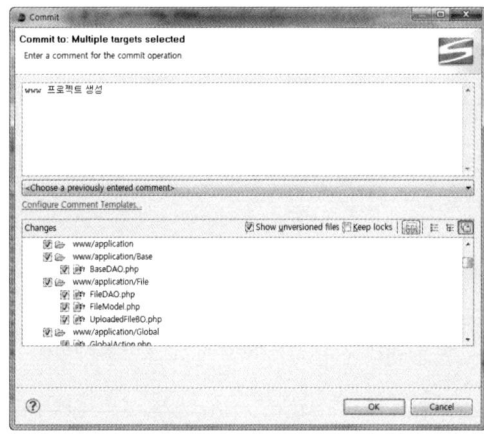

[그림 8-32] Commit 창

13. 다시 PHP 퍼스펙티브를 열면 PHP Explorer 뷰의 프로젝트 이름 옆에 [trunk]라는 표시를 볼 수 있다. 또한 프로젝트의 Properties 창을 열고 Subversion을 선택하면 프로젝트에 대한 SVN 정보를 한눈에 볼 수 있다.

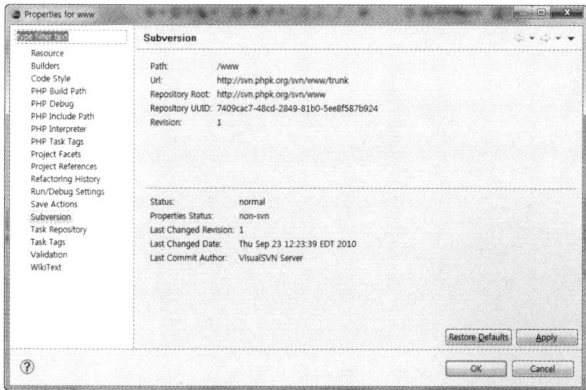

[그림 8-33] 프로젝트의 Subversion 정보

변경사항 커밋

변경한 소스 파일을 SVN 저장소로 전송하는 것을 커밋(Commit)이라고 한다. 커밋을 하는 시점은 개발자마다 다르다. 어떤 개발자는 기능 단위의 코드 작성이 끝나면 커밋을 하기도 하고 시간을 정해 수시로 커밋하는 개발자도 있다. 또는 파일 단위로 커밋을 하기도 한다. 언제 커밋을 해야 하는지는 여러분이 결정하는 것이며 이 장에서는 커밋하는 방법에 대해서만 살펴보겠다.

커밋을 하는 방법에는 두 가지가 있다. 위에서 설명한 "SVN 저장소에 프로젝트 생성하기"에서와 같이 Team Synchronizing 퍼스펙티브를 이용하는 방법과 PHP 퍼스펙티브에서 바로 커밋하는 방법이다. 어떤 방법을 이용하든 결과는 같다. 이 장에서는 두 번째 방법인 PHP 퍼스펙티브에서 바로 커밋하는 방법을 살펴보겠다.

01. PHP Explorer 뷰에서 커밋하려는 프로젝트를 대상으로 마우스 오른쪽 버튼을 클릭한다.
02. 문맥 메뉴가 나타나면 Team → Commit을 선택한다.
03. Commit 창이 열리고 SVN 저장소로 전송할 파일 목록이 나타난다. Commit 창의 하단에 있는 Changes 목록에는 전송할 파일이 선택돼 있는데, 이 중에서 전송하고 싶지 않은 파일을 제외할 수 있다. 전송할 파일을 확인했으면 OK 버튼을 클릭한다.

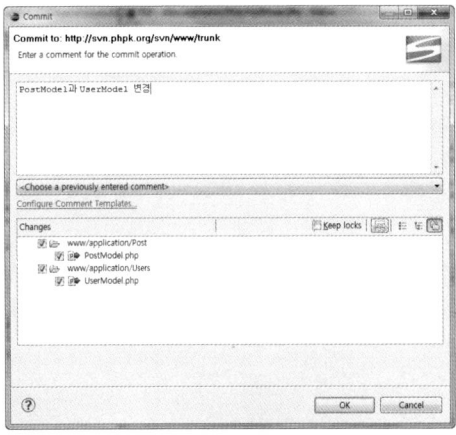

[그림 8-34] Commit 창

파일의 변경 내용이 궁금하다면 Changes 목록에서 확인하고자 하는 파일을 더블 클릭한다. 그러면 [그림 8-35]와 같이 변경 전과 후의 내용을 볼 수 있다. 비교 화면의 왼쪽이 변경 전의 내용이며 오른쪽이 변경 후의 내용이다.

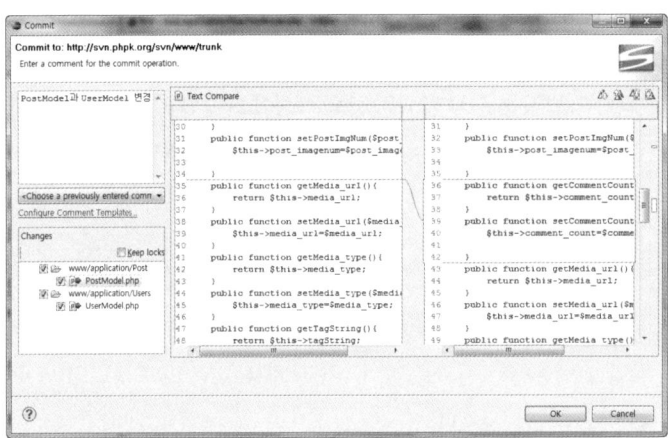

[그림 8-35] 변경 내용 비교

04. SVN 저장소로 전송된 내용은 History 뷰를 통해 확인할 수 있다. History 뷰는 PHP Explorer 뷰에서 원하는 프로젝트를 선택하고 마우스 오른쪽 버튼을 클릭한 후 Team → Show History를 선택하면 나타난다.

변경사항 업데이트

업데이트는 내 컴퓨터에 저장돼 있는 파일을 SVN 저장소에 저장된 최신 파일로 변경하는 것을 말한다. 예를 들어 10명이 함께 프로젝트를 진행하는 경우 한 사람이 소스 코드를 작성해서 커밋하면 다른 사람들은 업데이트를 통해 새롭게 커밋된 파일을 내 컴퓨터로 내려 받는다. 이렇게 업데이트해야 모든 사람이 최신 파일을 공유하며 문제 없이 개발을 진행할 수 있다.

업데이트를 하는 데는 두 가지 방법이 있다. 첫 번째는 최신 파일로 업데이트하는 방법이고 두 번째는 원하는 리비전(Revision)으로 업데이트하는 방법이다. 물론 리비전을 가장 최신 버전으로 지정하면 첫 번째 방법과 같지만 업데이트할 버전을 선택할 수 있다는 것이 가장 큰 차이점이다.

> 리비전(Revision)은 커밋 일련 번호라고 할 수 있다. 저장소의 내용이 변경되면 SVN 서버는 변경된 파일 목록과 내용을 저장하고 리비전 번호에 1을 더한다. MySQL에서 고유한 일련 번호를 부여하기 위해 Auto Increment 옵션을 지정한 것과 비슷하다.

최신 리비전으로 업데이트하려면 PHP Explorer 뷰에서 마우스 오른쪽 버튼을 클릭한 후 Team → Update to HEAD를 선택하면 된다. 그리고 리비전을 선택해서 업데이트를 하는 방법은 다음과 같다.

01. PHP Explorer 뷰에서 마우스 오른쪽 버튼을 클릭한 후 Team → Update to Version을 선택한다.
02. Update 창이 열리면 Update to HEAD revision의 체크를 해제한다.
03. Revision의 Select 버튼을 클릭한다.

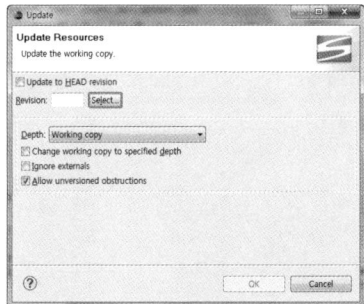

[그림 8-36] Update 창

04. 업데이트할 리비전을 선택한 후 OK 버튼을 클릭한다.

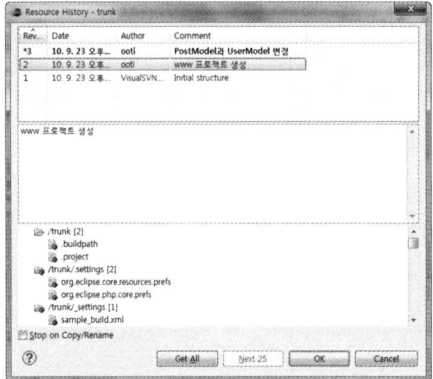

[그림 8-37] 리비전 선택

05. Update 창의 Revision 입력란에 선택한 리비전 번호가 입력된다. OK 버튼을 클릭한다.

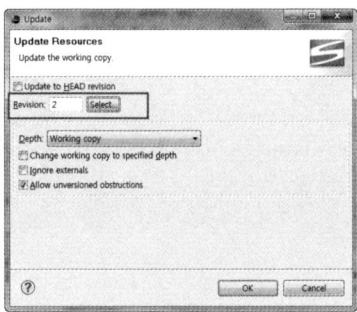

[그림 8-38] 리비전 선택 완료

프로젝트 체크아웃

체크아웃(Checkout)은 SVN 저장소에 있는 소스 파일을 개발용 컴퓨터로 내려 받는 것을 말한다. 예를 들어 다른 개발자가 개발하던 프로젝트를 맡게 되어 SVN 저장소로부터 프로젝트의 전체 소스 파일을 내려 받아야 하는 경우가 여기에 해당한다.

프로젝트를 체크아웃하는 방법은 다음과 같다.

01. PHP Explorer 뷰에서 마우스 오른쪽 버튼을 클릭하고 Import를 선택한다.

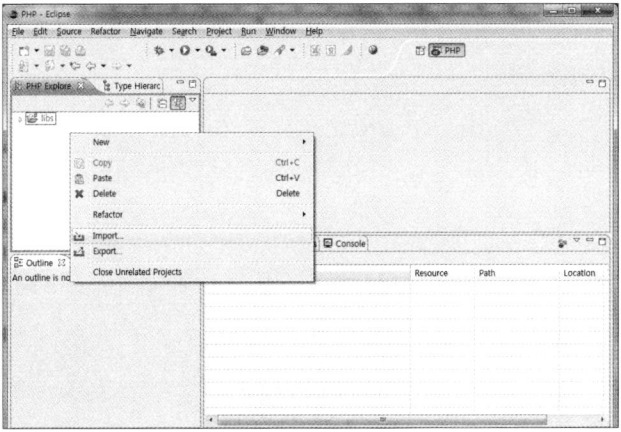

[그림 8-39] PHP Explorer 문맥 메뉴에서 Import 선택

02. Import 창에서 SVN ➜ Checkout Projects from SVN을 선택한 후 Next 버튼을 클릭한다.

[그림 8-40] Import 창

03. 체크아웃할 SVN 저장소를 선택한 후 Next 버튼을 클릭한다.

[그림 8-41] SVN 저장소 선택

04. 체크아웃할 폴더를 선택한 후 Next 버튼을 클릭한다.

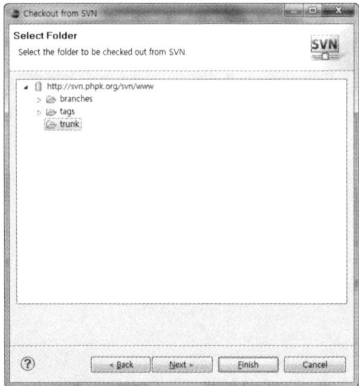

[그림 8-42] 체크아웃 할 폴더 선택

05. Project Name 입력란에 프로젝트 이름을 입력하고 Next 버튼을 클릭한다.

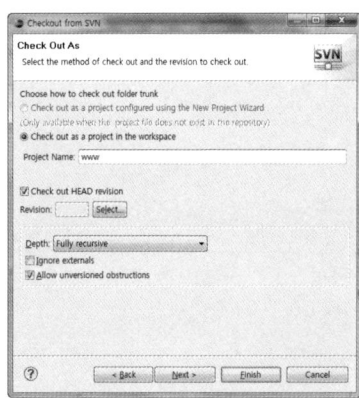

[그림 8-43] 체크아웃으로 생성할 프로젝트 정보 입력

06. 프로젝트를 저장할 폴더 경로를 지정한다. 기본값으로 이클립스의 Workspace가 지정돼 있다. Finish 버튼을 클릭하면 SVN 저장소로부터 프로젝트를 체크아웃한다.

[그림 8-44] 체크아웃 대상 Workspace 경로

체크아웃 과정에서 다음과 같은 창이 나타날 수 있다. 이것은 Workspace로 지정된 폴더 안에 동일한 이름의 프로젝트 폴더가 존재한다는 것인데, OK 버튼을 클릭하면 덮어쓰기를 수행한다. 원치 않으면 Cancel 버튼을 클릭해서 프로젝트 폴더의 경로를 변경하면 된다.

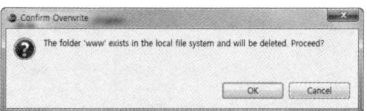

[그림 8-45] 이미 존재하는 프로젝트의 삭제 여부 확인

소스 코드 되돌리기(Revert)

소스 코드를 변경하고 불필요한 파일을 삭제했다. 그러나 치명적인 문제점이 발견되어 변경 전의 상태로 소스 코드를 되돌리고 삭제한 파일을 다시 복구하고 싶다면 어떻게 해야 할까? 다행히도 SVN 저장소에 커밋을 해놓은 상태이므로 Revert 기능을 사용하면 된다. Revert 기능을 사용하면 타임머신을 탄 듯 원하는 리비전 상태로 소스 파일을 되돌릴 수 있다. 따라서 개발자는 더욱 편안한 마음으로 개발에 집중할 수 있다. 어쩌면 SVN 같은 형상 관리 시스템을 사용하는 가장 큰 이유 중 하나가 Revert 기능 때문일지도 모른다.

Revert 기능을 사용하는 방법은 다음과 같다.

01. PHP Explorer 뷰에서 Revert를 수행할 프로젝트를 선택하고 마우스 오른쪽 버튼을 클릭한다.

02. 문맥 메뉴가 나타나면 Team ➜ Revert를 선택한다.

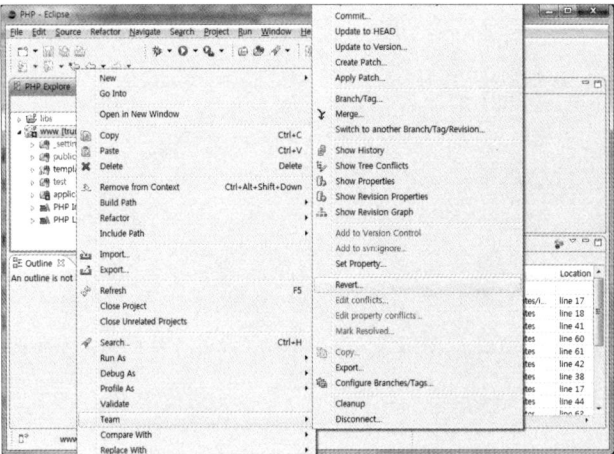

[그림 8-46] Team 문맥 메뉴

03. Subclipse는 자동으로 최신 커밋된 파일과 현재 작업 중인 파일을 비교해서 되돌릴 파일의 목록을 보여준다.

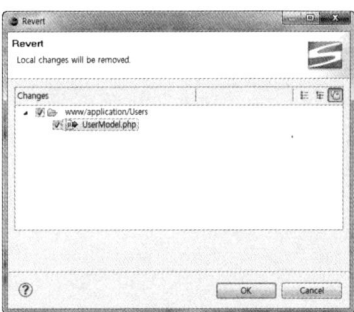

[그림 8-47] Revert 창

04. 목록에서 파일명을 더블 클릭하면 비교(Compare) 창이 열리고 변경 내용을 보여준다. 확인을 완료한 후 OK 버튼을 클릭해서 창을 닫는다.

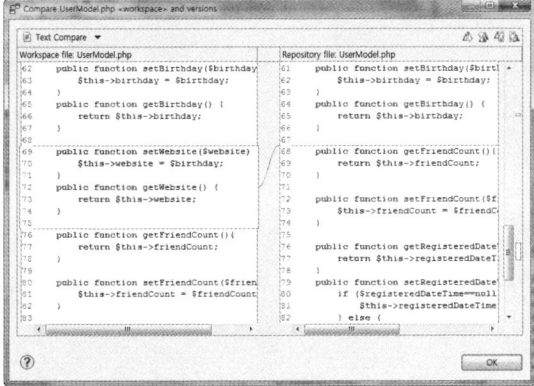

[그림 8-48] 파일 비교

05. 다시 Revert 창으로 돌아와서 OK 버튼을 클릭하면 SVN 저장소에 저장돼 있는 최신 상태로 소스 파일이 되돌아 간다.

그런데 SVN 저장소에 저장된 최신 상태가 아니라 특정 리비전으로 되돌리고 싶은 경우가 있다. 예를 들면 마지막으로 커밋된 소스 코드에도 버그가 있어서 그보다 이전의 상태로 되돌아가야 하는 경우를 들 수 있다. Subclipse에서 특정 리비전으로 되돌리는 방법은 다음과 같다.

01. PHP Explorer 뷰에서 Revert를 수행할 프로젝트를 선택하고 마우스 오른쪽 버튼을 클릭한 후 Team → Show History를 선택한다.

02. History 뷰가 열리면 Revert를 수행할 Revision을 대상으로 마우스 오른쪽 버튼을 클릭한 후 Revert Changes from Revision을 선택한다. 필자의 경우에는 다음 화면과 같이 Revision 2를 선택했다.

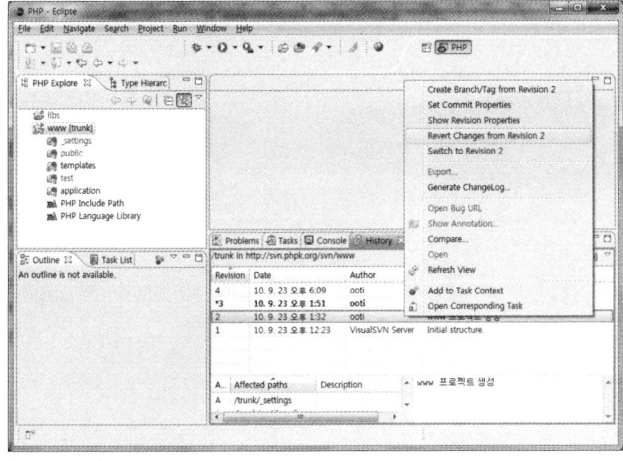

[그림 8-49] 리비전 선택

03. 소스 파일을 선택한 리비전으로 되돌릴지 확인하는 창이 열리면 OK 버튼을 클릭한다.

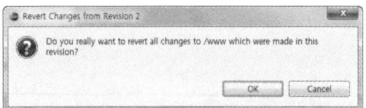

[그림 8-50] 선택한 리비전으로 되돌릴지 확인

04. 이제 프로젝트의 소스 파일이 선택한 Revision의 상태로 되돌아 간다.

8-2. 패치

컴퓨터를 사용하면서 보안 패치나 버그 패치 같은 용어를 들어본 적이 있을 것이다. 패치는 배포한 프로그램에서 심각한 버그 등이 발견되어 긴급하게 버그를 수정하기 위한 용도로 만들어진다. 특히 운영체제처럼 용량이 큰 프로그램인 경우에는 패치를 배포해서 버그를 수정하는 것이 일반적이다.

웹 프로그램을 개발할 때도 패치가 유용하게 사용된다. 예를 들어 개발자 사이에서는 SVN 저장소로 커밋을 하기에는 이르지만 변경된 소스 코드를 서로 공유해야 할 때 패치를 사용하면 좋다. 또는 개발자와 사용자 사이에서는 배포한 오픈소스 웹 프로그램에 버그가 발견됐을 때 패치를 공개해서 사용자가 손쉽게 문제를 해결하게 할 수도 있다.

패치를 만들려면 프로젝트를 SVN이나 CVS 같은 형상 관리 시스템과 연결해야 한다. 이 장에서는 프로젝트가 이미 형상 관리 시스템에 연결돼 있다는 것을 전제로 살펴보겠다. 프로젝트를 SVN 저장소와 연결하는 방법은 "SVN 저장소 연결"을 참고하기 바란다.

자, 그럼 패치를 어떻게 만들고 사용할 수 있는지 알아보자.

패치 생성

프로젝트에서 소스 코드를 변경한 후에 커밋을 수행하는 것과 비슷한 방법으로 변경된 내용을 패치 파일로 만들어 다른 개발자나 사용자와 공유할 수 있다. 패치 파일은 일반 텍스트 형식으로 리눅스에서 diff를 수행했을 때 출력되는 내용과 비슷하다.

패치를 생성하는 방법은 다음과 같다.

01. 이클립스의 PHP Explorer 뷰에서 패치를 생성할 프로젝트를 대상으로 마우스 오른쪽 버튼을 클릭한 후 Team → Create Patch를 선택한다.

02. Create Patch 창이 열리면 패치 파일을 저장할 대상 경로를 지정한 후 Next 버튼을 클릭한다. 필자의 경우에는 파일로 저장하기 위해 Save In File System을 선택한 후 경로를 입력했다.

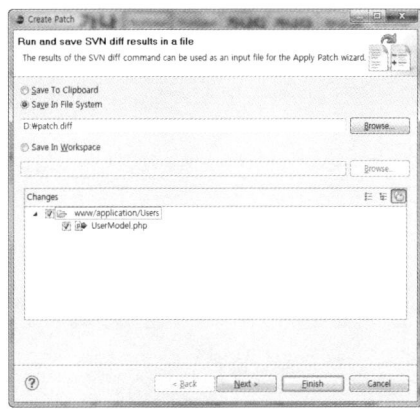

[그림 8-51] Create Patch

03. [그림 8-52]는 Patch Root를 지정하는 화면이다. Patch Root는 패치 파일을 실행할 폴더 위치를 말하는데, 이에 대해서는 "패치 적용"에서 자세히 살펴볼 것이므로 일단 Project를 선택한다.

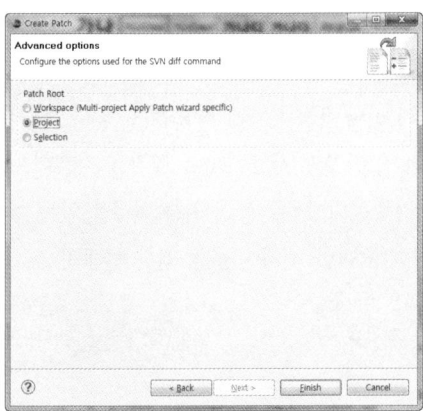

[그림 8-52] 패치의 루트 경로 지정

04. Finish 버튼을 클릭하면 지정한 파일 경로에 패치 파일이 생성된다.

Patch Root와 패치 적용 위치

Patch Root는 패치 파일을 실행할 위치를 말한다. 예를 들어 다음 그림과 같이 Patch Root를 Project로 지정했다면 패치를 실행할 위치는 프로젝트의 최상위 폴더가 된다. 웹 서버에서 프로젝트 폴더가 DocumentRoot로 지정돼 있다면 그 DocumentRoot 경로에서 패치를 실행해야 정상적으로 패치가 적용된다.

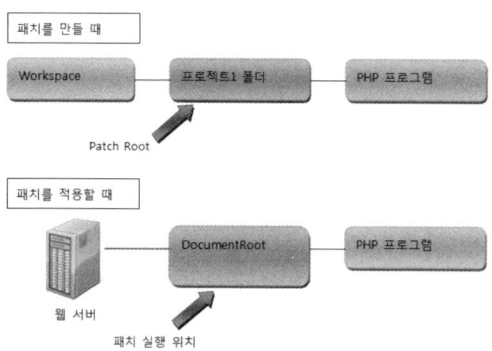

패치 적용

다른 개발자에게서 받은 패치 파일을 이클립스 PDT의 프로젝트에 적용할 수 있다. 패치를 생성할 때는 프로젝트가 형상관리 시스템과 연결돼 있어야만 가능했으나 패치를 적용하는 것은 형상 관리 시스템과 연결돼 있지 않은 경우에도 가능하다. 예를 들어 회사 내부에 있는 형상 관리 시스템에 연결할 수 없는 외부 개발자에게 버그에 대한 패치를 보내 최신 상태의 소스 코드를 유지하게 하는 방법도 가능해진다.

패치를 적용하는 방법은 다음과 같다.

01. PHP Explorer 뷰에서 패치를 적용할 프로젝트를 선택하고 마우스 오른쪽 버튼을 클릭한 후 Team → Apply Patch를 선택한다.
02. Apply Patch 창이 열리면 패치 파일을 지정한 후 Next 버튼을 클릭한다.

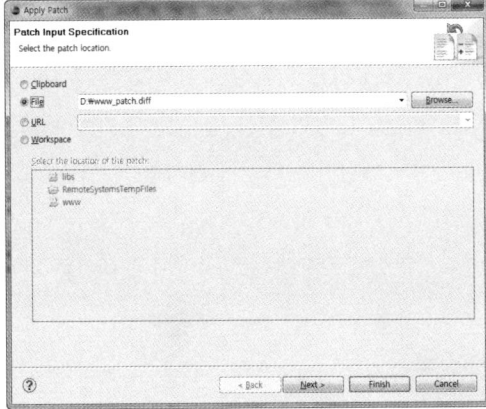

[그림 8-53] 패치 대상 선택

03. 패치를 적용할 프로젝트를 선택한 후 Finish 버튼을 클릭한다. Apply the patch to the workspace root와 Apply the patch to the selected file, folder or project는 패치를 생성할 때 지정한 Patch Root와 연관이 있다. 패치를 만들 때 Patch Root를 Workspace로 지정했다면 다음 화면에서도 Apply the patch to the workspace root를 선택해야 한다.

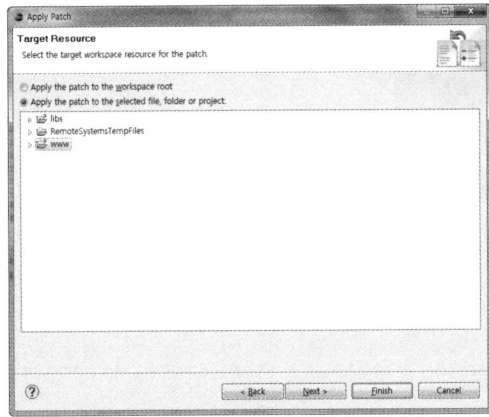

[그림 8-54] Apply Patch

04. 패치가 정상적으로 수행되면 패치 파일의 내용에 따라 소스 파일이 변경됐을 것이다.

형상 관리 **207**

서버에서 패치 적용하기

개발자만 패치를 적용해야 하는 건 아니다. 예를 들어 PHP로 작성된 설치형 웹 게시판 프로그램을 배포했다면 일반 사용자도 패치를 적용해야 할 대상이 된다. 하지만 설치형 프로그램은 한번 배포되면 누가 어디에 설치했는지 알 수 없고 개발자가 일일이 패치를 적용할 수도 없다. 이 장에서는 개발자가 배포한 패치 파일을 일반 사용자가 어떻게 적용하는지 살펴본다. 단, 일반적으로 PHP 프로그램이 설치되는 환경이 리눅스이므로 리눅스 서버에서 패치를 적용하는 방법을 살펴보겠다.

서버에서 패치를 적용하는 방법은 다음과 같다.

01. SSH나 Telnet을 통해 서버에 접속한다.
02. 내려 받은 패치 파일을 서버에 설치된 PHP 프로그램 디렉터리로 복사한다.
03. 패치를 적용할 프로그램이 있는 디렉터리로 이동한 후 "patch 〈 패치파일명"을 입력한다. 필자의 경우에는 패치 파일명이 patch.diff라서 patch 〈 patch.diff라고 입력했다. 그러면 다음 화면과 같이 패치가 수행된 결과가 출력된다.

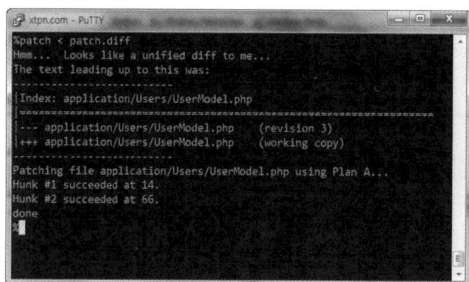

[그림 8-55] 서버에서 패치를 적용한 결과

이미 패치를 적용한 상태에서 동일한 패치를 다시 수행하면 다음 화면과 같은 메시지가 출력된다.

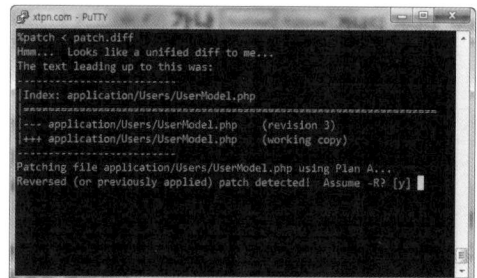

[그림 8-56] 이미 패치가 적용돼 있는 경우

패치를 적용할 대상 소스 파일이 존재하지 않는 경우에는 다음과 같은 메시지가 출력된다.

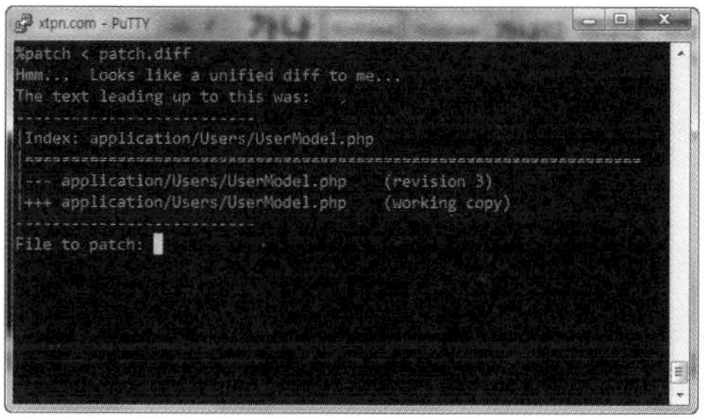

[그림 8-57] 패치할 대상 파일이 존재하지 않는 경우

트렁크, 브랜치, 태그

SVN 같은 형상관리 도구를 더 잘 활용하려면 트렁크(trunk)와 브랜치(branches), 태그(tags)에 대해 잘 알아야 한다.

- 트렁크(trunk)

  트렁크는 소스 파일을 저장하는 주 저장소다. 트렁크에는 안정된 소스 코드만을 반영하는 것을 원칙으로 한다. 트렁크에 저장된 프로그램에 새로운 기능을 추가하거나 버그를 수정하는 등 개발 작업을 진행해야 한다면 브랜치를 만들어서 작업한다.

- 브랜치(branches)

  브랜치는 트렁크에서 복사된 작업용 저장소라고 할 수 있다. 예를 들어 웹 게시판에 글쓰기 기능을 추가해야 하는 경우 트렁크에 저장된 소스 파일을 branches/copied라는 브랜치로 복사한다. 그러고 나서 copied 브랜치로부터 체크아웃하고 작업이 완료된 소스 코드를 커밋하는 식으로 개발을 진행한다. 기능 구현이 완료되면 branches/copied 브랜치의 소스 파일을 트렁크에 반영하는데 이러한 작업을 병합(merge)이라고 한다.

트렁크와 브랜치를 구분해서 개발을 진행하는 데는 중요한 이유가 있다. 여러 사람이 함께 개발을 진행하는 경우 각자 구현할 기능을 나눠서 진행한다. 예를 들어 웹사이트를 개발한다면 회원 인증, 게시판, UI, DBMS 연동 등을 분담할 수 있을 것이다. 모든 개발자들이 주 저장소인 트렁크에 연결해서 작업을 하면 테스트 코드, 미완성된 코드 등이 트렁크를 공유하는 다른 개발자에게까지 전달될 수 있다. 예를 들어 게시판 모듈을 개발하고 있는데 갑자기 프로그램에 오류가 발생했다. 내가 작성한 코드에는 이상이 없는데, 나중에 확인해 보니 회원 인증 모듈 담당자가 잘못된 코드를 트렁크에 커밋했고 트렁크로부터 업데이트를 한 내 소스 코드에도 영향을 끼친 것이다. 이러한 문제를 최소화하려면 트렁크의 소스 파일을 그대로 복사한 브랜치를 만들어 작업하면 된다. 버그가 포함된 소스 코드를 커밋했더라도 자신의 브랜치에만 반영된 것이며 주 저장소에는 정상적으로 동작하는 최신 프로그램을 유지할 수 있다.

- 태그(tags)

    태그는 트렁크에 대한 백업으로 볼 수 있다. 웹 프로그램을 개발하는 과정에서는 수시로 프로그램을 배포하는데, 배포는 지금까지 작업한 프로그램을 서버로 전송해서 실제 서비스에 반영하는 것을 말한다. 배포를 했다는 것은 최신의 안정된 버전이라는 의미일 것이다. 그렇다면 배포한 시점까지의 전체 소스 파일을 기록해 둘 필요가 있다. 또한 서비스에 문제가 생겨서 전체 소스 코드를 이전에 배포한 상태로 되돌아가야 하는 경우를 위해서도 필요하다. 이처럼 트렁크의 특정 시점에 대한 백업을 저장하기 위한 저장소가 바로 Tags다. 일반적으로 tags/release_3.0 또는 tags/alpha_20101201 등과 같이 tags 안에 버전이나 시점별로 디렉터리를 만들어서 저장한다.

필자는 SVN 저장소 전체를 혼자 사용하므로 트렁크에 직접 연결해서 개발한다. 인원수가 적은 팀 단위 조직에서도 브랜치를 만들지 않고 트렁크에서 개발을 하기도 하는데 결국 소스 저장소를 어떻게 운영할지는 개발자들 간의 협의를 통해 결정할 문제다.

Ant를 이용한 손쉬운 배포

Ant 준비
Ant로 FTP 전송

웹 프로그램을 개발할 경우 프로그램의 특성상 로컬 PC에서 작성한 소스 코드가 웹 서버에서도 잘 구동되는지 확인해야 한다. 로컬 PC에 설치된 웹 서버에서 잘 구동되더라도 운영체제나 기타 환경이 다른 실제 웹 서버에서도 아무런 문제 없이 프로그램이 잘 구동될 거라고 보장할 수 없기 때문이다.

이렇듯 실제 환경에서의 동작 여부를 확인하는 작업이 웹 서비스를 개발할 때 꼭 필요한 과정이다 보니 개발자는 작성한 프로그램을 수시로 웹 서버로 전송해서 테스트를 수행하며, 일반적으로 파일을 FTP를 통해 전송하는 방법을 주로 쓴다. 문제는 FTP를 통해 파일을 전송하려면 FTP 클라이언트를 띄워놓고 작성한 PHP 파일을 찾아 손수 웹 서버로 전송을 해야 하므로 매우 불편한데다 작업 흐름이 끊겨 집중력이 저하되는 문제도 발생한다. 더불어 FTP 클라이언트 프로그램을 항상 띄워놓아야 한다는 점도 불편하다.

이와 같은 문제로 고민하고 있다면 Ant를 사용해보길 권장한다. Ant는 앞서 말한 파일 전송 문제를 해결해 줄 수 있는 도구로 이클립스에서도 손쉽게 사용할 수 있어서 여러분의 고민을 해결해 줄 것이다.

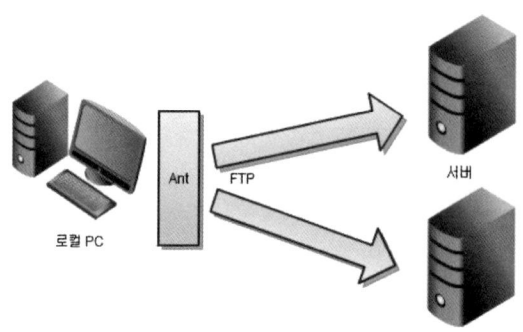

9-1. Ant 준비

이클립스에서 Ant를 사용하려면 Ant 플러그인을 설치해야 하는데, 이 Ant 플러그인은 이클립스 PDT 패키지에는 포함돼 있지 않다. 대신 Java EE Development에 포함돼 있으므로 먼저

Java EE Development 패키지를 추가로 설치해야 한다. Ant를 설치하는 방법은 다음과 같다.

01. 이클립스 상단 메뉴에서 Help → Install New Software를 선택한다.
02. Install 창의 Work with에서 All Available Sites를 선택한다.
03. Web, XML, and Java EE Development 항목 안의 Eclipse Java EE Development Tools를 선택하고 Next 버튼을 클릭한다.

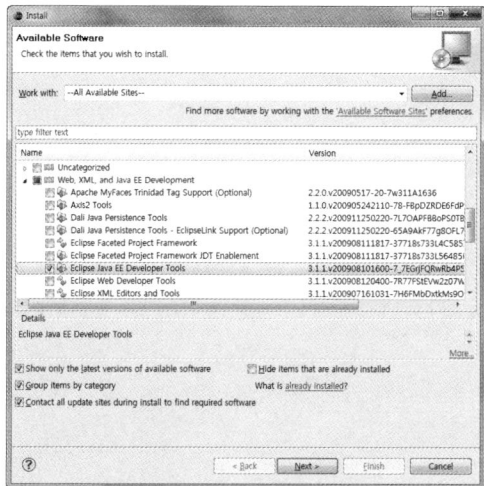

[그림 9-1] Install 창

04. Install Details 화면이 나타나면 Finish 버튼을 클릭해서 설치를 시작한다.

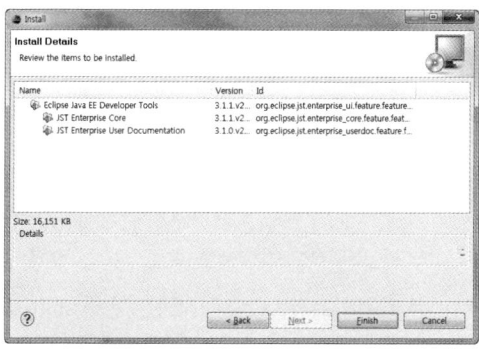

[그림 9-2] 설치할 항목 확인

05. 설치가 완료되어 Software Updates 창이 뜨면 Yes를 클릭해서 이클립스를 재시작한다.

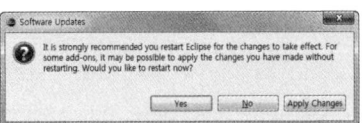

[그림 9-3] 이클립스 재시작 확인

06. 이클립스가 재시작되면 상단 메뉴에서 Window → Show View → Other를 선택한다.

07. Ant가 정상적으로 설치됐다면 Show View 창에 Ant 항목을 볼 수 있다. Ant를 선택한 후 OK 버튼을 클릭한다.

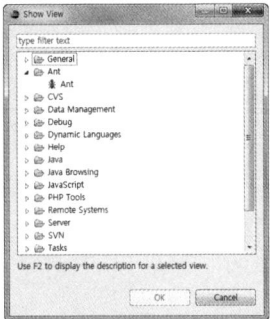

[그림 9-4] 뷰 목록

08. 이클립스 하단에 Ant 뷰가 추가된다.

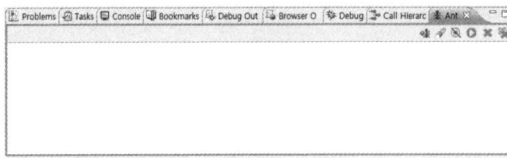

[그림 9-5] Ant 뷰

참고로 이클립스 PDT에서 PHP 스크립트 실행 등을 수행하면 PHP 프로그램의 실행 결과를 보여주는 Debug Output 뷰가 열리면서 Ant 뷰를 가리게 된다. 그래서 필자는 Ant 뷰를 이클립스 왼쪽 아래에 있는 패널로 옮겨 사용한다.

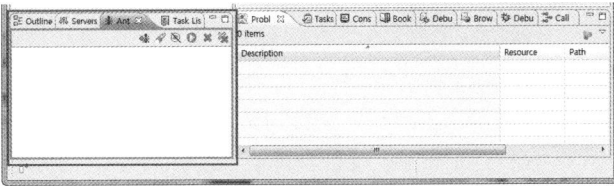

[그림 9-6] Ant 뷰를 왼쪽 탭으로 이동한 화면

Ant에 FTP 기능 설치하기

아쉽게도 Ant에는 FTP 기능이 기본으로 포함돼 있지 않으므로 다음의 과정을 통해 설치해야 한다.

01. 웹 브라우저에서 Apache Commons net 다운로드 페이지(http://commons.apache.org/net/download_net.cgi)로 들어간다.

02. 특별히 소스 컴파일을 하는 경우가 아니라면 Binaries 항목의 zip 또는 tar.gz 파일을 내려 받는다.

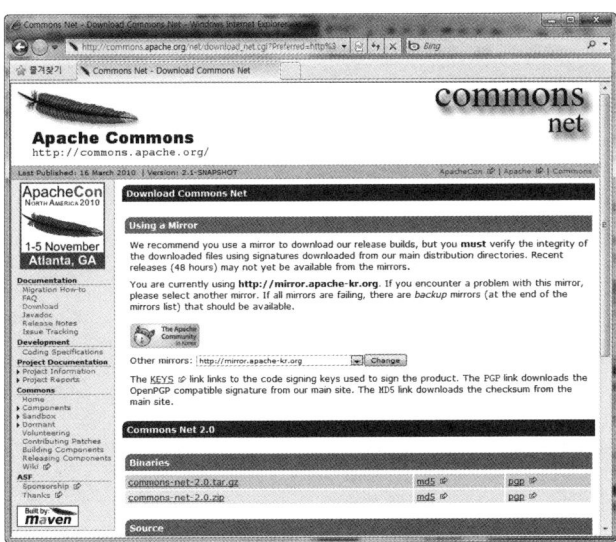

[그림 9-7] commons-net 다운로드 웹 페이지

03. 내려 받은 commons-net 파일을 원하는 폴더에 압축을 푼다. 필자는 C:\apache 아래에 압축을 풀었다.

[그림 9-8] common-net의 압축을 푼 화면

04. 다시 이클립스로 돌아가서 상단 메뉴에서 Window → Preferences를 선택해 Preferences 창을 연다.

05. Ant → Runtime을 선택한다.

06. Default 표시가 돼 있는 Ant Home Entries를 선택한 후 화면 오른쪽에 있는 Add External JARs 버튼을 클릭한다.

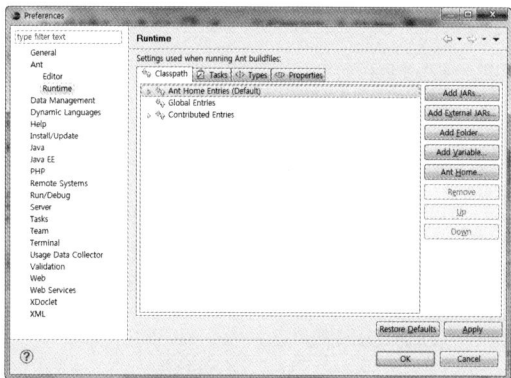

[그림 9-9] Ant의 Runtime 설정

07. 파일 브라우저에서 commons-net-x.x.jar 파일을 찾아 선택한 후 열기 버튼을 클릭한다.

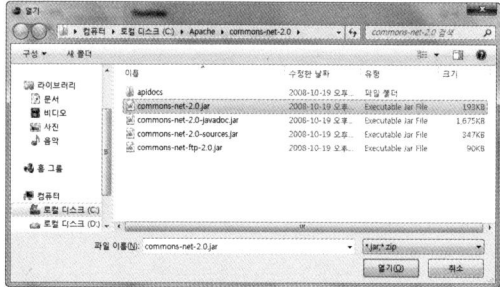

[그림 9-10] commons-net 선택

08. No tools.jar 경고창이 뜨면 Yes를 클릭한다.

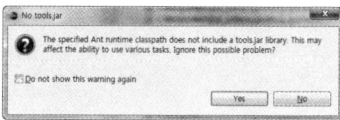

[그림 9-11] No tools.jar 경고창

09. commons-net-x.x.jar가 등록된 것을 확인하고 OK 버튼을 클릭해서 창을 닫는다.

9-2. Ant로 FTP 전송

Ant에 FTP 플러그인을 정상적으로 설치했다면 이제 이클립스 PDT에서 Ant를 사용해 웹 서버로 파일을 전송하는 방법을 알아보자.

01. PHP Explorer에 배포하고자 하는 프로젝트를 연다.
02. 이클립스 상단 메뉴에서 File → New → Other를 선택해서 New 창을 연다.
03. Ant는 XML 파일을 사용하므로 XML → XML을 선택하고 Next 버튼을 클릭한다.

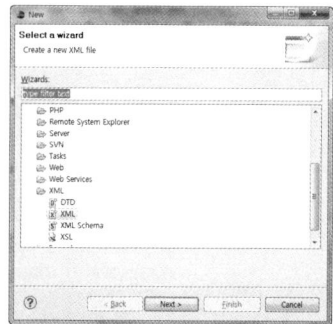

[그림 9-12] XML 파일 생성

04. 파일명은 build.xml이라고 입력하고 Next 버튼을 클릭한다.

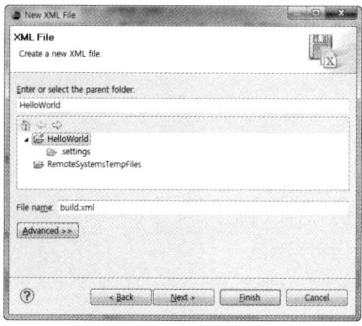

[그림 9-13] 파일 명 입력

Ant 를 이용한 손쉬운 배포 **217**

05. 기본적으로 선택돼 있는 Create XML file from an XML template을 선택하고 Next 버튼을 클릭한다.

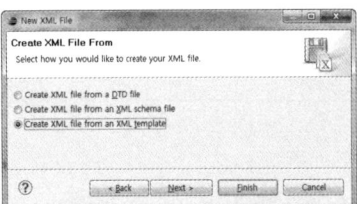

[그림 9-14] Create XML file from an XML template 선택

06. build.xml 템플릿에 적용된 XML 템플릿을 확인하는 화면이다. 특별히 수정할 것은 없다. Finish 버튼을 클릭하면 build.xml 파일이 만들어진다.

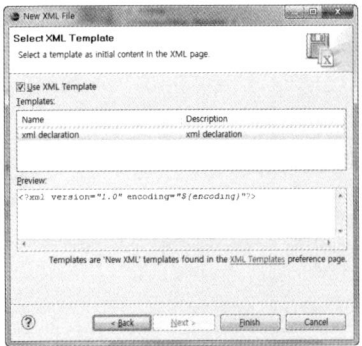

[그림 9-15] XML 템플릿 사용 여부 확인

생성된 build.xml 파일을 보면 No grammar constraints (DTD or XML schema) detected for the document라는 경고가 나타날 것이다. 이 경고를 없애는 방법은 "No grammar constraints detected for the document 경고 제거"에서 설명하고 있으니 참고하기 바란다.

07. 생성한 build.xml 파일을 편집 창에 열고 다음 코드를 작성한다.

```xml
<?xml version= "1.0" encoding= "utf-8"?>
<project name="HelloWorldProject" basedir="." default="ftpUploadAll">
    <property name="ftp.server" value="서버 FTP URL" />
    <property name="ftp.home.dir" value="저장 디렉터리 경로" />
    <property name="ftp.userid" value="UserId" />
    <property name="ftp.pw" value="UserPassword" />

    <property name= "web.home" value="${basedir}" />
```

```
        <target name="ftpUploadAll">
                <ftp server="${ftp.server}" remotedir="${ftp.home.dir}" userid=
"${ftp.userid} "password="${ftp.pw}" passive="yes" verbose="yes">
                </ftp>
        </target>
</project>
```

〈project〉〈/project〉의 name 속성에는 프로젝트 이름을 입력하면 된다. Basedir은 build.xml 파일이 있는 폴더를 기준으로 프로젝트의 최상위 폴더를 상대 경로로 입력한다. 그리고 각 〈property /〉는 상수를 정의하는 것인데, 예를 들어 〈property name="ftp.userid"value="phpk" /〉는 ftp.server ="phpk.org" 와 비슷하다고 생각하면 된다.

build.xml에서 가장 중요한 내용은 〈target〉〈/target〉이다. 〈target〉〈/target〉의 〈ftp〉〈/ftp〉는 프로젝트 폴더 안에 있는 파일을 FTP로 전송하게 한다. XML 형식이므로 소스 코드를 살펴보면 쉽게 이해할 수 있을 것이다.

08. 작성한 build.xml 파일을 저장한 후 이클립스의 Ant 뷰에서 마우스 오른쪽 버튼을 클릭해서 Add Buildfiles를 선택한다.

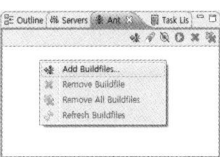

[그림 9-16] Ant 뷰

09. Buildfile Selection 창이 열리면 작성한 HelloWorld 프로젝트의 build.xml 파일을 선택하고 OK 버튼을 클릭한다.

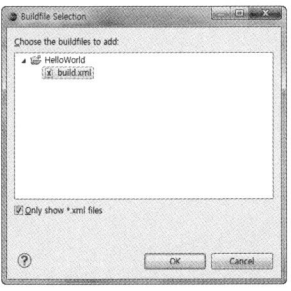

[그림 9-17] build.xml를 Ant에 등록

10. 이제 Ant 뷰에 앞서 작성한 build.xml 파일이 등록됐다.

[그림 9-18] Ant 뷰에 프로젝트가 등록된 화면

11. HelloWorldProject의 ftpUploadAll 항목을 더블 클릭하거나 ⊙ 버튼을 클릭하면 프로젝트 파일을 모두 FTP를 통해 웹 서버로 전송한다.

No grammar constraints detected for the document 경고 제거

Apache Ant용 build.xml 파일을 생성하면 Problems 뷰에 No grammar constraints (DTD or XML schema) detected for the document라는 경고 메시지가 나타난다. 이 메시지가 나타나는 이유는 Apache Ant의 build.xml 파일에는 특별히 DTD나 XML 스키마가 없어서 이클립스가 build.xml 파일에 대한 유효성 검사를 할 수 없기 때문이다.

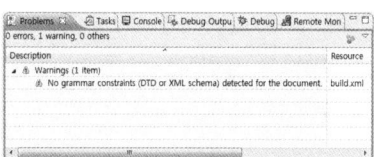

[그림 9-19] build.xml의 문법 오류 메시지

이 경고 메시지가 나타나도 Ant를 사용하는 데는 전혀 문제가 되지는 않는다. 다만 다른 오류 메시지와 헷갈려 혼동될 수 있으므로 필자의 경우에는 아래와 같은 방법으로 경고 메시지가 출력되지 않게 하고 있다.

01. 이클립스의 Preferences 창을 열고 XML → XML Files → Validation을 선택한다.
02. Indicate when no grammar is specified의 설정 값을 Ignore로 변경한다.
03. OK 버튼을 클릭해서 Preferences 창을 닫는다.

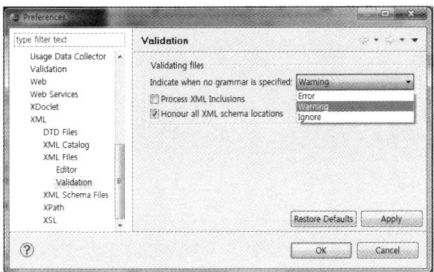

[그림 9-20] 문법 검사 설정

04. 그래도 여전히 경고가 나타나면 이클립스 상단 메뉴에서 Project → Clean을 선택한다.

05. Clean 창이 열리면 OK 버튼을 클릭한다.

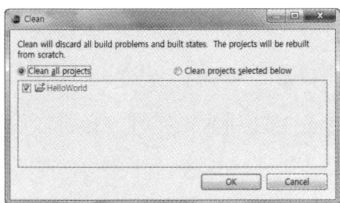

[그림 9-21] 프로젝트 정리

FTP 전송 예외 처리

프로젝트에는 많은 파일이 있는데 이 중에는 로컬 PC에만 해당하는 설정 파일처럼 웹 서버로 굳이 전송하지 않아도 되는 파일들도 있다. 예를 들면 이클립스에서 프로젝트를 생성하면 프로젝트 폴더에 .buildpath와 .project라는 파일이 만들어진다. 이 두 파일은 이클립스에서만 필요한 파일이므로 서버로 전송할 필요가 없다. 전송하지 않아도 되는 파일을 예외로 처리하는 방법은 간단하다. 다음 코드와 같이 build.xml 파일을 열고 〈ftp〉〈/ftp〉를 아래 코드와 같이 변경한다.

```
<ftp server="${ftp.server}" remotedir="${ftp.home.dir}" userid="${ftp.userid}" password="${ftp.pw}" passive="yes" verbose="yes">
    <fileset dir="${web.home}" casesensitive="yes">
```

```
            <exclude name=".buildpath" />
            <exclude name=".project" />
            <exclude name=".settings/" />
            <exclude name="build.xml" />
        </fileset>
    </ftp>
```

추가된 〈fileset〉〈/fileset〉 안에는 〈exclude /〉가 정의돼 있다. 각 속성값에는 정규 표현식을 사용할 수도 있으므로 원하는 대로 값을 변경하면 조건에 맞는 폴더 또는 파일은 서버로 전송되지 않는다.

디렉터리 및 파일 삭제

프로그램을 개발하다 보면 파일을 새로 만들 때도 있지만 파일의 이름을 바꾸거나 파일 자체를 삭제하는 경우도 있다. 이런 경우에는 서버에 올려진 파일을 변경해야 하는데, Ant를 사용하는 경우에는 build.xml에 다음과 같은 코드를 작성해서 서버에 올려진 폴더와 파일을 삭제하는 식으로 초기화할 수 있다.

```xml
<target name="ftpDeleteAll">
    <ftp action="deleteFiles" server="${ftp.server}" remotedir="${ftp.home.dir}/www" userid="${ftp.userid}" password="${ftp.pw}" passive="yes">
        <fileset>
            <include name="**/*" />
        </fileset>
    </ftp>

    <ftp action="rmdir" server="${ftp.server}" remotedir="${ftp.home.dir}/www" userid="${ftp.userid}" password="${ftp.pw}" passive="yes">
        <fileset>
            <include name="**" />
        </fileset>
    </ftp>
</target>
```

위 코드를 build.xml에 추가하고 저장하면 Ant 뷰에 ftpDeleteAll 항목이 추가될 것이다. ftpDeleteAll를 실행하면 Ant는 FTP를 통해 서버에 접속해서 폴더 및 파일을 모두 삭제한다.

[그림 9-22] Target이 등록된 Ant 뷰

폴더와 파일 전체를 삭제해서 초기화하는 방법 대신 원하는 파일만 이름을 바꾸거나 삭제하는 방식이 분명 더 효율적이다. 하지만 Ant는 FTP 클라이언트가 아니므로 원하는 파일이나 폴더를 삭제하려면 매번 build.xml 파일을 변경해서 실행해야 한다. 그래서 비효율적이긴 하지만 편의성을 위해 전체 삭제 후 전체 업로드하는 방법을 채택한 것이다. 결과는 같다.

변경된 파일만 FTP로 전송하기

지금까지 살펴본 방법은 실행할 때마다 로컬에 있는 모든 파일을 전송한다. 하지만 파일 수가 1,000개라면 매번 1,000개를 전송하는데, 아무리 편의성을 우선시 한다고 해도 지나치다는 생각이 들 수 있다. 이러한 경우에 대비해 Ant에서는 변경된 파일만 전송할 수 있는 기능을 제공한다.

build.xml 파일을 편집 창에 열고 다음 코드를 추가하자.

```xml
<target name="ftpUploadChangedFiles">
    <ftp server="${ftp.server}" remotedir="${ftp.home.dir}/www" userid="${ftp.userid}" password="${ftp.pw}" passive="yes" verbose="yes" depends="yes">
        <fileset dir="${web.home}" casesensitive="yes">
            <exclude name=".buildpath" />
            <exclude name=".project" />
            <exclude name=".settings/" />
            <exclude name="build.xml" />
        </fileset>
    </ftp>
</target>
```

앞서 작성한 ftpUploadAll과 〈ftp〉〈/ftp〉 속성에 depends="yes"이 추가된 점이 다르다. 이 속성은 지난 번 전송한 이후로 변경된 파일만 찾아서 전송한다. build.xml 파일을 저장하면 Ant 뷰에 ftpUploadChangedFiles라는 항목이 추가된다.

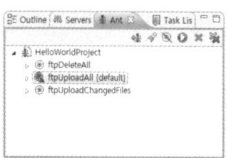

[그림 9-23] Target이 추가된 Ant 뷰

단, 이 기능은 파일을 저장한 후 바로 전송을 실행하면 Ant가 미처 변경된 파일을 인식하지 못한 채 파일을 전송하는 버그가 있다. 따라서 이 방법은 파일을 저장한 후 약간의 시간을 두고 사용하는 게 좋다.

CHAPTER **10**

PHP 개발자를 위한
이클립스 PDT

RSE를 이용한 원격 개발

RSE 설치
FTP를 통한 원격 개발
RSE에서 PHP 파일 편집하기
캐시 파일 동기화
원격 프로젝트 생성하기
SSH 연결

프로그램을 개발하는 과정에서는 코드가 지속적으로 변경되기 마련이며 테스트를 위해 변경된 파일들을 수시로 웹 서버에 전송한다. 그런데 아무리 Ant나 FTP 클라이언트 등의 기능이 뛰어나도 코드가 변경될 때마다 매번 수많은 파일들을 배포하는 게 비효율적일 수 있다. Ant 같은 배포 도구는 소소한 테스트가 완료되어 베타 테스트용 웹 서버로 전송해야 하는 경우나 실제 웹 서버에 전송하거나 기타 배포가 필요한 경우에 활용하는 편이 더 효율적일 수 있다. 물론 Ant로 배포하는 경우에도 변경된 파일만 배포하는 방법이 있으므로 어떤 방법으로 파일을 웹 서버로 전송할지는 여러분이 결정할 몫이다.

만약 소스 코드가 수시로 변경되며, 변경된 파일이 별도로 구축된 웹 서버에 지속적으로 반영되기를 바란다면 이 장에서 소개하는 RSE를 사용해 보는 것도 좋다. RSE는 이클립스에서 제공하는 강력한 원격 개발 패키지다. RSE는 리눅스 파일시스템, FTP, SSH 등을 지원하므로 이클립스가 거의 모든 원격 환경에서 작업할 수 있게 해준다. 특히 로컬 PC와 실세 서비스 서버 사이에 개발용 서버를 두고 프로그램을 개발할 때 매우 유용하다.

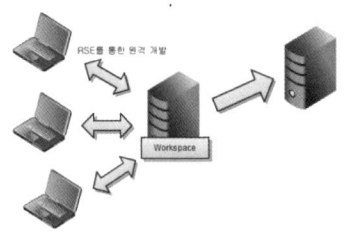

일반적으로는 로컬 PC의 Workspace에 소스 파일을 모두 저장해 두고 코드를 수정한 후 이를 웹 서버로 전송했다. RSE를 이용하면 실제 소스 파일은 개발용 웹 서버에 저장해 두고 로컬 PC에서는 RSE를 통해 원격으로 개발용 웹 서버의 파일을 열어서 코드를 작성한다. 로컬에 저장된 파일을 저장하듯이 Ctrl+S 키를 입력해서 저장하면 RSE는 변경된 코드를 자동으로 개발용 웹 서버로 전송해서 반영한다.

이는 FTP 클라이언트에서 바로 텍스트 에디터로 파일을 열어 편집하는 것과 비슷하다. RSE를 이용해 원격 웹 서버의 PHP 파일을 편집할 때도 컨텐트 어시스트 기능을 비롯한 PDT의 모든 기능을 동일하게 사용할 수 있으며 파일 검색이나 문자열 검색을 할 때도 로컬 Workspace에서 작업하는 경우와 차이를 느끼지 못할 정도로 우수한 성능을 보여준다. 단, 지속적인 FTP 연결 상태를 유지해야 하므로 네트워크 상태의 영향을 받을 수밖에 없다. 그러므로 안정적인 네트워크가 보장되는 환경에서 사용하기를 권한다.

10-1. RSE 설치

RSE는 이클립스 업데이트 사이트를 통해 간편하게 설치할 수 있다.

01. 이클립스 상단 메뉴에서 Help → Install New Software를 선택해 Install 창을 연다.
02. Add 버튼을 클릭해서 Add Site 창을 연다.
03. Name 입력란에 TM and RSE를 입력하고 Location 입력란에는 http://download.eclipse.org/dsdp/tm/updates/3.1을 입력한다.

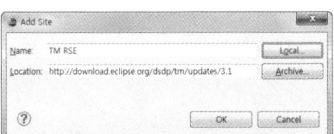

[그림 10-1] RSE 업데이트 사이트 추가

04. OK 버튼을 클릭하면 [그림 10-2]와 같이 TM and RSE 목록이 나타난다. 이 중에서 최신 버전을 선택하고 Next 버튼을 클릭한다.

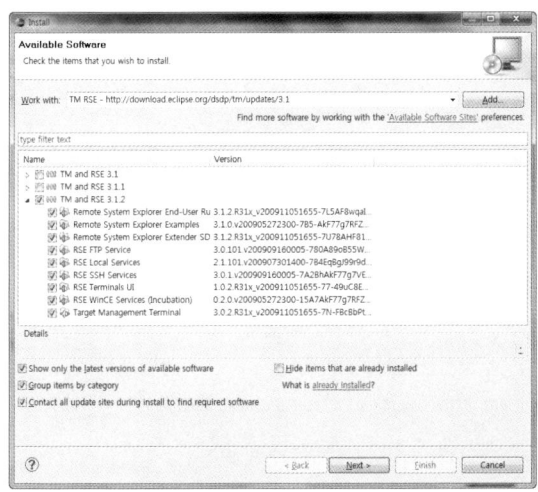

[그림 10-2] RSE 설치 항목 선택

05. 설치할 항목을 확인한 후 Finish 버튼을 클릭해서 설치를 시작한다.

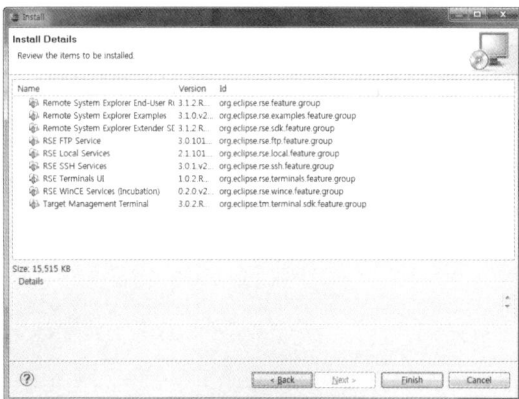

[그림 10-3] RSE 설치 항목 확인

06. 설치하는 도중에 Do you trust these certificates?라고 묻는 창이 나타나면 항목을 선택한 후 OK 버튼을 클릭한다.

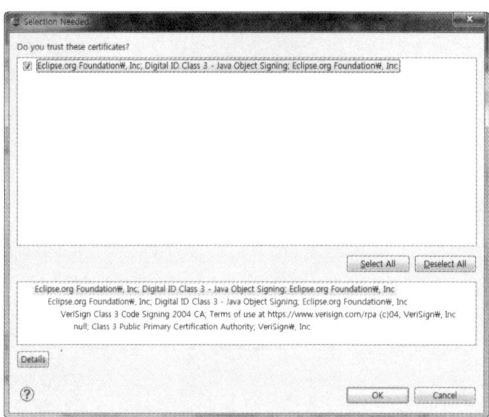

[그림 10-4] 이클립스 재단 인증서 확인

07. 설치가 완료되면 Yes 버튼을 클릭해서 이클립스를 재시작한다.
08. 이클립스가 재시작되면 상단 메뉴에서 Window → Show View → Other를 선택한다.
09. Remote Systems → Remote Systems를 선택하고 OK 버튼을 클릭한다.

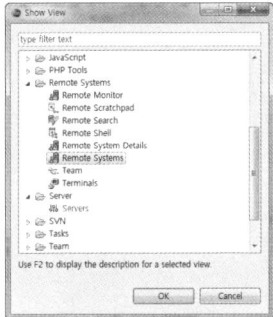

[그림 10-5] 이클립스에 RSE 뷰 추가

10-2. FTP를 이용한 원격 개발

FTP를 통해 원격 작업을 하면 원격 서버에 올려져 있는 PHP 파일을 로컬 PC에 저장된 파일처럼 이클립스에서 작업할 수 있다. 코드를 편집하고 Ctrl + S 키를 눌러 저장하면 RSE가 자동으로 서버로 FTP 전송하기 때문에 별도의 동기화 과정을 거치지 않아도 된다는 장점이 있다.

FTP를 이용해 원격 개발을 하는 과정은 다음과 같다.

01. 이클립스 상단 메뉴에서 File → New → Other를 선택한다.
02. Remote System Explorer → Connection을 선택하고 Next 버튼을 클릭한다.

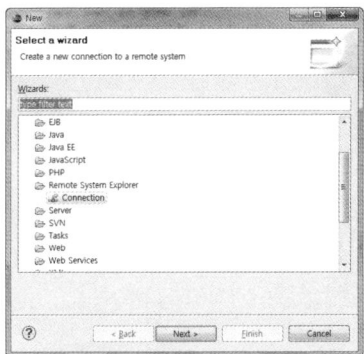

[그림 10-6] RSE 연결 생성

03. General → FTP Only를 선택하고 Next 버튼을 클릭한다.

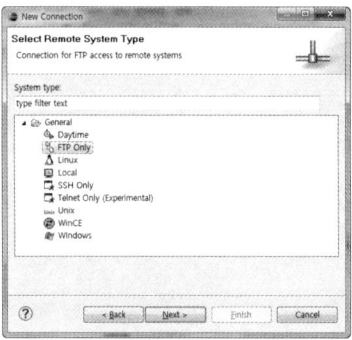

[그림 10-7] FTP 연결 선택

04. Host name에 접속할 FTP 주소를 입력한다. Connection name에는 동일한 값이 자동으로 입력된다. Next 버튼을 클릭해서 다음으로 진행한다.

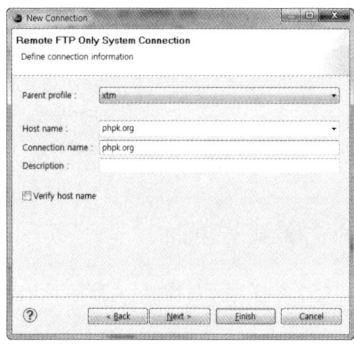

[그림 10-8] FTP 연결 설정

05. FTP 설정값을 지정하는 화면이다. 예를 들어 Passive 모드로 변경하고 싶다면 Available Service → FTP Settings 를 선택하고 passive 값을 true로 변경하면 된다. 설정 확인 을 마치면 Finish 버튼을 클릭한다.

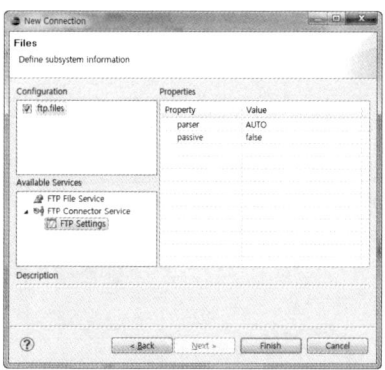

[그림 10-9] FTP 연결 설정

06. Finish 버튼을 클릭하면 Remote Systems 뷰에 새로운 FTP 연결이 추가된다.

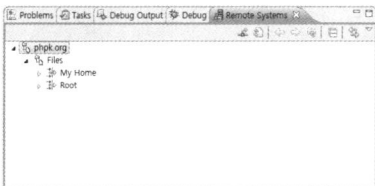

[그림 10-10] FTP 연결이 생성된 Remote System 뷰

07. 새로 추가한 FTP 연결에서 Files → My home을 더블 클릭하면 FTP 접속을 위한 아이디와 비밀번호를 입력하는 창이 뜬다. 여기에 FTP 계정의 아이디와 비밀번호를 입력하고 OK 버튼을 클릭한다. 다음부터는 이 창을 띄우지 않고 접속하고 싶다면 Save password에 체크하면 된다.

[그림 10-11] FTP 연결 정보 입력

08. FTP 접속이 시도되면 Console 뷰에 FTP 접속 로그가 출력된다.

[그림 10-12] FTP 연결에 성공한 후 보이는 서버 폴더

09. 접속에 성공했다는 로그가 출력되면 다시 Remote Systems 뷰를 연다. 그러면 FTP 서버의 폴더를 볼 수 있다.

10-3. RSE에서 PHP 파일 편집하기

웹 서버에 FTP 연결이 완료되면 Remote Systems 뷰에서 웹 서버의 파일 목록을 확인할 수 있다. PHP Explorer 뷰에서 파일을 열 듯 Remote Systems 뷰에서 편집하고자 하는 PHP 파일을 더블 클릭하면 RSE는 선택한 파일을 내려 받아 편집 가능한 상태로 편집기를 열어 준다.

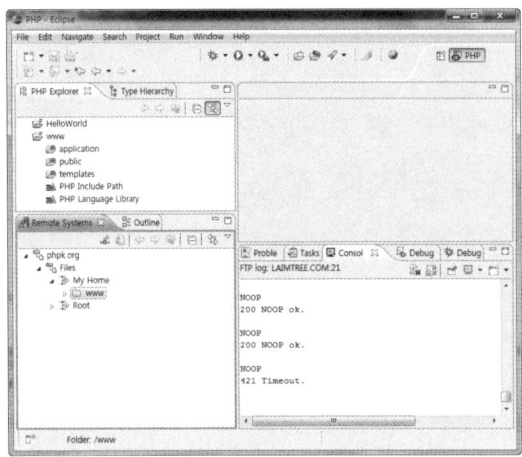

[그림 10-13] Console 뷰에 출력된 FTP 메시지

이때 내려 받은 파일은 프로젝트 폴더 아래의 RemoteSystemsTempFiles 폴더에 임시 파일 형태로 저장된다. 편집기에 열려 있는 파일은 사실 RemoteSystemsTempFiles 폴더에 저장돼 있는 임시 파일이며, 사용자가 편집 내용을 저장하면 RSE는 임시 파일로 저장한 다음 해당 파일을 FTP를 통해 서버로 전송한다.

10-4. 캐시 파일 동기화

앞서 설명한 바와 같이 Remote Systems을 통해 파일을 열면 RSE는 Workspace 폴더 아래에 RemoteSystemsTempFiles 폴더를 생성하고 그 안에 FTP 연결에 대한 캐시 파일을 만든다. 여기서 한 가지 기억해야 할 사항은 이클립스 PDT는 RemoteSystemsTempFiles 폴더에 캐시된 파일만 인식하기 때문에 만약 파일 검색을 하면 캐시된 파일만을 대상으로 검색한다는 것이다. 이러한 문제점을 해결하려면 서버에 올려진 폴더와 파일 전체를 미리 캐시해 두면 되는데 그렇게 하려면 Remote Systems 뷰에서 캐시 동기화를 수행할 폴더를 선택하고 마우스 오른쪽 버튼을 클릭하면 나타나는 메뉴에서 Synchronize Cache를 선택한다. 그러면 RSE는 해당 폴더 아래에 있는 모든 폴더와 파일을 로컬의 임시 폴더로 내려 받는다. 이처럼 캐시 파일을 미리 만들어 놓으면 편집기에 파일을 열 때마다 RSE가 웹 서버로부터 선택한 파일을 내려 받지 않아도 되므로 개발 환경을 조금 더 빠르게 만들 수 있으며 RSE를 통해 개발할 때도 파일 검색 기능 등을 문제 없이 사용할 수 있다.

RSE에서 PHP 컨텐트 어시스트 사용하기

아쉽게도 RSE를 설치한 직후의 초기 상태에서는 PHP 컨텐트 어시스트 기능을 사용할 수 없다. 편집기에서 Ctrl + Spacebar 키를 입력해서 컨텐트 어시스트를 활성화하면 이클립스 왼쪽 하단에 다음과 같은 메시지가 출력될 뿐 PHP 컨텐트 어시스트 창이 활성화되지 않을 것이다.

RSE를 사용해서 PHP 프로젝트를 개발할 때도 PHP 컨텐트 어시스트 기능을 사용하려면 다음과 같은 절차를 따른다.

01. Workspace 아래의 RemoteSystemsTempFiles 폴더를 연다.
02. RemoteSystemsTempFiles 폴더에 .project 파일이 있을 것이다. 이 파일을 텍스트 에디터로 열고 다음 코드와 같이 〈natures〉〈/natures〉를 변경한다.

```
<natures>
    <nature>org.eclipse.rse.ui.remoteSystemsTempNature</nature>
    <nature>org.eclipse.php.core.PHPNature</nature>
</natures>
```

03. 이클립스를 재시작하면 RSE를 통해 편집하는 PHP 파일에서도 PHP 컨텐트 어시스트 기능을 사용할 수 있다.

10-5. 원격 프로젝트 생성하기

Remote Systems 뷰는 사실상 FTP 클라이언트라서 프로젝트와 상관없는 파일이나 폴더가 그대로 보여진다. 이 때문에 Remote Systems 뷰보다는 PHP Explorer 뷰에서 프로젝트의 폴더와 파일을 관리하는 게 아무래도 편리하다. 이러한 점을 고려해서 RSE는 Remote Systems 뷰에 연결된 파일들을 PHP Explorer에서 볼 수 있게 원격 프로젝트 기능을 제공한다.

원격 프로젝트를 만드는 방법은 다음과 같다.

01. Remote Systems 뷰에서 원격 프로젝트로 만들고자 하는 폴더를 선택하고 마우스 오른쪽 버튼을 클릭한 후 Create Remote Project를 선택한다.

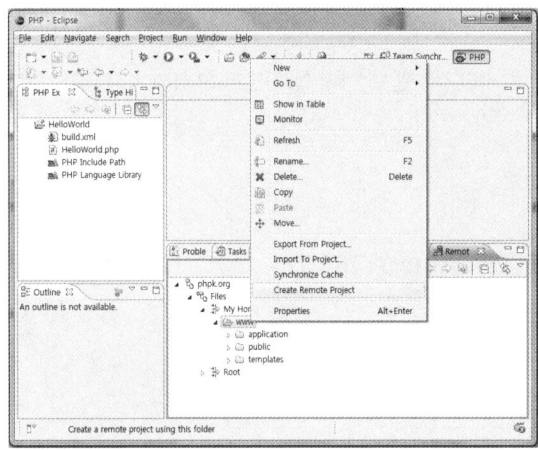

[그림 10-14] 원격 프로젝트 생성

02. RSE는 서버에 있는 폴더와 파일 목록대로 [그림 10-15]와 같이 원격 프로젝트를 생성한다.

[그림 10-15] PHP Explorer에 등록된 원격 프로젝트

그런데 이렇게 하면 RemoteSystemsTempFiles 폴더에 있는 캐시 파일을 사용하지 않고 매번 웹 서버로부터 파일을 전송받기 때문에 경우에 따라 파일을 열고 저장하는 데 아주 오랜 시간이 걸린다. 그러므로 PHP Explorer에서 프로젝트를 관리하는 경우가 아니라면 이 기능을 사용하지 않는 편이 좋다.

10-6. SSH 연결

RSE는 FTP 연결 외에도 SSH, Telnet 등을 통해 파일을 편집할 수 있는 방법을 제공한다. 이 절에서는 일반적으로 많이 쓰는 SSH 연결 방법을 살펴보겠다.

01. FTP 연결할 때와 마찬가지로 이클립스 상단 메뉴에서 File → New → Other를 선택해서 New Connection 창을 연다.
02. Remote System Explorer → connection을 선택한다.
03. SSH Only를 선택하고 Next 버튼을 클릭한다.

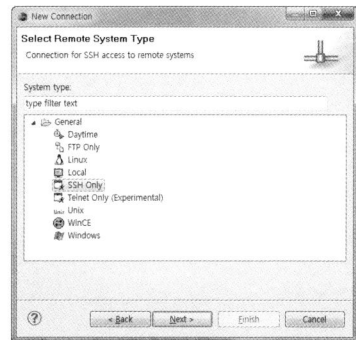

[그림 10-16] SSH 연결 생성

04. Host name에 SSH로 연결할 서버 주소를 입력하고 Next 버튼을 클릭한다.

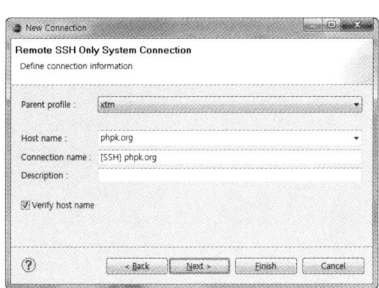

[그림 10-17] SSH 접속 정보 입력

입력한 Connection name과 동일한 연결 설정이 이미 있다면 Connection name is not unique for the selected profile이라는 내용의 오류 메시지가 나타날 것이다. 필자의 경우에는 Connection name에 [FTP], [SSH]처럼 프로토콜 이름을 접두사로 사용했다. 이렇게 하면 Connection name이 겹치지 않으면서 프로토콜을 직관적으로 확인할 수 있어서 편리하다.

05. SSH 연결 설정을 지정한 후 Finish 버튼을 클릭한다.

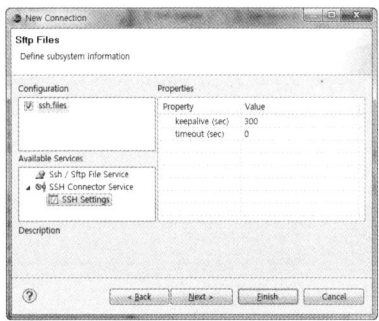

[그림 10-18] SSH 접속 설정

06. Remote Systems 뷰에 SSH 연결 설정이 추가되면 FTP 연결과 마찬가지로 My Home을 더블 클릭한다.

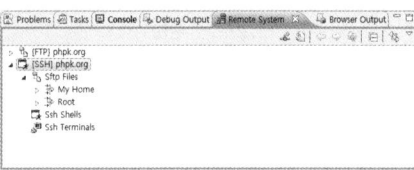

[그림 10-19] SSH 연결이 등록된 Remote Systems 뷰

07. SSH 접속을 위한 아이디와 비밀번호를 입력하고 OK 버튼을 클릭한다.
08. FTP 연결과는 다르게 RSA Key 핑거프린트에 대한 경고창이 뜰 것이다. Yes를 클릭해서 계속 진행한다.

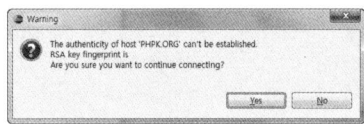

[그림 10-20] SSH 연결 여부

09. 호스트 파일을 생성할지 묻는 경고창이 나타나면 Yes를 클릭한다.

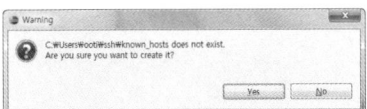

[그림 10-21] **호스트 파일 생성 여부**

10. ssh 파일을 생성할지 묻는 창이다. Yes를 클릭한다.

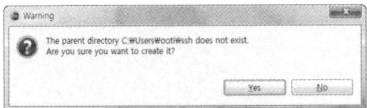

[그림 10-22] **SSH 파일 생성 여부**

11. ssh 파일이 생성됐다는 안내창이 나타나면 OK 버튼을 클릭한다.

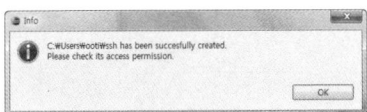

[그림 10-23] **SSH 파일 생성 완료**

12. 이제 SSH 연결이 이뤄지고 서버의 폴더와 파일 목록을 Remote Systems에서 볼 수 있다.

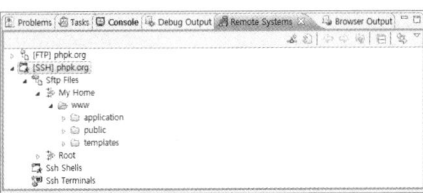

[그림 10-24] **SSH 연결 성공**

13. 파일을 편집하는 방법은 FTP 연결을 할 때와 같다.

RSE 를 이용한 원격 개발 **237**

CHAPTER 11
PHP 개발자를 위한
이클립스 PDT

Saros를 이용한 원격 협업 개발

Saros 설치
구글 토크 서버를 통한 원격 개발
XMPP 서버를 통한 연결
프로젝트 원격 공유
실시간 협업

여러분이 지금 웹 서비스 개발자로 업무를 하고 있다고 가정해보자. 다음 달에 새로운 웹 서비스를 출시해야 하는데 함께 개발을 진행해야 할 박대리가 급히 일본으로 출장을 가게 됐다. 우리 팀은 1주일에 한 번씩 서로 코드를 공유하면서 의견을 나누는 코드 리뷰를 진행하고 있다. 팀장님께서 코드 리뷰를 하지 않을 순 없으니 방법을 강구해보라고 말씀하셨다. 여러분이라면 어떻게 하겠는가?

Saros는 원격으로 여러 사람이 함께 개발할 수 있게 해주는 이클립스 플러그인이다. Saros를 이용하면 협업해야 할 개발자가 멀리 떨어져 있는 상황에서도 마치 바로 옆에 앉아 있는 것처럼 실시간으로 함께 코드를 작성할 수 있다. 이클립스에서 만든 프로젝트를 공유할 수 있어서 원격지에 있는 개발자가 프로젝트의 소스 코드를 갖고 있지 않더라도 완벽하게 프로젝트를 공유해서 작업할 수 있고 이클립스 안에서 화면 공유와 채팅도 할 수 있다. 더불어 2인, 3인 동시 작업도 가능하다.

Saros의 특징은 XMPP 프로토콜을 사용하므로 Gmail 계정을 가지고 있는 누구와도 원격 개발을 할 수 있고, 필요한 경우 XMPP 서버를 조직 내부에 구축해서 최대한 비공개적인 환경을 유지하면서도 원격 개발의 목적을 달성할 수 있다는 점이다.

멀리 떨어진 개발자와 함께 코드를 보며 작업을 해야 하는 경우나 같은 회사에 근무하고 있음에도 매번 자리를 옮겨 다니며 협업을 해야 하는 경우라면 Saros를 이용해 보길 바란다. 자기 자리에 편안하게 앉은 상태에서도 다른 사람과 손쉽게 협업할 수 있을 것이다.

11-1. Saros 설치

Saros를 설치하는 방법은 다른 이클립스 플러그인을 설치하는 것과 큰 차이가 없다.

01. 이클립스 상단 메뉴에서 Help → Install New Software를 클릭한다.

02. Add 버튼을 클릭한 후 Name에는 Saros DPP를 입력하고 Location에는 http://dpp.sourceforge.net/update를 입력한다.

[그림 11-1] 이클립스 업데이트 사이트 추가

03. DPP 전체를 선택한 후 Next 버튼을 클릭한다.

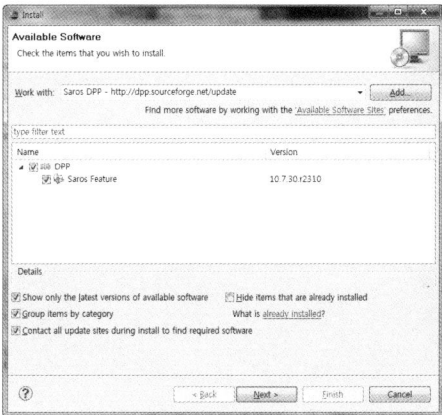

[그림 11-2] 설치할 항목 선택

04. 설치할 Saros 항목을 확인한 후 Next 버튼을 클릭한다.

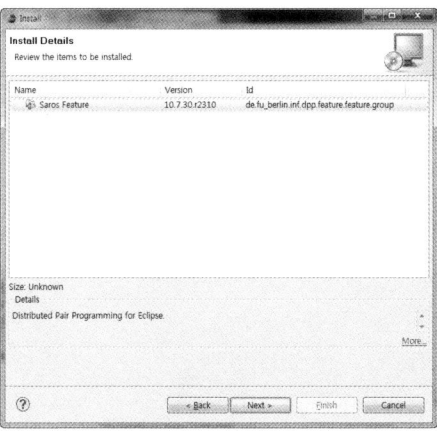

[그림 11-3] 설치 항목 확인

Saros를 이용한 원격 협업 개발 **241**

05. 라이선스에 동의한 후 Finish 버튼을 클릭한다.

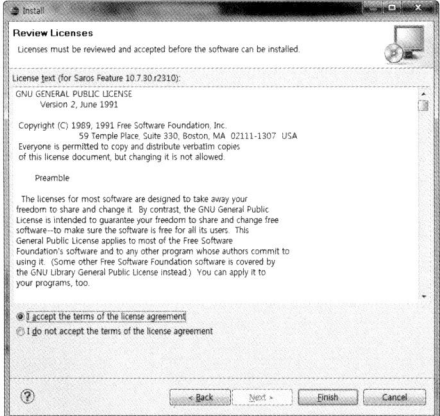

[그림 11-4] 라이선스 동의

06. [그림 11-5]와 같이 보안 경고창이 뜨면 OK 버튼을 클릭해서 설치를 계속 진행한다.

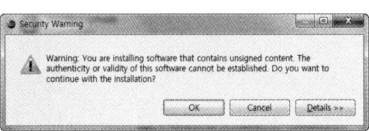

[그림 11-5] 보안 경고창

07. Restart Now 버튼을 클릭해서 이클립스를 재시작한다.

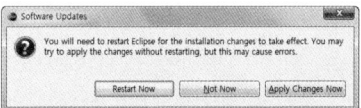

[그림 11-6] 이클립스 재시작 여부 확인

08. 이클립스가 다시 시작되면 Saros Configuration 창이 열리는데, 설정 방법은 다음 장에서 자세히 살펴볼 것이므로 Cancel 버튼을 클릭해서 창을 닫는다.

[그림 11-7] Saros Configuration

설치 과정에서 [그림 11-8]과 같은 오류가 나타나면 현재 사용 중인 이클립스의 버전을 확인해 보기 바란다. 최신 버전의 Saros는 이클립스 3.6 Helios 이상에서 사용할 수 있으므로 현재 사용 중인 이클립스 PDT 버전이 2.1 이하인 경우에는 2.2 이상으로 업그레이드해야 한다. 이클립스 PDT를 업그레이드하는 방법은 "이클립스 PDT 업그레이드"에서 설명하겠다.

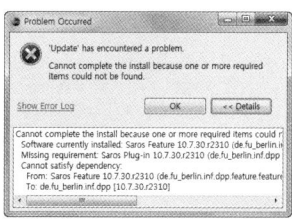

[그림 11-8] 치명적인 오류 알림

11-2. 구글 토크 서버를 통한 원격 개발

Saros는 XMPP 프로토콜을 통해 통신하므로 XMPP 프로토콜을 사용하는 서버에 아이디가 있어야 한다. 대표적으로 Jabber.org가 있으며 구글의 구글 토크(Google Talk)도 XMPP 프로토콜을 지원한다. 그러므로 Gmail 계정이 있다면 특별한 과정 없이 Saros를 통해 원격 개발을 할 수 있다.

구글 토크 접속하기

01. 이클립스 상단 메뉴에서 Saros → Preferences를 클릭한다.

02. [그림 11-9]와 같이 자신의 Gmail 로그인 정보를 입력한 후 OK 버튼을 클릭한다.

   * Jabber server : gmail.com
   * Username : Gmail 이메일 주소
   * Password : Gmail 비밀번호

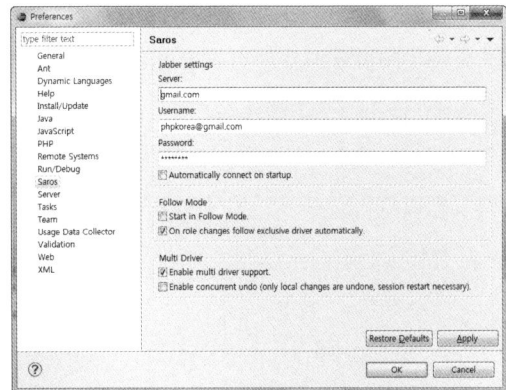

[그림 11-9] Saros 설정

03. 이클립스 상단 메뉴에서 Window → Show View → Other을 선택해서 Show View 창을 연다.

04. Saros 항목에서 Roster를 선택한 후 OK 버튼을 클릭한다.

05. 이클립스 하단에 Roster 뷰가 열리면 Roster 뷰 왼쪽 상단에 있는 Connect 버튼을 클릭한다. 입력한 Gmail 계정 정보가 정확하다면 연결 상태 정보와 함께 구글 토크의 친구 목록이 나타난다.

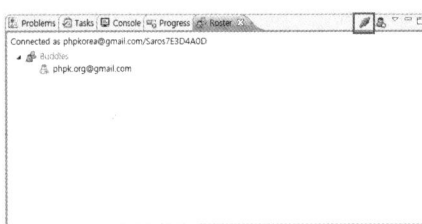

[그림 11-10] Roster 뷰

친구 추가

온라인 메신저와 같이 프로젝트를 공유해서 함께 개발할 사람이 친구로 등록돼 있어야 한다. 이미 구글 토크에 등록된 친구가 있다면 친구 목록이 Buddies 항목에 나타날 것이며 그렇지 않은 경우 아래 방법으로 새로운 친구를 등록할 수 있다.

01. Roster 뷰의 Add a new contact 버튼을 클릭한다.

[그림 11-11] **친구 추가 버튼**

02. 추가하고자 하는 상대방의 Gmail 주소를 입력한다.

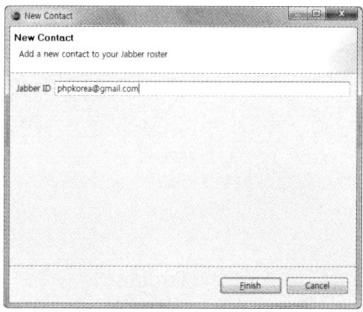

[그림 11-12] **추가할 친구의 메신저 아이디 입력**

03. 상대방에게는 [그림 11-13]과 같이 친구 요청 창이 열린다. 상대방이 OK 버튼을 클릭하면 친구 수락이 완료되며 자신의 Roster의 Buddies 목록에 상대방의 Gmail 주소가 추가된다.

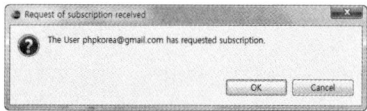

[그림 11-13] **친구 요청**

전송 테스트

상대방과의 통신 상태가 정상인지 확인하려면 다음 화면과 같이 상대방 아이디를 선택하고 마우스 오른쪽 버튼을 클릭한 후 Test data transfer connection 버튼을 클릭한다.

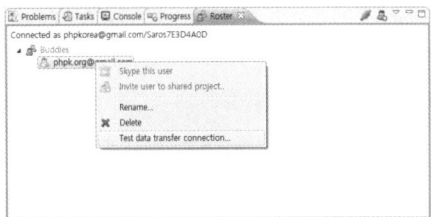

[그림 11-14] 전송 테스트 메뉴

상대방이 로그인한 상태이고 전송 상태가 양호하다면 [그림 11-15]와 같은 화면을 볼 수 있다.

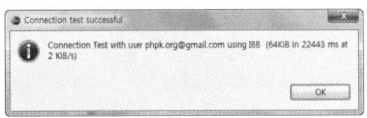

[그림 11-15] 전송 테스트 성공

상대방이 로그인되어 있지 않거나 전송에 문제가 있으면 [그림 11-16]과 같은 창이 나타날 것이다.

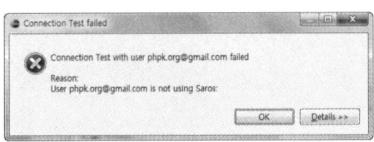

[그림 11-16] 전송 테스트 실패

11-3. XMPP 서버를 통한 연결

이미 Gmail을 사용하고 있다면 구글 토크 서버를 이용하는 게 편리할 수도 있겠지만 상당히 느리다는 단점이 있다. 따라서 좀 더 원활한 통신을 원한다면 공개 XMPP 서버를 이용해볼 것을 권장한다.

공개 XMPP 서버는 전 세계에 걸쳐 다수가 운영 중인데 그 중에서 가장 유명한 jabber.org를 예로 설명한다.

01. 우선 Jabber.org 가입 웹 페이지(https://register.jabber.org/)에 들어간다.
02. 자신이 원하는 아이디와 비밀번호, CAPTCHA 코드를 입력한 후 Register 버튼을 클릭한다.

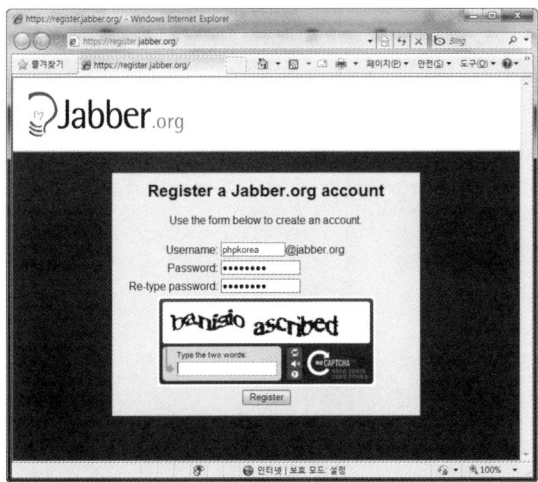

[그림 11-17] Jabber.org 웹사이트 가입

03. 가입이 성공하면 가입 완료 화면이 나타난다. 아이디는 "ID@jabber.org" 형식이다.

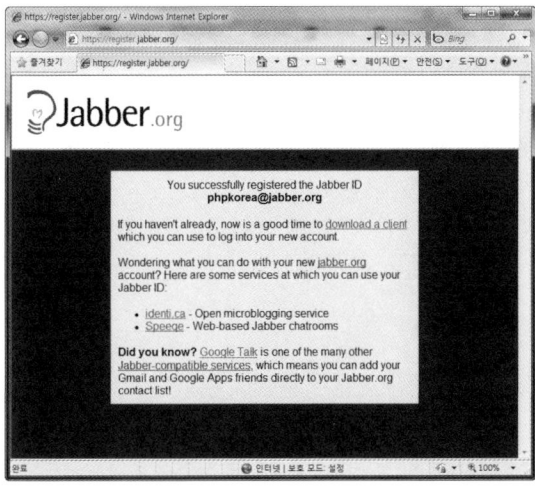

[그림 11-18] Jabber.org 가입 완료

04. 다시 이클립스로 돌아가서 이클립스 상단 메뉴에서 Saros → Preferences를 클릭한다.

05. [그림 11-19]와 같이 jabber.org의 계정 정보를 입력한다. 이후 사용 방법은 구글 토크 서버를 이용하는 경우와 동일하므로 이전 장을 참고하기 바란다.

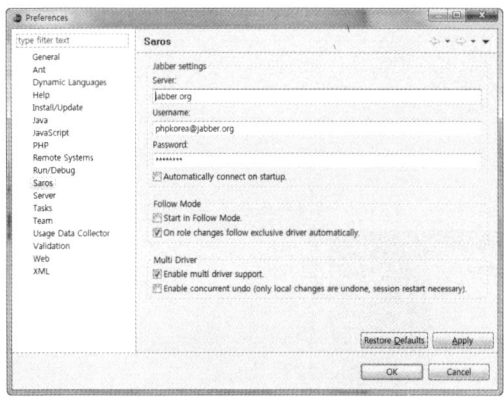

[그림 11-19] jabber.org 로그인 정보 입력

> **참고 대표적인 XMPP 공개 서버 목록**
>
> XMPP 공개 서버는 전 세계적으로 여러 나라에서 운영되고 있다. 자세한 XMPP 공개 서버 목록은 http://xmpp.org/services/에서 확인할 수 있다.

11-4. 프로젝트 원격 공유

Saros를 통해 상대방과 프로젝트와 소스 코드를 공유해서 실시간으로 협업할 수 있다. 이렇게 하면 여러 사람이 한 책상에서 프로그램을 함께 작성하는 듯한 효과를 얻을 수 있다.

자신과 상대방이 XMPP 서버(구글 토크나 Jabber.org 등)에 로그인된 상태라면 PHP Explorer에서 프로젝트를 선택하고 마우스 오른쪽 버튼을 클릭했을 때 [그림 11-20]과 같이 Share project 메뉴가 나타나는 것을 볼 수 있다.

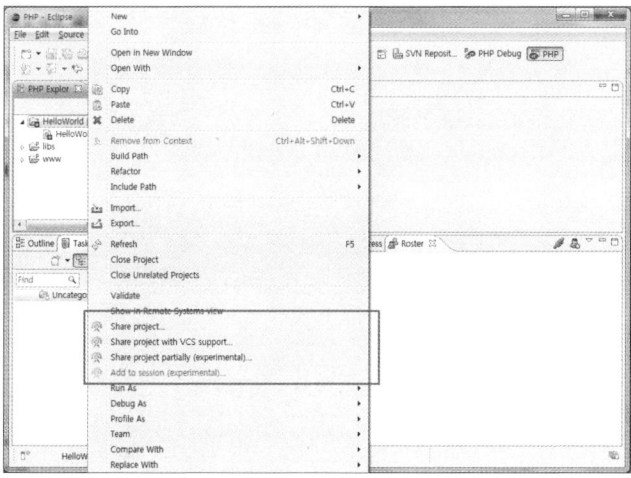

[그림 11-20] 프로젝트 공유 메뉴

Share project는 프로젝트 소스 파일을 상대방에게 직접 전송해서 공유하는 방법이며 Share project with VCS support는 SVN 같은 버전 관리 시스템(VCS, Version Control System)을 통해 소스 코드를 전송해서 공유하는 방법이다. 마지막으로 Share project partially는 여러 개의 프로젝트를 선택적으로 공유하는 방법이다.

Share project를 생성하는 방법은 다음과 같다.

01. Share project를 선택한다.
02. 프로젝트를 공유할 상대방을 선택한 후 Finish 버튼을 클릭한다.

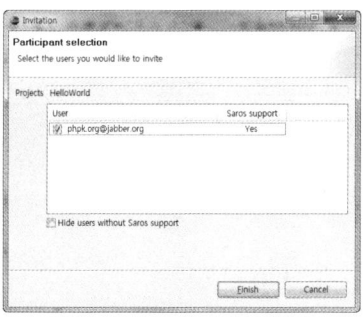

[그림 11-21] 프로젝트를 공유할 친구 선택

03. 상대방에게는 [그림 11-22]와 같이 프로젝트 공유를 위한 세션 초대 창이 열린다. 이때 상대방이 Next 버튼을 클릭하면 프로젝트 공유를 위한 작업이 시작된다.

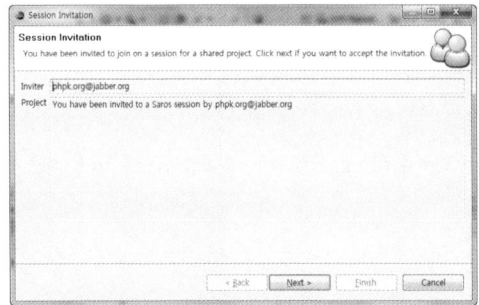

[그림 11-22] 프로젝트 초대

프로젝트 공유를 위한 작업에는 프로젝트 파일 목록 전송, 소스 파일 전송 등이 있는데, 이 작업이 다소 오래 걸릴 수 있으므로 끈기를 갖고 조금 기다리면 연결 성공 창을 볼 수 있을 것이다.

04. Show View 창을 열고 Saros의 Saros Session을 선택한 후 OK 버튼을 클릭한다.

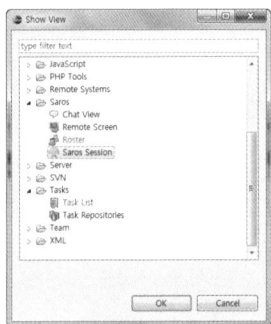

[그림 11-23] 이클립스 뷰 선택 화면의 Saros Session

05. 상대방과 프로젝트 공유가 정상적으로 이뤄지면 [그림 11-24]와 같이 Saros Session(Shared Project Session) 뷰에 프로젝트를 공유하고 있는 상대방의 아이디를 확인할 수 있다.

[그림 11-24] Shared Project Session 뷰

11-5. 실시간 협업

프로젝트 공유 세션이 연결되면 프로젝트 공유에 초대한 사람이 드라이버(Driver)가 된다. 드라이버라는 것은 프로젝트 공유에 대한 모든 권한을 갖고 있는 사람이다. 어떤 사람이 드라이버인지는 Shared Project Session 뷰에서 확인할 수 있는데 이름 옆에 Driver라고 써 있는 사람이 바로 드라이버다.

반대로 드라이버가 아닌 사람은 드라이버가 움직이는 대로 따라갈 뿐 공유된 프로젝트의 소스 코드를 편집할 수 없다. 일종의 관람자라고 할 수 있다.

먼저 드라이버가 소스 코드를 편집한다. 하지만 드라이버가 아닌 사람들이 드라이버의 작업 사항을 보려면 다른 사람들은 각자 자신의 Shared Project Session 뷰에서 드라이버를 선택하고 마우스 오른쪽 버튼을 클릭해서 Follow this user를 클릭해야 한다. 그러면 이후부터는 자신이 Follow하는 상대방이 소스 파일을 열고 편집하고 파일을 저장하고 창을 닫는 모든 과정을 함께 하게 된다. 단 드라이버가 아닌 사람은 코드를 수정할 수 없으니 드라이버가 하는 대로 지켜보기만 해야 한다.

만약 세션에 함께 있는 다른 사람과 코드를 함께 편집하고 싶다면 어떻게 해야 할까? 그렇게 하려면 현재 드라이버로 지정돼 있는 사람이 다른 사람에게 드라이버 권한을 부여하면 된다. Shared Project Session 뷰에서 드라이버 권한을 부여하고자 하는 사람을 선택하고 마우스 오른쪽 버튼을 클릭한 후 Give driver role을 선택하면 된다.

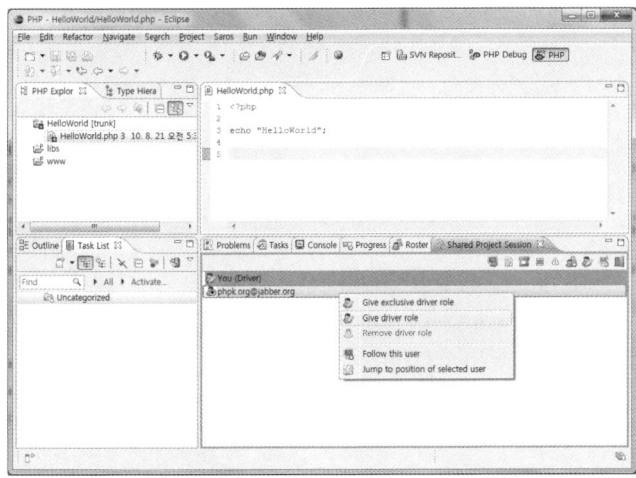

[그림 11-25] 드라이버 권한 부여 메뉴

그러면 [그림 11-26]과 같이 상대방에게 드라이버 권한이 부여되며 이때부터 공유된 프로젝트를 함께 편집할 수 있다. 물론 Remove driver role을 통해 부여한 권한을 다시 회수할 수도 있다.

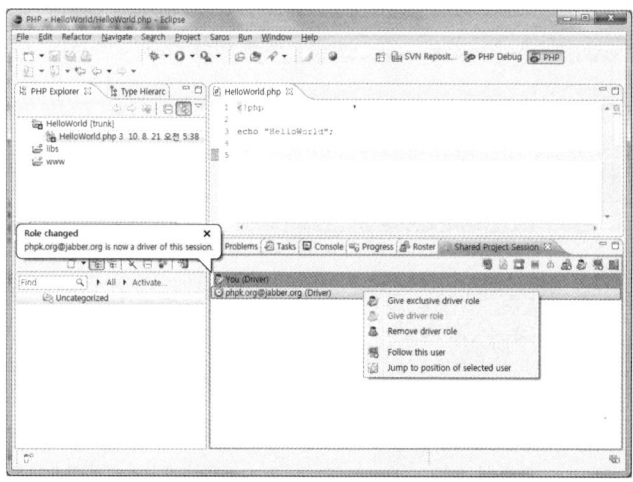

[그림 11-26] 드라이버 권한 부여 알림

소스 코드를 편집하면 자신과 상대방이 어떻게 소스 코드를 편집하고 있는지 색깔로 표시된다. 만약 Shared Project Session 뷰에서 자신의 색깔이 붉은색이라면 자신이 편집한 부분이 상대방의 편집기에선 붉은색으로 표시된다. 반대로 상대방의 색깔이 초록색이라면 자신의 편집기에는 초록색으로 표시된다. 이처럼 세션을 공유하고 있는 사람은 각자 자신만의 색깔이 있어서 여러 사람이 동시에 코드를 수정했을 때의 혼란을 최소화할 수 있다.

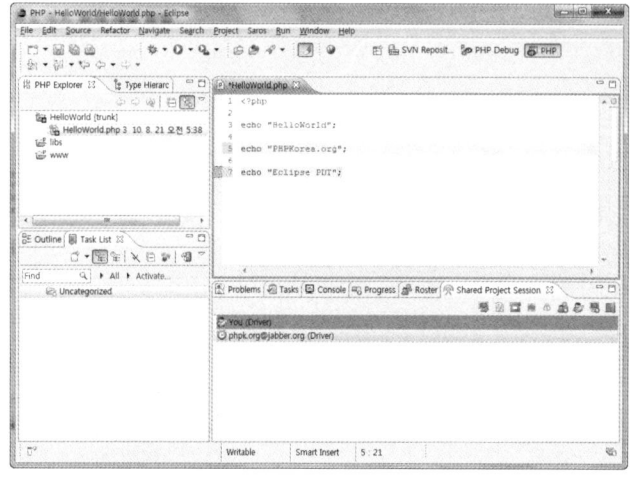

[그림 11-27] 변경되는 소스 코드 표시

CHAPTER **12**

PHP 개발자를 위한
이클립스 PDT

Mylyn을 이용한 버그 트래킹

Mylyn 설치
Trac 연동
Mylyn 활용

아무리 잘 만든 프로그램이라도 버그가 있기 마련이다. 모든 프로그램에는 버그가 존재한다는 것을 전제한다면 그러한 버그들을 어떻게 하면 빠르고 정확하게 찾아내서 해결할 수 있는지를 고민하는 것이 중요하다.

하지만 컴퓨터 기술이 발전하면서 프로그램의 복잡도도 높아지고 시간이 지날수록 소스 코드의 양은 지속적으로 증가하므로 숨어 있는 버그를 발견하는 게 쉬운 일만은 아니다. 개발자는 버그를 발견하고 수정하는 노력을 게을리해서는 안 되며 이런 수고를 덜어주기 위해 최근에는 버그 트래킹 시스템을 활용하기도 한다.

버그 트래킹 시스템은 사용자와 개발자 그리고 소스 코드 간의 소통을 가능하게 한다. 예를 들어 사용자가 이메일이나 웹사이트를 이용해 버그를 신고하면 신고된 내용은 버그 트래킹 시스템을 통해 담당 개발자에게 전달된다. 개발자는 버그에 대한 내용을 확인한 후 다른 개발자와 버그 수정 방법과 관련한 의견을 공유한다. 그리고 정리된 의견은 다시 버그 트래킹 시스템에 반영된다. 소스 코드가 수정되고 SVN이나 Git 같은 소스 저장소에 소스 코드가 커밋되면 버그 트래킹 시스템은 소스 코드의 변경 사항을 인지하고 개발자가 언제든지 버그에 대한 정보를 열람할 수 있게 해준다.

버그 트래킹 시스템을 얼마나 잘 활용하느냐에 따라 프로그램의 품질이 달라질 수 있다. 그러나 버그 트래킹 시스템을 사용하는 행위가 개발 작업에 장애물이 되어서는 안 된다. 이클립스의 Mylyn은 개발자가 이클립스 환경 안에서 작업을 등록하고 자신에게 할당된 작업을 확인하는 방법을 제공한다. 예를 들어 Trac, Mantis, JIRA 등과 같은 버그 트래킹 시스템은 기본적으로 웹 브라우저를 통해 작업을 관리하게끔 돼 있어서 경우에 따라 불편함을 느낄 수 있다. Mylyn을 이용하면 이러한 작업을 이클립스 안에서 수행할 수 있다.

이 장에서는 Mylyn을 설치하고 Trac과 연동하는 방법을 살펴본다.

12-1. Mylyn 설치

이클립스 PDT에는 Mylyn이 기본적으로 포함돼 있다. Mylyn에서 버그 트래킹 시스템을 연동하려면 커넥터(connector)를 설치해야 한다. Mylyn 초기 번들에는 BugZilla 커넥터만 포함돼 있어 Trac이나 Mantis 등과 같은 다른 버그 트래킹 시스템과 연동하려면 다음과 방법으로 커넥터를 설치해야 한다.

Mylyn의 커넥터(이하 Mylyn 커넥터)를 설치하는 방법은 이클립스 플러그인을 설치하는 방법과는 다르다. 이클립스 플러그인은 이클립스의 New Install Software 메뉴를 통해 설치하지만 Mylyn 커넥터는 Mylyn 자체 설치 기능을 통해 설치한다.

Mylyn 설치 방법은 다음과 같다.

01. 이클립스 상단 메뉴에서 Window → Show View → Other를 클릭해서 Show View 창을 연다.
02. Show View 창이 열리면 Tasks 항목에 Task List와 Task Repositories를 선택한 후 OK 버튼을 클릭한다.

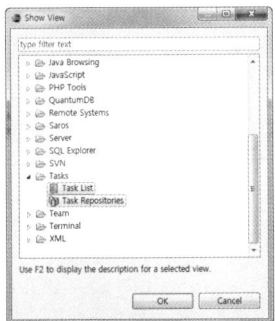

[그림 12-1] Show View 창

> Mylyn에서는 Trac이나 Mantis 같은 버그 트래킹 시스템을 작업 저장소라고 부른다. 따라서 이 책에서도 버그 트래킹 시스템과 함께 작업 저장소라는 말을 함께 쓸 것이므로 오해 없기를 바란다.

03. 다음 화면과 같이 이클립스에 Task List 뷰와 Task Repositories 뷰가 나타난다.

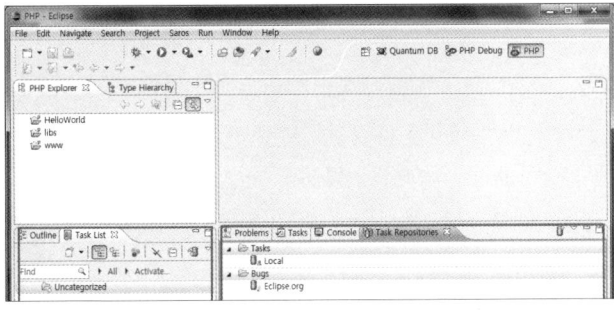

[그림 12-2] Tasks 관련 뷰

04. Task Repositories 뷰에서 마우스 오른쪽 버튼을 클릭한 후 문맥 메뉴를 열면 다음 화면과 같이 Add Task Repository 메뉴를 볼 수 있다. 이 Add Task Repository 메뉴를 선택한다.

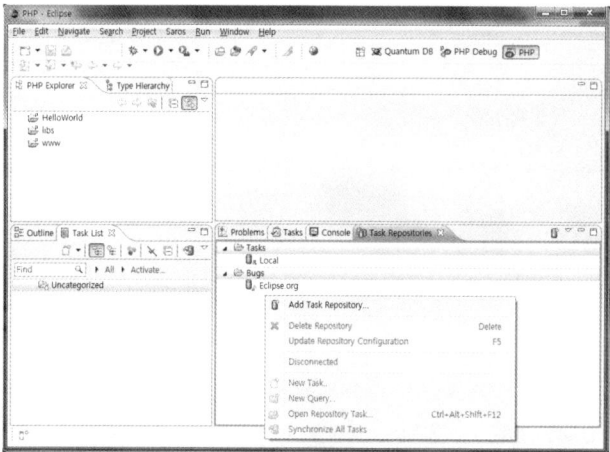

[그림 12-3] Task Repositories 문맥 메뉴

05. Add Task Repository 창이 열리면 창 하단에 있는 Install More Connectors 버튼을 클릭한다.

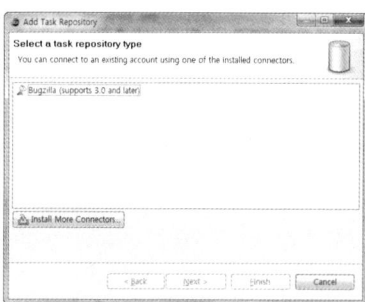

[그림 12-4] 작업 저장소 등록

06. 이제 설치하고자 하는 Mylyn 커넥터를 선택한 후 Finish 버튼을 클릭하면 된다. 이 장에서는 Trac 연동 방법을 살펴볼 것이므로 [그림 12-5]와 같이 Edgewall Trac을 찾아 체크박스에 선택하고 Finish 버튼을 클릭한다. 만약 Mantis를 사용한다면 Mantis를 선택한다.

[그림 12-5] Mylyn 커넥터 선택

07. 이클립스 플러그인을 설치할 때와 마찬가지로 Install 창이 뜨면서 설치할 Mylyn 커넥터를 선택하는 화면이 나타난다. Next 버튼을 클릭해서 설치를 진행한다.

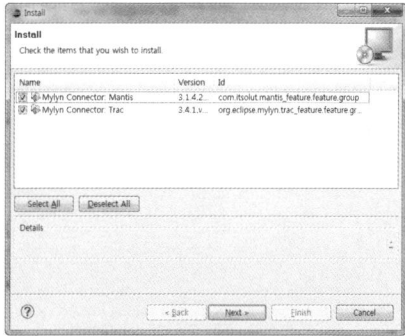

[그림 12-6] Mylyn 커넥터 설치 항목 선택

08. 다시 한번 설치할 Mylyn 커넥터를 확인한 후 Next 버튼을 클릭한다.

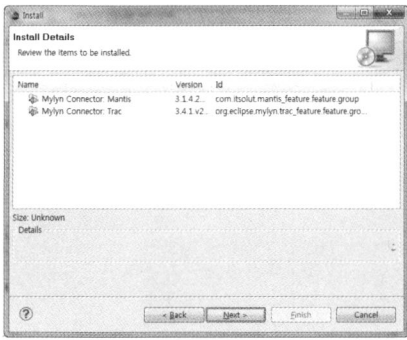

[그림 12-7] 설치할 Mylyn 커넥터 확인

Mylyn 을 이용한 버그 트래킹 **257**

09. Mylyn 커넥터 설치를 위해 라이선스에 동의하는 화면이다. I accept the terms of the license agreements를 선택한 후 Finish 버튼을 클릭한다.

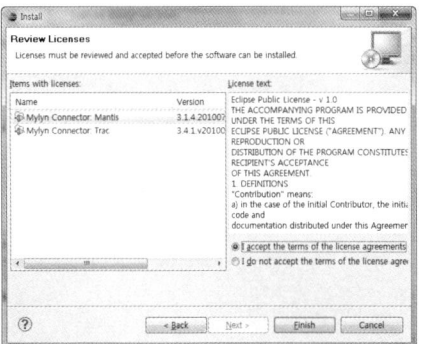

[그림 12-8] 라이선스 확인

10. [그림 12-9]와 같이 모든 인증서의 체크 박스를 선택한 후 OK 버튼을 클릭한다.

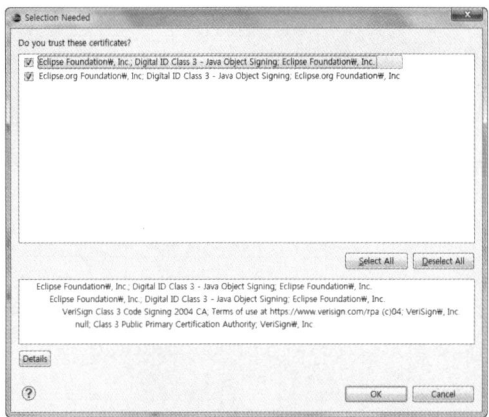

[그림 12-9] 이클립스 인증서 확인

11. 이클립스를 재시작할지 묻는 창이 뜨면 Yes를 클릭해서 이클립스를 다시 시작한다.

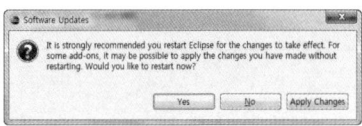

[그림 12-10] 이클립스 재시작 확인

12. Mylyn 커넥터가 잘 설치됐다면 [그림 12-11]과 같이 Add Task Repository 창에서 설치한 Mylyn 커넥터를 확인할 수 있다.

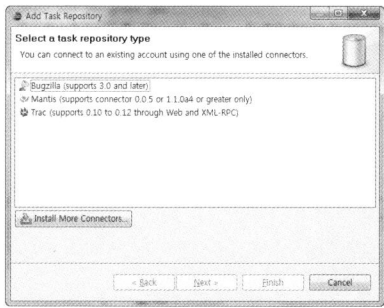

[그림 12-11] Mylyn 커넥터 선택

12-2. Trac 연동

앞서 Mylyn 커넥터를 설치하면서 Trac 커넥터도 설치됐으므로 이클립스의 Mylyn과 Trac을 어떻게 연동하는지 살펴보자. 이 장에서는 Trac이 이미 설치돼 있다는 것을 전제로 설명하겠다. 만약 Trac이 준비되지 않았다면 부록, "기타 프로그램 설치"를 참고하기 바란다.

Mylyn과 Trac을 연동하려면 Trac에 XML-RPC 플러그인이 설치돼 있는 것이 좋다. XML-RPC 플러그인이 설치돼 있지 않더라도 Mylyn과 연동할 수는 있지만 Mylyn의 기능을 제대로 사용하지 못하므로 가능하다면 Trac에 XML-RPC 모듈을 설치해서 사용하는 것이 좋다.

Mylyn과 Trac을 연결하는 방법은 다음과 같다.

01. 이클립스 상단 메뉴에서 Window → Show View → Other를 선택한다.
02. Show View 창에서 Tasks 항목의 Task Repositories를 선택한 후 OK 버튼을 클릭한다.

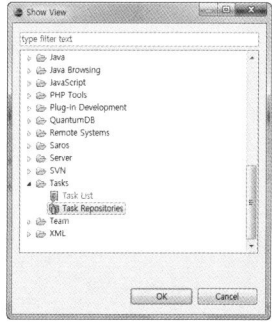

[그림 12-12] Show View 창

03. Task Repositories 뷰에서 마우스 오른쪽 버튼을 클릭한 후 Add Task Repository를 선택한다.

04. Add Task Repositories 창이 열리면 Trac을 선택한다.

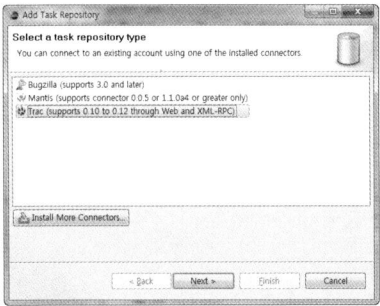

[그림 12-13] Add Task Repository 창에서 Trac을 선택

05. Trac에 연결하기 위한 연결 정보를 입력한 후 Validate Settings 버튼을 클릭한다.

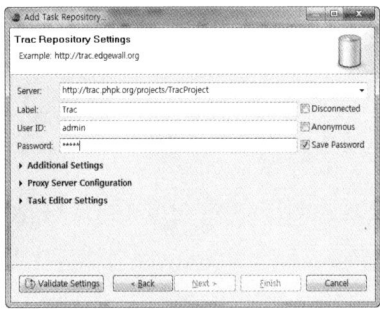

[그림 12-14] Trac 연결 정보 입력

06. Trac 서버와의 연결이 정상적으로 이뤄졌다면 Add Task Repository 창 상단에 "Authentication credentials are valid"라는 메시지가 나타난다. Finish 버튼이 활성화되면 클릭한다.

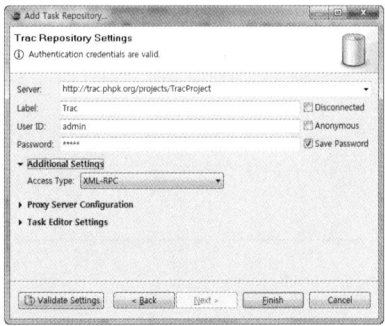

[그림 12-15] Access Type 지정

Additional Settings 항목을 열어보면 Access Type이 지정돼 있다. Trac에 XML-RPC 플러그인이 설치돼 있고 이 기능이 정상적으로 동작한다면 XML-RPC라 선택돼 있을 것이고, 반대로 XML-RPC 플러그인이 설치되지 않았지만 Trac 접속만 정상이라면 Web이 선택돼 있을 것이다. 이와 관련한 자세한 내용은 나중에 다시 살펴볼 것이므로 우선 XML-RPC 플러그인이 설치돼 있지 않은 경우에는 Web을 선택해서 사용할 수도 있다는 점을 알아두자.

07. Add new query 창이 열리면 Yes 버튼을 클릭한다.

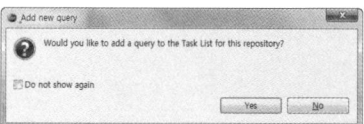

[그림 12-16] 새로운 쿼리(Query) 등록 여부 확인

> Mylyn에서 쿼리(query)라는 것은 Trac 같은 버그 트래킹 시스템으로부터 보고 싶은 작업(Issue 또는 Task) 목록을 가져올 수 있게 검색 조건을 지정하는 것을 말한다. SQL 문을 작성할 때 WHERE 조건을 주는 것과 비슷하다.

08. 다음 화면과 같이 필요한 조건을 지정하면 된다. 각 조건 항목은 마우스 왼쪽 버튼으로 선택할 수 있으며 Ctrl 키 또는 Shift 키와 함께 클릭하면 여러 개의 조건을 함께 선택할 수 있다. 원하는 항목을 입력 또는 선택했다면 Finish 버튼을 클릭한다.

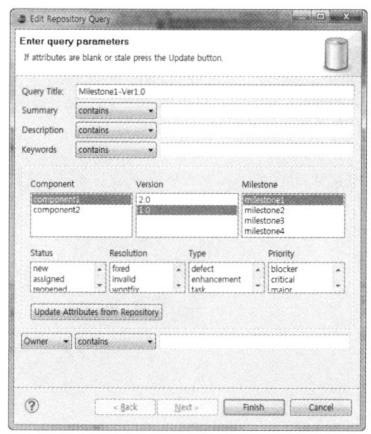

[그림 12-17] 저장소 쿼리 입력

09. Task 저장소와 쿼리 설정이 완료되면 Task Repositories뷰에는 앞서 입력한 Trac 항목이 추가되며 Task List 뷰에는 쿼리 제목이 보일 것이다. Trac에 쿼리 조건을 만족하는 작업이 있다면 Task List에 자동으로 나타나겠지만 그렇지 않은 경우에는 다음 화면의 Task List처럼 아무것도 보이지 않는다.

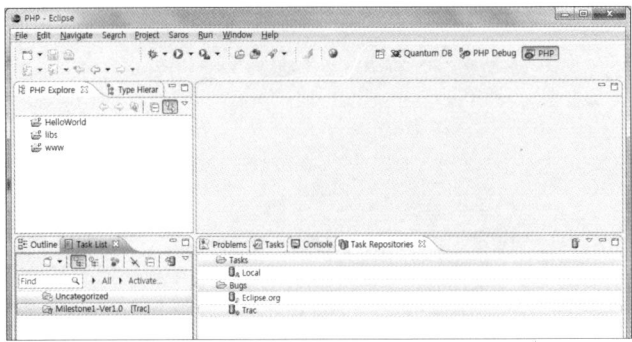

[그림 12-18] Trac과 연결될 Task Repositories 뷰와 Task List 뷰

12-3. Mylyn 활용

버그 트래킹 시스템에 연결되면 이클립스상에서 버그 트래킹 시스템으로 작업을 등록할 수도 있고 다른 사람이 등록한 작업을 확인할 수도 있다. 이 장에서는 Mylyn에서 어떻게 작업을 관리하는지 살펴보겠다. 만약 이클립스에 Task List 뷰가 보이지 않는다면 이클립스 상단 메뉴에서 Window → Show View → Task List를 차례로 선택해 Task List 뷰를 열면 된다.

작업(Task) 등록

작업을 등록하는 방법은 다음과 같다.

01. Task List 뷰에서 작업을 등록하고자 하는 카테고리를 선택하고 마우스 오른쪽 버튼을 클릭한다.
02. 문맥 메뉴에서 New → Task를 선택한다.

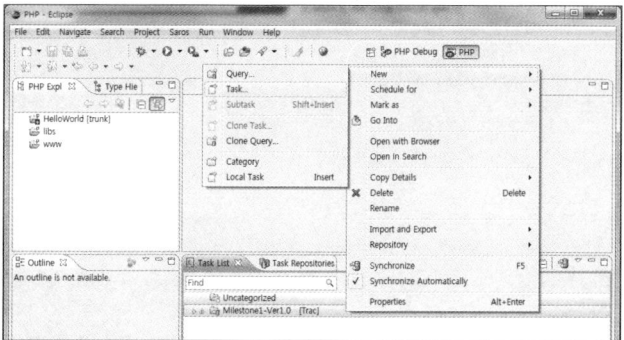

[그림 12-19] Task List 카테고리의 문맥 메뉴

03. 작업을 등록할 작업 저장소를 선택한 후 Finish 버튼을 클릭한다.

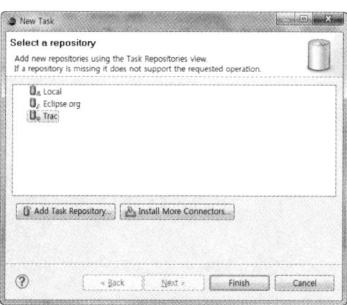

[그림 12-20] New Task 창

04. 이클립스 화면에 New Task 창이 열리면 상세 작업 내용을 입력한다. 입력이 완료되면 Submit 버튼을 클릭한다.

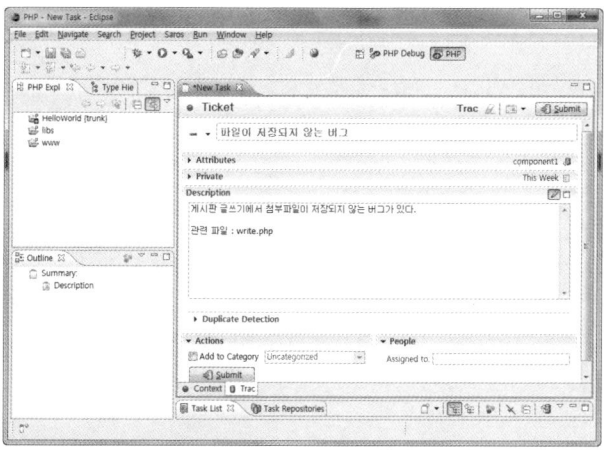

[그림 12-21] 새로운 작업 입력

05. 작업 저장소에 작업이 저장되면 Task List에 입력한 작업이 나타난다.

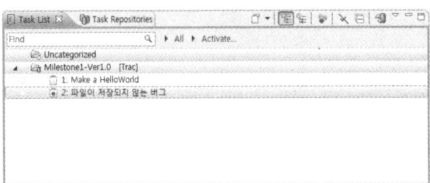

[그림 12-22] 작업이 추가된 Task List 뷰

웹 브라우저를 통해 Trac 시스템에 직접 접속해도 이클립스에서 등록한 작업이 올바르게 등록돼 있는지 확인할 수 있다.

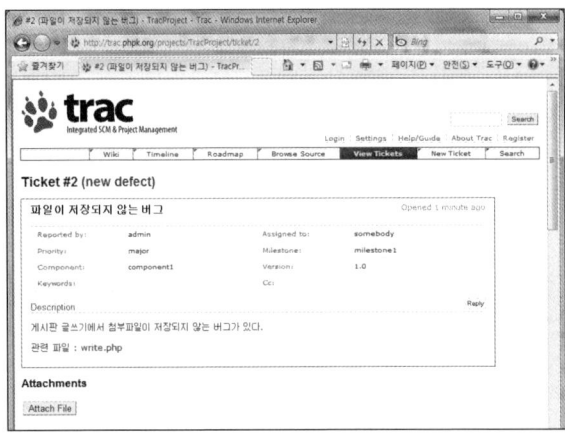

[그림 12-23] 작업이 추가된 Trac 웹 페이지

작업 변경

작업 목록에 나타난 작업을 할당하거나 작업에 대해 의견을 등록할 때는 다음과 같은 과정으로 작업 내용을 변경할 수 있다.

01. 작업 목록에서 원하는 작업을 더블 클릭한다.
02. 작업에 대한 의견을 입력한다.

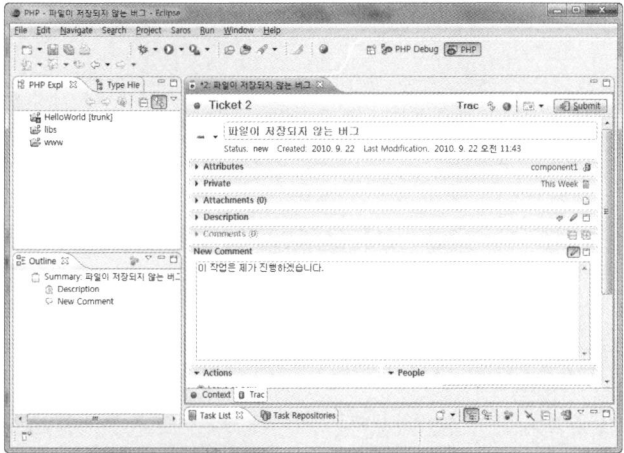

[그림 12-24] **작업 변경을 위한 입력**

03. Actions에서 원하는 항목을 선택하고 Submit 버튼을 클릭한다.

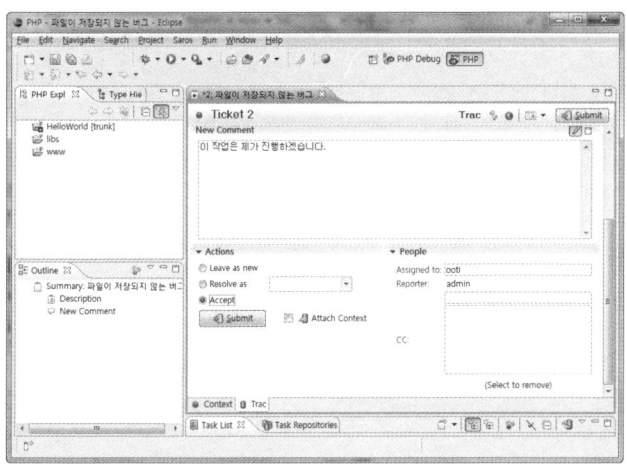

[그림 12-25] **변경한 작업을 저장**

Leave as new는 Actions에 대한 정보를 변경하지 않은 채 다른 정보만 변경할 때 사용한다. 예를 들어 작업을 할당받고자 하는 것은 아니지만 의견을 남기고 싶을 때는 New Comment 입력란에 의견을 입력한 후 Actions에는 Leave as new를 선택한다. 그리고 나서 Submit 버튼을 클릭한다.

Actions의 Resolve as는 선택 항목이 기본적으로 5개 있다. 각 항목의 의미는 다음과 같다.

[표 12-1] Trac의 Actions

Actions	설명
fixed	수정됨
invalid	버그가 아님
wontfix	수정할 계획 없음 또는 수정할 수 없음
duplicate	중복된 작업
worksforme	재현이 불가능 (works for me는 "나는 잘 되는데"라는 의미)

Actions의 Accept는 이 작업을 할당받아 진행하겠다는 의미다. Accept를 선택한 경우에는 Assigned to 입력란에 자신의 Trac 아이디를 입력한다.

작업 진행

작업을 시작하기 전에 작업 목록에서 원하는 작업을 선택한다. 등록된 작업 위로 마우스 커서를 올리면 작업에 대한 간략한 정보를 볼 수 있다. 그리고 더블 클릭하면 해당 작업의 세부 내용을 확인할 수 있다.

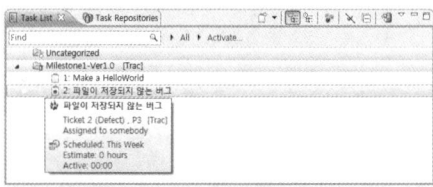

[그림 12-26] 특정 작업의 간략한 정보

앞서 살펴본 바와 같이 작업 Actions에서 Accept를 선택해서 Submit을 하면 작업 저장소에는 여러분이 작업을 진행할 것이라는 정보가 등록된다. 이렇게 되면 다른 사람들은 이 작업을 진행하지 않을 것이다.

Accept를 수행하고 나면 Mylyn은 자동으로 할당받은 작업을 활성화한다. Mylyn에서는 Active라고 표시되고 있으며 Task List 뷰에서는 작업 이름 앞에 동그란 원으로 표시된다. 더불어 Task List 뷰의 상단에 현재 작업 중인 작업 이름이 표시된다.

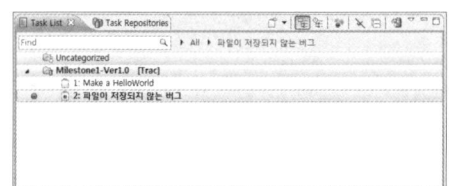

[그림 12-27] 진행 중으로 표시된 작업

작업이 완료되면 작업 내용을 열고 Actions의 Resolve as에서 원하는 항목을 선택한 후 Submit 버튼을 클릭한다.

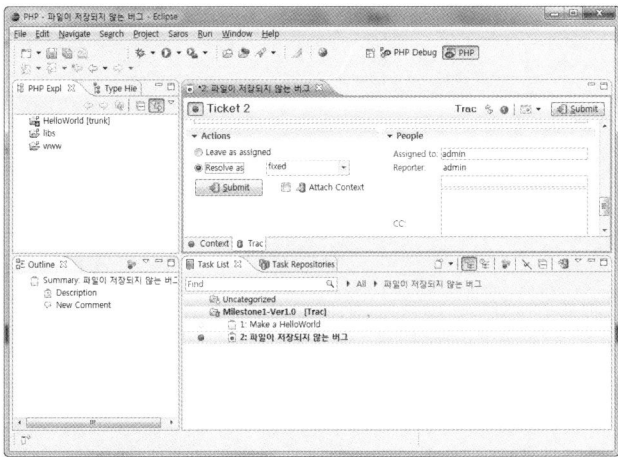

[그림 12-28] Resolve as fixed를 선택한 작업 변경 화면

CHAPTER **13**

PHP 개발자를 위한
이클립스 PDT

PHPDoc를 이용한 개발 문서 작성

PHPDoc 작성
phpDocumentor 설치
이클립스에서 PHPDoc 생성하기
템플릿
메모리 설정

프로그램을 개발하다 보면 다른 개발자들과 프로그램에 관한 정보를 공유하기 위해 개발에 관련된 문서를 작성해야 할 때가 있다. 예를 들어 온라인 쇼핑몰 업체에서 다른 개발자에게 쇼핑몰 API를 공개해야 할 필요가 생겼다고 가정하자. 모든 개발자들을 불러 모아 API를 설명하기보다는 작성된 API 문서를 공유하는 편이 더 효율적일 것이다. 하지만 많은 개발자들이 개발 문서를 작성하는 일을 좋아하지 않는다. 그 이유는 각자 다르겠지만 아마도 프로그램을 개발하는 데 더 집중하고 싶고 문서를 작성하는 데 익숙하지 않기 때문일 것이다.

개발자들 간의 원활한 정보 공유와 회사 차원의 기술 보유를 위해 개발 문서의 필요성은 누구나 잘 알고 있다. 이러한 필요성 때문에 전체 프로젝트 일정에 개발 문서 작성 기간을 추가하는 경우도 있고 규모가 큰 회사에서는 개발 문서 작성을 전담하는 인력을 배정해 두기도 한다. 하지만 소스 코드의 최신 내용이 반영되지 않는 개발 문서는 더는 유용하지 않을 것이며 잘못된 내용으로 개발자에게 혼란을 줄 수도 있다.

프로그램은 프로그램을 직접 개발한 개발자가 잘 알고 있을 것이다. 그렇다면 개발자가 개발하면서 소스 코드에 문서를 작성하게 하면 어떨까? 개발자는 소스 코드를 작성하면서 동시에 문서도 작성하기 때문에 따로 문서를 작성해야 하는 부담을 느끼지 않아도 되고, 최신 소스 코드의 내용을 문서에 더 쉽게 반영할 수도 있다. 프로그램이 완료되는 시점에 문서도 완성할 수 있으므로 추가되는 경제적·시간적 부담도 덜 수 있다.

개발자가 PHP의 클래스, 메서드나 함수, 변수 등에 PHPDoc 형식에 따라 주석을 작성하면 phpDocumentor는 PHP 소스 안에 PHPDoc 형식으로 작성된 내용을 수집해서 HTML, CHM, PDF, XML 등의 문서 파일을 생성한다. 이 장에서는 PHPDoc 형식의 주석을 작성하는 방법과 phpDocumentor를 사용해 문서 파일을 생성하는 방법을 살펴보겠다.

13-1. PHPDoc 작성

일반적인 PHP 주석은 /*와 */를 사용하거나 //를 사용하지만 PHPDoc 형식의 주석(이하 PHPDoc)은 /**으로 시작해서 */으로 끝난다. 이클립스 PDT에서는 컨텐트 어시스트 기능으로 PHPDoc를 쉽게 작성할 수 있게 도와준다. 이클립스 편집 창에서 /**를 입력을 한 후 @를 입력해 보자. 그러면 다음 화면과 같이 PHPDoc에 대한 컨텐트 어시스트 창이 열린다. 입력하고자 하는 항목을 선택하고 원하는 값을 입력하면 된다. PHPDoc은 파일, 클래스, 함수 또는 메서드, 변수 등에 적용할 수 있다. 예를 들어 클래스에 PHPDoc을 작성하고 싶다면 클래스 선언문 바로 앞에 /**와 */를 사용해서 주석을 작성하면 된다.

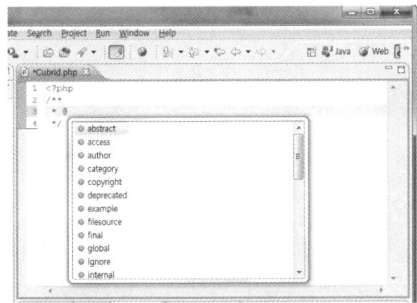

[그림 13-1] PHPDoc 컨텐트 어시스트

다음 예제 코드는 클래스에 대한 PHPDoc을 작성한 것이다. 첫 줄에는 클래스 설명을 자유롭게 적는다. 그 다음 줄에는 @author, @version, @copyright 등 클래스에 대한 정보를 입력한다. 이렇게 작성한 내용은 이클립스 PDT가 인식해서 다음 화면과 같이 편집 창에서 도움말처럼 볼 수도 있다.

```
/**
 * PHP용 큐브리드 라이브러리
 *
 * @author ooti xenonix <ooti(AT)phpkorea.org>
 * @author bloodevil <bloodevil(AT)phpkorea.org>
 * @version 1.0
 * @copyright under BSD license.
 * @since 2010.01.22
 * @link http://phpk.org
 * @link http://cubrid.com
 */
class Cubrid {
 - 생략 -
}
```

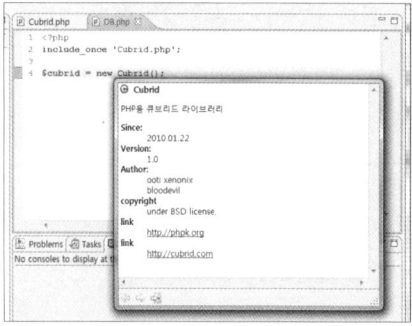

[그림 13-2] 클래스 풍선 도움말

함수도 클래스와 같이 함수 선언문 앞에 PHPDoc을 작성한다. 다음 코드는 connect() 함수에 PHPDoc을 작성한 것이며 이클립스 PDT에서 이를 확인할 수 있다.

```
/**
 * 큐브리드 연결 함수
 * @param $host URL 또는 IP
 * @param $port 큐브리드 브로커 포트 번호
 * @param $database DB 이름
 * @param $user DBMS 사용자명
 * @param $password DBMS 비밀번호
 * @return void
 */
public function connect ($host,$port,$database,$user,$password)
{
    if ( !($this->db_pt= @cubrid_connect($host,$port,$database,$user,$password)) )
    {
        $this->error= cubrid_error_msg();
        return false;
    }

    $this->host=$host;
    $this->port=$port;
    $this->user=$user;
    $this->password=$password;
    $this->database=$database;
    return true;
}
```

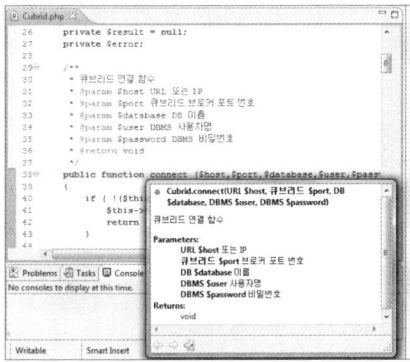

[그림 13-3] 함수 풍선 도움말

프로그램이 복잡해질수록 사용하는 변수가 매우 많아진다. 다음 코드와 같이 중요한 변수에 PHPDoc을 작성해 두면 PHPDoc 문서뿐 아니라 [그림 13-4]와 같이 이클립스에서도 볼 수 있다.

```
/**
 * DBMS 호스트 주소
 * @var string
 */
private $host;
```

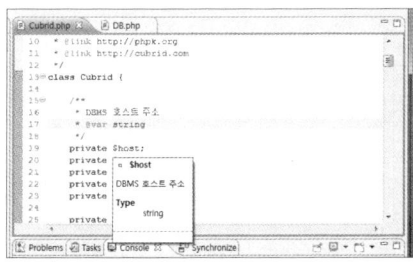

[그림 13-4] 변수 풍선 도움말

13-2. phpDocumentor 설치

PHP 소스 코드에 작성된 PHPDoc을 문서 파일로 만들고자 할 때는 phpDocumentor를 사용한다. PHPDocumentor는 PHP로 작성된 오픈소스 프로그램이라서 개발용 컴퓨터나 서버에 설치해서 사용할 수 있다. phpDocumentor를 설치하는 방법은 다음과 같다.

01. phpDocumentor 공식 웹사이트인 http://phpdoc.org에 접속해서 Downloads 링크를 클릭한다.

[그림 13-5] phpDocumentor 웹사이트

02. 소스포지에 마련된 phpDocumentor 다운로드 페이지가 열리면 Download Now 링크를 클릭해 phpDocumentor 파일을 내려 받는다.

PhpDocumentor-1.4.3.zip 파일에는 오류가 있는 파일이 포함돼 있으므로 PhpDocumentor-1.4.3.tgz 파일을 내려 받아야 한다.

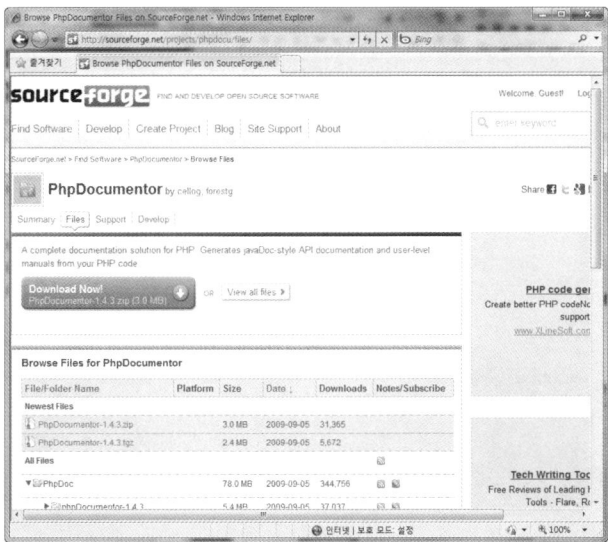

[그림 13-6] phpDocumentor 다운로드 페이지

03. 내려 받은 phpDocumentor 파일을 원하는 폴더에 압축을 푼다. 필자는 C:\php\PhpDocumentor 폴더에 압축을 풀었다.

04. phpDocumentor 폴더에 있는 phpdoc.bat 파일을 텍스트 에디터로 연다.

05. 다음과 같은 코드를 찾아서 자신의 로컬 컴퓨터에 설치된 php.exe 경로로 변경한다.

```
SET phpCli=C:\usr\local\php\cli\php.exe
```

필자는 PHP가 C:\php\php-5.2.13 폴더에 설치돼 있어서 다음과 같이 변경했다.

```
SET phpCli=C:\php\php-5.2.13\php.exe
```

06. 변경한 phpdoc.bat 파일을 저장한다.

13-3. 이클립스에서 PHPDoc 생성하기

이클립스에서는 외부 프로그램 실행 기능인 External Tools를 통해 phpDocumentor를 실행한다. External Tools에 대해서는 "외부 프로그램 실행"에서 자세히 다루고 있으며 이 장에서는 phpDocumentor을 위한 설정 방법을 살펴본다.

phpDocumentor를 설정하는 방법은 다음과 같다.

01. 이클립스 상단 메뉴에서 Run → External Tools → External Tools Configurations를 선택하거나, 화면 385와 같이 이클립스 상단에 있는 실행(Run) 버튼의 삼각형을 클릭해서 External Tools Configurations를 선택한다.

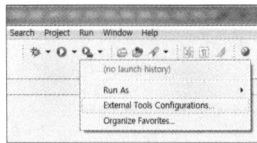

[그림 13-7] External Tools Configuration 메뉴

02. External Tools Configurations 창이 나타나면 Program 항목을 선택하고 마우스 오른쪽 버튼을 클릭한 후 New를 선택한다.

03. Name에 Create PHPDoc을 입력하고 Location, Working Directory, Arguments를 다음과 같이 입력한다(표 13-1 참고).

[표 13-1] PHPDoc 실행 설정 항목

항목	입력 값
Location	phpdoc.bat 파일 경로 예) C:\php\PhpDocumentor\phpdoc.bat
Working Directory	phpDocumentor 압축을 해제한 경로 예) C:\php\PhpDocumentor
Arguments	-d 소스 경로 -t 생성할 문서 경로 -o 템플릿 경로 예) -d ${project_loc} -t C:\phpdocs\${project_name} -o HTML:frames:earthli

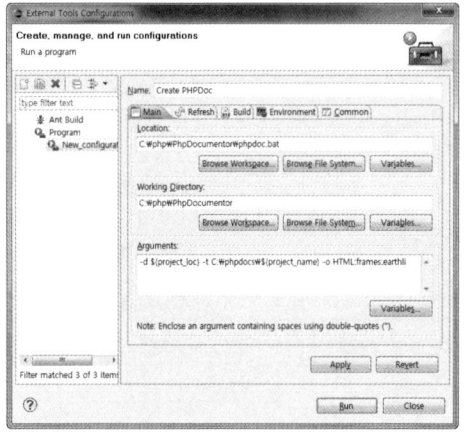

[그림 13-8] PHPDoc 실행 설정

04. 설정을 저장하기 위해 Apply 버튼을 클릭하고 Close 버튼을 클릭해서 창을 닫는다.

05. 다시 이클립스 상단에 위치한 실행 버튼의 삼각형을 클릭한 후 Organize Favorites를 선택한다.

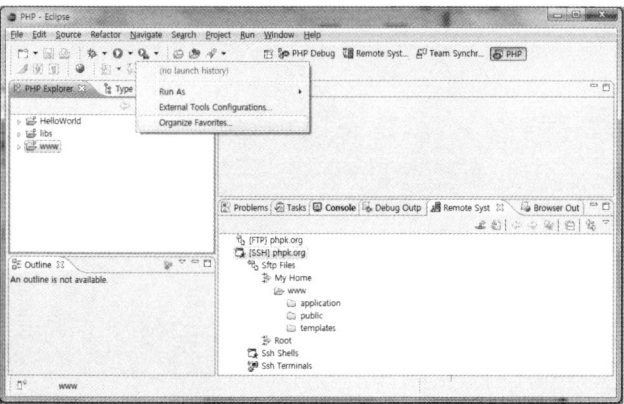

[그림 13-9] 실행 버튼 메뉴

06. Organize External Tools Favorites 창이 열리면 Add 버튼을 클릭한다.

07. Add External Tools Favorites 창에서 방금 추가한 Create PHPDoc을 선택하고 OK 버튼을 클릭한다.

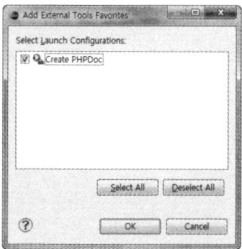

[그림 13-10] 외부 실행 즐겨찾기 등록

08. Organize External Tools Favorites 창에 Create PHPDoc이 등록되면 OK 버튼을 클릭한다.

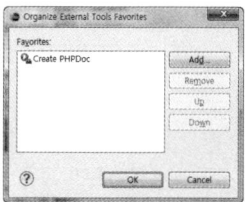

[그림 13-11] 즐겨찾기에 등록된 화면

09. 이제 문서를 만들고자 하는 프로젝트를 PHP Explorer에서 선택한다.
10. 실행 버튼의 삼각형을 클릭해서 Create PHPDoc을 선택한다.

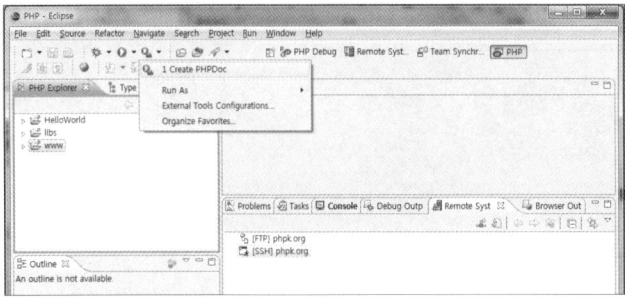

[그림 13-12] 실행 버튼 메뉴에 나타난 PHPDoc 선택 항목

11. Console 뷰에 phpDocument가 생성되는 과정이 출력된다.

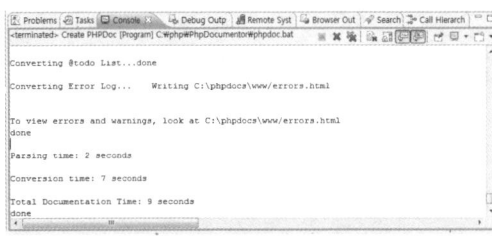

[그림 13-13] PHPDocument 생성 로그가 출력된 Console 뷰

12. 웹 브라우저를 통해 C:/php/phpdocs 폴더의 index.html 파일을 열면 [그림 13-14]와 같이 HTML 형식으로 작성된 PHPDoc 문서를 볼 수 있다.

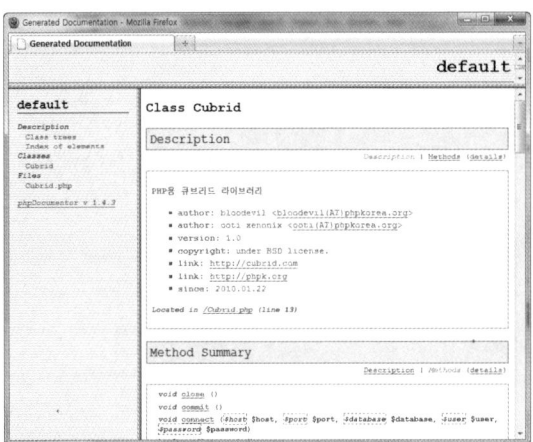

[그림 13-14] l0l33t 템플릿으로 작성된 PHPDoc 문서

13-4. 템플릿

phpDocumentor는 HTML, CHM, PDF, XML로 4가지 형식의 문서 파일을 생성할 수 있는 템플릿을 제공한다. 필자는 읽기 쉽게 구성돼 있는 HTML 형식을 추천한다. 아울러 CHM, PDF, XML 등으로 문서를 생성하는 경우 사용자가 추가로 작업을 해야 하거나 한글이 제대로 표현되지 않는 문제점이 있다.

템플릿 인코딩 문제

일반적으로 PHP 소스 코드의 인코딩은 UTF-8로 지정해서 작성한다. 하지만 phpDocumentor에 포함된 모든 템플릿은 인코딩이 ISO-8859로 지정돼 있어 문서를 생성했을 때 한글이 제대로 보이지 않는 문제가 나타난다.

이 문제는 템플릿 파일을 열고 인코딩 메타 태그를 변경하면 쉽게 해결할 수 있다. 템플릿에 따라 조금씩 차이는 있지만 대체로 아래의 4개의 파일을 열고 ISO-8859를 UTF-8로 변경하면 된다. 인터넷에 연결된 환경이라면 http://www.phpk.org/archives/538에 접속해서 필자가 미리 UTF-8로 변경해 둔 템플릿 파일을 내려 받아 사용해도 된다.

인코딩 메타 태그가 포함된 템플릿 파일은 다음과 같다.

- blank.tpl
- header.tpl
- index.tpl
- top_frame.tpl

템플릿 종류

HTML 템플릿은 frames와 Smarty로 두 가지로 나눌 수 있다. frames에는 6개의 템플릿이 있으며 Smarty에는 3개의 템플릿이 있다. frames에 포함된 템플릿은 HTML의 프레임을 사용해서 문서를 읽기 쉽게 만들어 주며 Smarty에 포함된 템플릿은 프레임을 사용하지 않고 한 화면을 하나의 HTML 파일로 생성한다. 예를 들어 PHP.net에서 볼 수 있는 PHP 공식 문서와 비숫한 형태로 문서를 만들고 싶다면 프레임을 사용하지 않는 Smarty의 PHP 템플릿을 사용하면 된다. [그림 13-15]는 Smarty의 PHP 템플릿으로 작성한 PHPDoc 문서다.

[표 13-2] frames 템플릿

템플릿	템플릿 경로
default	HTML:frames:default HTML:frames:DOM/default
earthli	HTML:frames:earthli HTML:frames:DOM/earthli
l0l33t	HTML:frames:l0l33t HTML:frames:DOM/l0l33t
phpdoc.de	HTML:frames:phpdoc.de HTML:frames:DOM/phpdoc.de
phpedit	HTML:frames:phpedit
phphtmllib	HTML:frames:phphtmllib HTML:frames:DOM/phphtmllib

[표 13-3] Smarty 템플릿

템플릿	템플릿 경로
default	HTML:Smarty:default
HandS	HTML:Smarty:HandS
PHP	HTML:Smarty:PHP

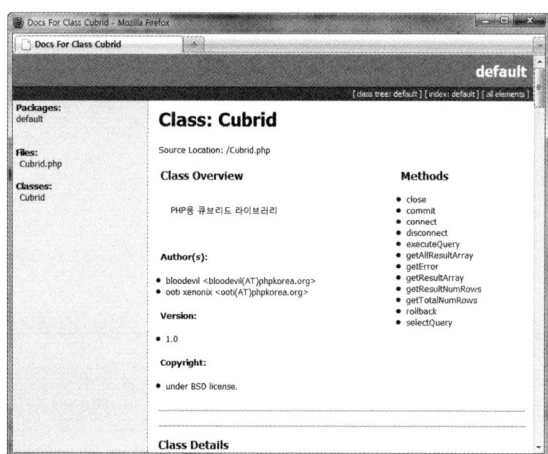

[그림 13-15] Smarty의 PHP 템플릿으로 작성한 PHPDoc 문서

13-5. 메모리 설정

phpDocumentor는 전체 PHP 파일에 대한 클래스, 메서드, 변수 정보와 PHPDoc 주석 내용을 모두 메모리로 읽어 들인 후 PHPDoc 문서를 생성한다. 이 과정에서 생성해야 하는 문서의 양이 많아 phpDocumentor에 지정한 메모리의 사용 가능한 최대치를 넘어서는 경우 [그림 13-16]과 같은 메모리 크기 에러가 발생할 수 있다.

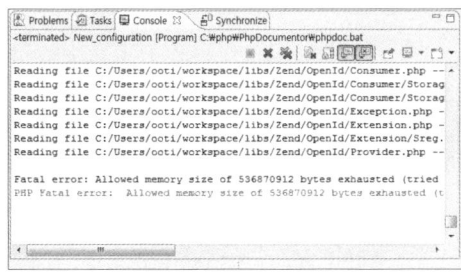

[그림 13-16] 메모리 크기 에러가 출력된 Console 뷰

PHP 파일의 수가 많고 소스 코드가 복잡할수록 phpDocumentor가 사용하는 메모리 양은 늘어날 수밖에 없다. 만약 메모리가 부족하다면 phpDocumentor 폴더에 있는 phpDocumentor.ini 파일을 열어 다음 예제 코드와 같이 memory_limit을 찾아 주석을 해제하고 적절한 값을 입력한다. memory_limit 값을 지정하지 않으면 phpDocumentor는 기본값인 256M를 메모리로 사용한다.

```
;; set max memory usage size to be very high, to avoid it crashing it the middle of its run
;; due to using a boatload of memory
;;memory_limit = 512M
memory_limit = 2048M
```

CHAPTER **14**

PHP 개발자를 위한
이클립스 PDT

유용한 이클립스 플러그인

Notepad
Hex Editor
FreeMEM
RSS View
FileSync
StartExplorer

14-1. Notepad

Notepad는 이클립스용 메모장이다. 컴퓨터에서 간단한 내용을 기록해 두기 위해 종종 메모장 프로그램을 사용하는데 이클립스 플러그인 형태의 Notepad를 설치해 두고 개발에 관련된 메모를 적어 두면 유용하다.

공식 웹사이트 : http://eclipsenotepad.sourceforge.net/

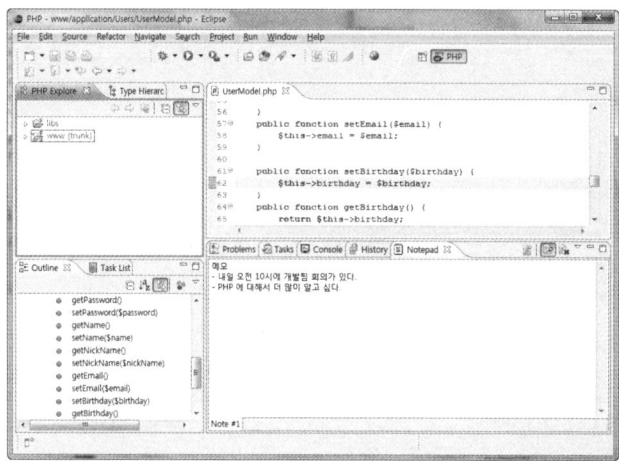

[그림 14-1] Notepad 뷰

14-2. Hex Editor

16진수 Hex 코드를 편집해야 하는 경우 별도의 Hex 편집기를 설치하지 않고 이클립스용 HexEditor 플러그인을 설치해서 사용하면 편리하다.

공식 웹사이트 : http://ehep.sourceforge.net/

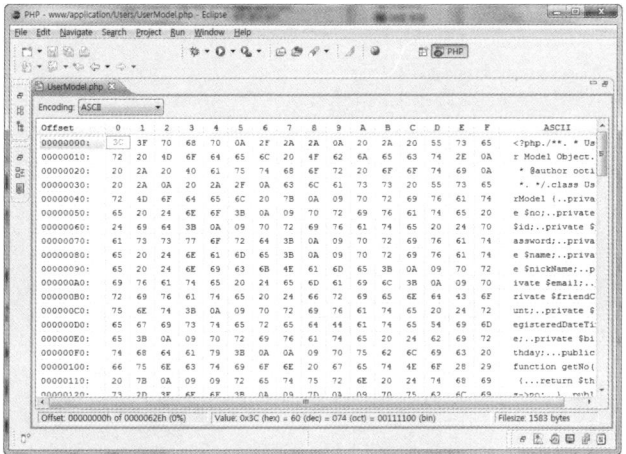

[그림 14-2] HexEditor 편집 창

14-3. FreeMEM

FreeMEM은 이클립스에서 사용하는 메모리 양을 그래프와 수치로 보여주는 플러그인이다.

공식 웹사이트 : http://www.junginger.biz/eclipse/freemem.html

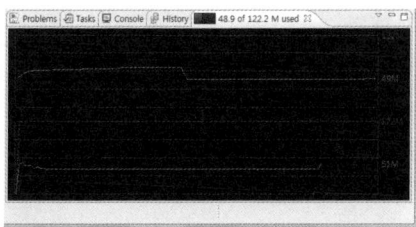

[그림 14-3] FreeMEM 뷰

14-4. RSS View

RSS View는 이클립스에서 RSS 피드를 볼 수 있게 해주는 플러그인이다. 전문 RSS 리더만큼 다양한 기능을 제공하지는 않지만 개발과 관련된 웹사이트의 정보를 확인하는 용도로는 충분하다.

유용한 이클립스 플러그인 **285**

공식 웹사이트 : http://www.junginger.biz/eclipse/rss-view.html

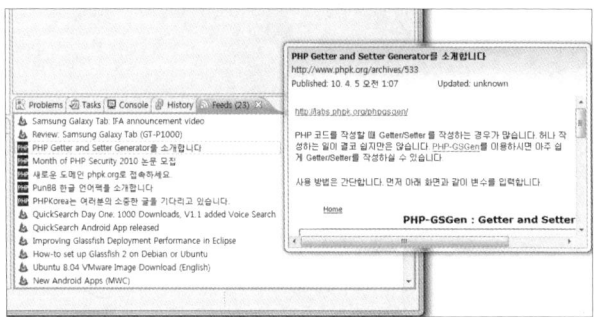

[그림 14-4] RSS View 뷰

14-5. FileSync

FileSync는 프로젝트의 파일을 지정한 폴더로 동기화하는 플러그인이다. 개발자가 사용하는 컴퓨터와 테스트 웹 서버가 네트워크 드라이브로 연결돼 있는 경우 FileSync를 이용해 프로젝트 폴더의 파일을 테스트 웹 서버의 네트워크 폴더로 동기화하면 된다. 개발자가 이클립스에서 파일을 저장하면 FileSync는 변경된 파일을 인식해서 네트워크 폴더로 파일을 전송한다.

공식 웹사이트 : http://andrei.gmxhome.de/filesync/index.html

FileSync를 설치한 후 PHP Explorer의 프로젝트를 선택하고 마우스 오른쪽 버튼을 클릭한다. [그림 14-5]와 같은 메뉴가 나타나면 Force File Synchronization을 선택한다.

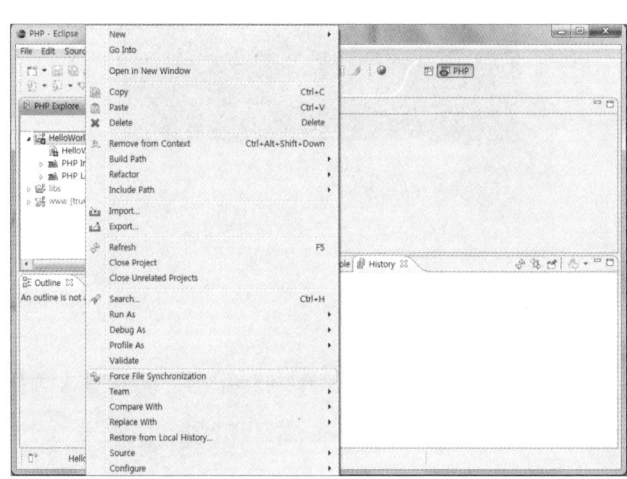

[그림 14-5] FileSync 메뉴

File synchronization 설정 창이 열리면 프로젝트 폴더를 추가하고 동기화할 대상 폴더를 지정한 후 OK 버튼을 클릭한다.

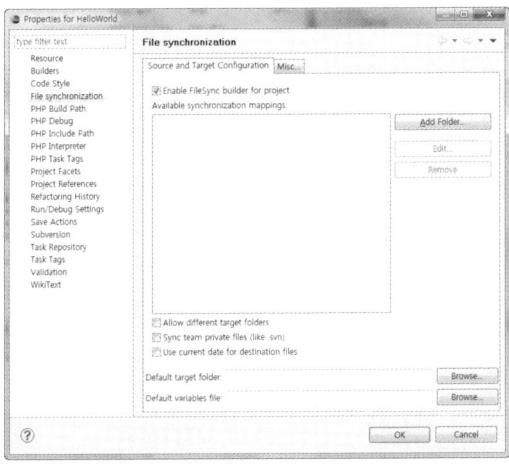

[그림 14-6] File synchronization 설정

14-6. StartExplorer

StartExplorer는 이클립스에서 폴더나 파일을 외부 프로그램으로 손쉽게 열 수 있게 해주는 플러그인이다. 예를 들어 PHP Explorer에서 폴더나 파일을 선택하고 마우스 오른쪽 버튼을 클릭한 후 메뉴에서 StartExplorer → Show resources(s) in Windows Explorer를 선택하면 윈도우 탐색기에 선택한 폴더가 열린다. 이 기능은 편집 창 안에서도 동작한다. [그림 14-7]과 같이 소스 코드에 포함된 파일이나 폴더 경로를 선택하고 StartExplorer → Start a Windows Explorer in this path를 클릭하면 선택한 파일이 있는 폴더가 열린다. 단, StartExplorer의 기준 폴더가 이클립스가 설치된 폴더이므로 상대 경로인 경우 오류가 발생할 수 있다.

공식 웹사이트 : http://startexplorer.sourceforge.net

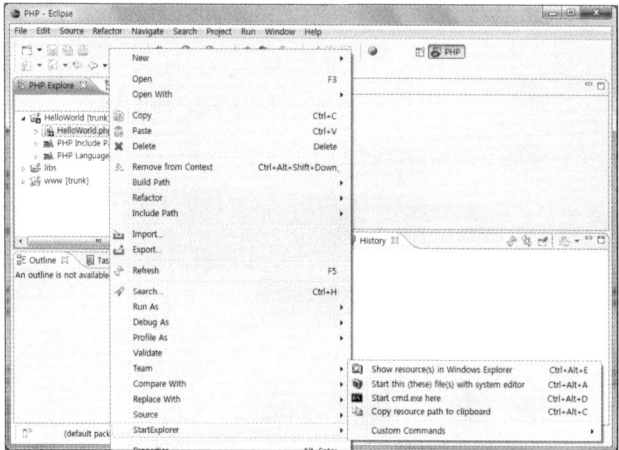

[그림 14-7] StartExplorer 메뉴

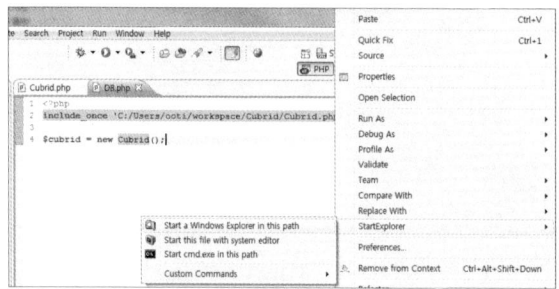

[그림 14-8] 편집 창 안에서의 StartExplorer

CHAPTER **15**

PHP 개발자를 위한
이클립스 PDT

이클립스 단축키

편집기

단축키	설명
Ctrl + Page Up	왼쪽 탭 열기
Ctrl + Page Down	오른쪽 탭 열기
Ctrl + M	뷰/편집 창 최대화
Ctrl + /	줄 주석 추가
Ctrl + Shift + /	블록 주석 추가
Ctrl + D	한 줄 삭제
Alt + ↑	선택한 줄 위로 이동
Alt + ↓	선택한 중 아래로 이동
Shift + Enter	현재 줄 아래에 한 줄 추가
Ctrl + Shift + Enter	현재 줄 위에 한 줄 추가
Ctrl + Shift + Y	선택한 문자열을 소문자로 변경
Ctrl + Shift + X	선택한 문자열을 대문자로 변경
Ctrl + Spacebar	컨텐트 어시스트 활성화
Ctrl + Shift + Spacebar	문맥 정보
Ctrl + C	복사
Ctrl + Insert	복사
Ctrl + X	잘라내기
Ctrl + V	붙여넣기
Shift + Insert	붙여넣기
Shift + Delete	잘라내기
Delete	삭제
Ctrl + K	다음 찾기
Ctrl + Shift + K	이전 찾기
Ctrl + F	찾기 또는 바꾸기
Ctrl + J	증분 검색(검색 창 없이 검색하고자 하는 문자열을 순서대로 입력)
Ctrl + 1	빠르게 고침
Ctrl + Y	되돌리기 취소

단축키	설명
Ctrl + A	전체 선택
F2	풍선 도움말 자세히 보기
Ctrl + Z	되돌리기
Alt + /	단어 자동 완성

파일

단축키	설명
Ctrl + F4	닫기
Ctrl + W	닫기
Ctrl + Shift + F4	모두 닫기
Ctrl + Shift + W	모두 닫기
Ctrl + N	새로 열기
Alt + Shift + N	새로 열기 메뉴
Ctrl + P	인쇄
Alt + Enter	속성 창 열기
F5	새로고침
F2	이름 변경
Ctrl + S	저장
Ctrl + Shift + S	모두 저장

내비게이터

단축키	설명
Alt + ←	이전 히스토리 위치로 이동
Alt + →	다음 히스토리 위치로 이동
Ctrl + L	줄 번호로 이동
Ctrl + Q	최근 편집한 위치로 이동

F3	클래스, 메서드, 변수 등이 정의된 부분 열기
Ctrl + Shift + R	리소스 열기
Ctrl + Shift + T	형식 열기
Ctrl + Shift + H	계층(Hierarchy) 형식 열기
Ctrl + T	계층(Hierarchy) 구조 풍선 도움말
Ctrl + O	클래스 아웃라인

APPENDIX 01
PHP 개발자를 위한
이클립스 PDT

기타 프로그램 설치

웹 서버 설치
이클립스 PDT를 위한 아파치 웹 서버 설정
PHP 설치
XAMPP 패키지 설치
큐브리드
서브버전 및 Trac 설치

이 책에 담긴 내용을 학습하려면 몇 가지 프로그램을 컴퓨터에 설치해야 한다. 이 장에서는 각 프로그램을 설치하는 방법을 자세히 살펴본다.

1-1. 웹 서버 설치

PHP 웹 페이지를 실행하려면 가장 먼저 아파치 웹 서버를 설치해야 한다. 아파치 웹 서버는 아파치 다운로드 웹 페이지에서 내려 받을 수 있다. [부록 1-1]과 같이 웹 브라우저를 이용해 http://httpd.apache.org/download.cgi에 접속한 후 Current Release 항목에서 운영체제에 알맞은 최신 아파치 파일을 내려 받으면 된다. 윈도우 사용자는 Win32 Binary라고 명시된 msi 파일을 내려 받아 설치하고, 리눅스나 Max OS X 사용자는 Unix Source라고 명시돼 있는 tar.gz 또는 tar.bz2 파일을 내려 받은 후 컴파일해서 사용할 수 있다.

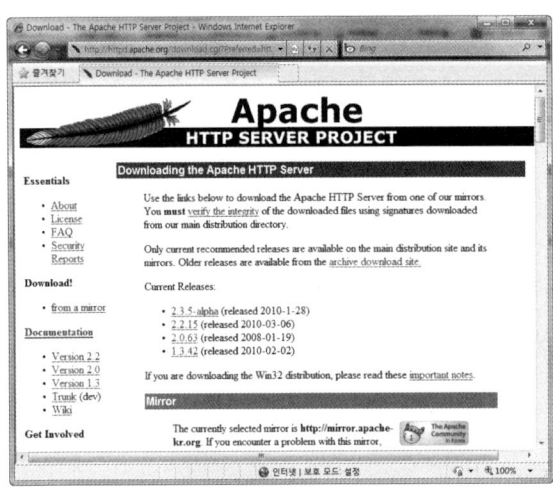

[부록 1-1] 아파치 다운로드 페이지

윈도우에 아파치 웹 서버 설치

윈도우용 아파치 웹 서버는 설치 마법사를 통해 쉽게 설치할 수 있다. 자세한 설치 방법은 다음과 같다.

01. 아파치 웹 서버 설치 파일(확장자는 msi)을 실행하면 Installation Wizard의 첫 화면이 나타난다. Next 버튼을 클릭한다.

[부록 1-2] 아파치 웹 서버 설치 마법사

02. I accept the terms in the license agreement를 선택한 후 Next 버튼을 클릭한다.

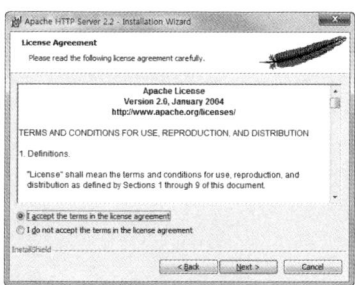

[부록 1-3] 아파치 라이선스 동의

03. 아파치 웹 서버에 대한 안내 화면이다. Next 버튼을 클릭한다.

[부록 1-4] 아파치 웹 서버 설명

04. 서버 정보를 입력하는 화면이다. 기본값을 사용해도 무방하므로 적당한 값을 입력하고 Next 버튼을 클릭한다.

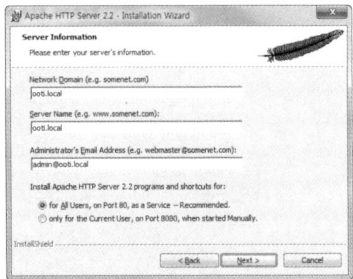

[부록 1-5] 서버 정보 입력

05. 설치 형식을 지정하는 화면이다. Typical을 선택하고 Next 버튼을 클릭한다. 설치 세부사항을 직접 설정하려면 Custom을 선택한다.

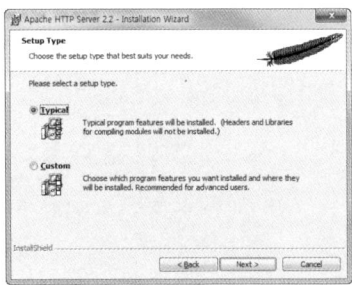

[부록 1-6] 서버 설치 방법 선택

06. 아파치 웹 서버를 설치할 폴더를 지정한다. 설치하고자 하는 폴더를 지정한 후 Next 버튼을 클릭한다.

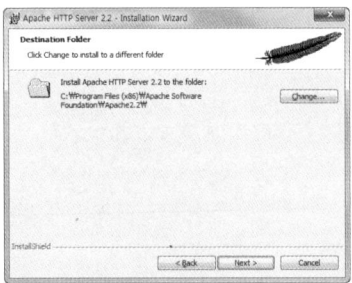

[부록 1-7] 설치 경로 지정

07. 마지막으로 아파치 웹 서버 설치를 최종 확인하는 화면이다. Install 버튼을 클릭하면 설치가 진행된다.

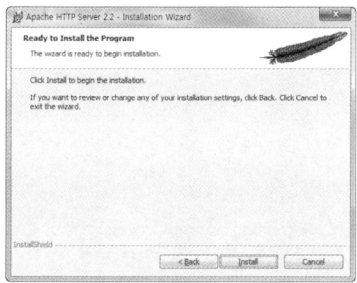

[부록 1-8] 설치 시작 확인

1-2. 이클립스 PDT를 위한 아파치 웹 서버 설정

사용자가 웹 브라우저를 통해 아파치 웹 서버에 접속하면 웹 서버는 DocumentRoot로 지정된 폴더에서 index.htm, index.html, index.php 등의 파일을 찾고 그 내용을 웹 브라우저로 전송한다. 다시 말해서 아파치 웹 서버는 실제로 동작하는 HTML 파일이나 PHP 파일이 있는 폴더를 DocumentRoot로 지정한다. 그렇다면 이클립스 PDT의 Workspace 안에서 실제로 동작하는 PHP 파일은 어디에 있을까? 바로 Workspace 아래에 있는 각 프로젝트 폴더일 것이다.

하지만 이클립스 PDT가 설치된 컴퓨터에서는 DocumentRoot를 각 프로젝트 폴더로 지정하지 말고 Workspace 폴더를 지정할 것을 권장한다. PDT는 기본적으로 http://localhost 경로가 Workspace로 지정됐다는 것을 전제로 동작한다. 이와 관련된 내용은 "PHP 웹 페이지 실행" 장에서도 다루고 있으므로 참고하기 바란다.

아파치 웹 서버 설치가 완료되면 설치 폴더에 conf/httpd.conf 파일을 텍스트 에디터로 연다. 그리고 DocumentRoot를 찾아서 이클립스의 Workspace 경로를 지정한다. 필자의 경우에는 Workspace 경로가 C:\Users\ooti\workspace라서 다음과 같이 지정했다.

```
DocumentRoot "C:/Users/ooti/workspace"
```

그리고 디렉터리 접근 권한을 부여하기 위해 다음 내용을 추가한다.

```
<Directory "Workspace 경로">
    Options Indexes FollowSymLinks
    AllowOverride None
    Order allow,deny
    Allow from all
</Directory>
```

아파치 웹 서버를 재시작한 후 웹 브라우저를 통해 http://localhost로 접속해서 [부록 1-9]와 같이 프로젝트 폴더 목록이 보이는지 확인한다.

[부록 1-9] 웹 브라우저를 통해 로컬 컴퓨터에 설치된 아파치 웹 서버에 접속한 화면

1-3. PHP 설치

윈도우용 PHP도 아파치 웹 서버와 같이 설치 마법사를 통해 쉽게 설치할 수 있다. PHP를 설치하는 방법은 다음과 같다.

01. PHP 다운로드 웹 페이지(http://php.net/downloads.php)에 접속해서 Windows Binaries 항목의 링크를 클릭하거나 윈도우용 PHP 다운로드 웹 페이지인 http://windows.php.net/download/에 접속한다.

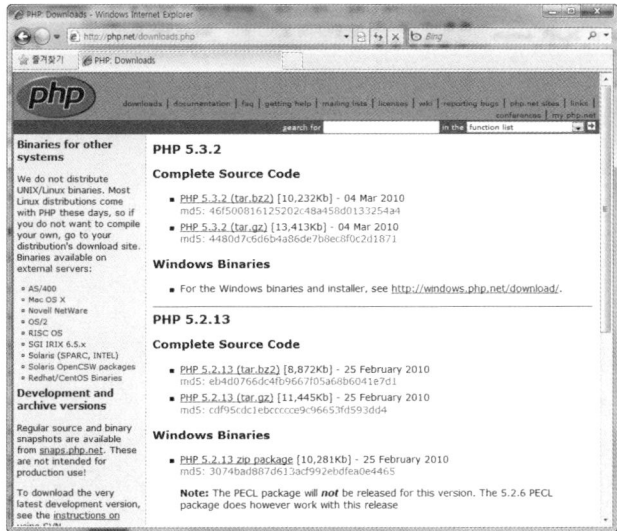

[부록 1-10] PHP 다운로드 페이지

02. 최신 버전의 인스톨러가 포함된 윈도우용 바이너리 파일 (Installer)을 내려 받는다.

03. 내려 받은 msi 파일을 실행한 후 Next 버튼을 클릭한다.

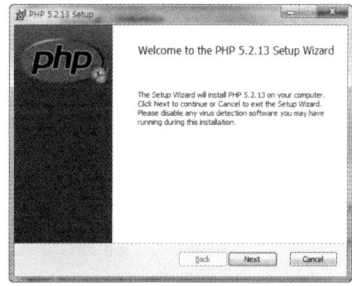

[부록 1-11] PHP 설치 마법사 실행 화면

04. PHP를 설치할 폴더 위치를 지정한다. 필자의 경우 C:\php에 설치했다.

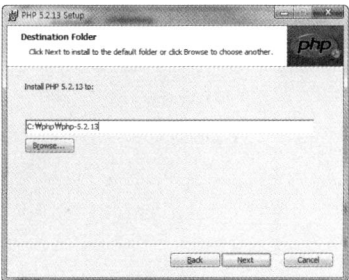

[부록 1-12] PHP를 설치할 폴더 지정

05. 웹 서버 모듈을 선택하는 화면이다. 이미 설치된 웹 서버가 있는 경우 목록에서 선택한 후 Next 버튼을 클릭한다. 필자는 Apache 2.2.x를 설치했으므로 Apache 2.2.x Module을 선택했다.

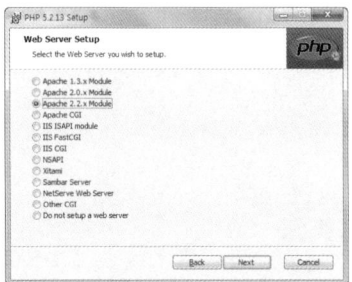

[부록 1-13] 웹 서버 모듈 설치를 위한 웹 서버 선택

06. 아파치 웹 서버가 설치된 경로를 지정하는 화면이 나타나면 Browse 버튼을 클릭해서 웹 서버가 설치된 폴더를 지정하고 Next 버튼을 클릭한다.

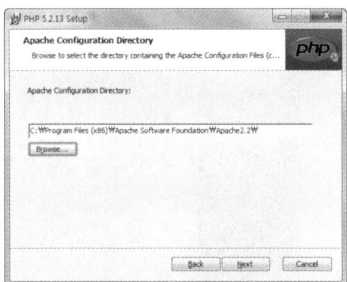

[부록 1-14] 웹 서버가 설치된 경로 지정

07. 설치하고자 하는 항목을 선택한 후 Next 버튼을 클릭한다. 여기서 주의해야 할 점이 있다. 다음 항목에 있는 PHP 모듈(Extensions)을 설치할 땐 먼저 관련된 소프트웨어나 라이브러리를 설치해야 한다.

- MSSQL
- PDO → MSSQL
- PDO → SQLite (External Driver)
- SNMP
- Oracle(10)
- PDO → Oracle
- Pspell
- Sybase

08. 끝으로 Finish 버튼을 클릭한다.

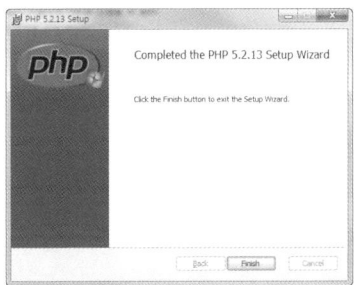

[부록 1-15] PHP 설치 완료

PHP가 정상적으로 설치됐는지 확인해보자. 시작 → 실행을 선택한 후 cmd를 입력해서 명령 프롬프트를 연다. 그리고 나서 php --version을 실행해 PHP가 실행되는지 확인한다.

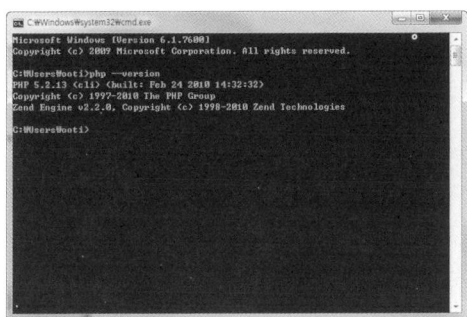

[부록 1-16] PHP 설치 확인

[부록 1-17]과 같이 시스템 오류가 발생하면 설치한 PHP 모듈 중에 정상적으로 동작하지 않는 모듈이 있다는 의미다. 해당 모듈을 찾아 오류를 해결하면 PHP도 문제없이 실행될 것이다

[부록 1-17] PHP 실행 오류

PHP가 정상적으로 설치되면 Apache Service Monitor를 열고 Restart 버튼을 클릭해서 재시작한다.

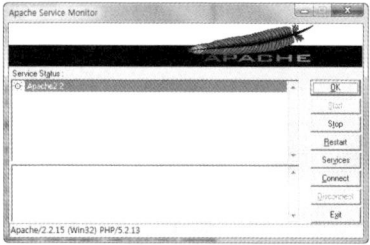

[부록 1-18] 아파치 웹 서버 모니터

1-4. XAMPP 패키지 설치

XAMPP는 Apache, PHP, MySQL, FTP 서버 등 웹 개발에 필요한 여러 가지 프로그램을 하나의 패키지로 묶은 프로그램이다. 패키지로 묶어 놓은 만큼 XAMPP 하나만 설치하면 간편하게 모든 프로그램이 컴퓨터에 설치된다. 따라서 여러 프로그램을 복잡하게 설치할 필요가 없고 설치 방법도 매우 쉬워서 개발 환경을 구축하는 용도로 아주 유용하게 쓸 수 있다. 특히 이클립스 PDT처럼 윈도우, Mac OS X, 리눅스 등 주요 운영체제를 모두 지원하므로 어떤 운영체제를 사용하더라도 문제 없이 사용할 수 있다.

윈도우용 XAMPP

윈도우용 XAMPP는 윈도우 설치 마법사를 통해 간편하게 설치할 수 있다. XAMPP를 설치하는 방법은 다음과 같다.

01. 웹 브라우저를 열고 윈도우용 XAMPP 다운로드 웹 페이지에 접속한다. 윈도우용 XAMPP 다운로드 웹 페이지 주소는 http://www.apachefriends.org/en/xampp-windows.html이다.

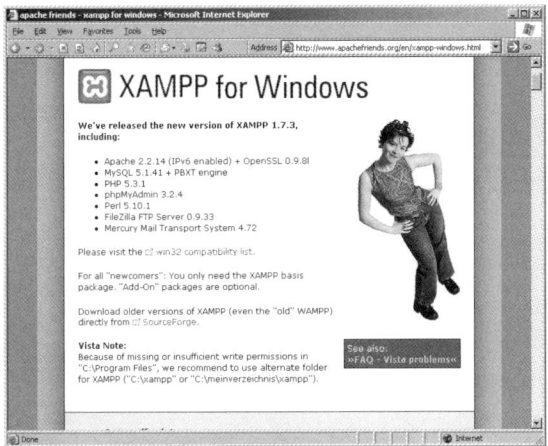

[부록 1-19] 윈도우용 XAMPP 페이지

02. XAMPP 다운로드 페이지를 아래로 내려보면 XAMPP 파일을 내려 받을 수 있는 링크가 있다. EXE 파일은 설치 마법사가 포함돼 있는 파일이며 ZIP 파일은 XAMPP가 그대로 압축돼 있는 파일이다. EXE 파일을 내려 받는다.

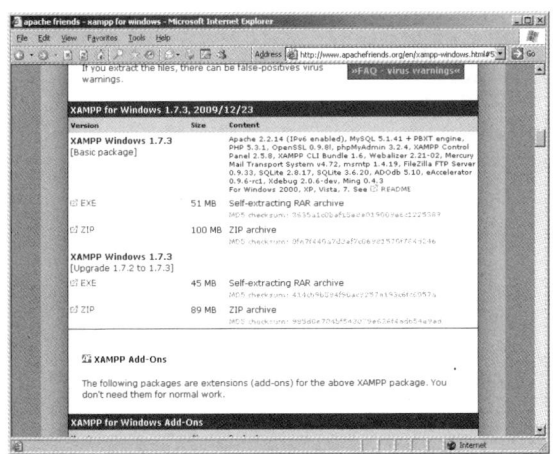

[부록 1-20] 윈도우용 XAMPP 다운로드 페이지

기타 프로그램 설치 **303**

03. 내려 받은 EXE 파일을 실행하면 XAMPP for Windows 설치 마법사 창이 열린다. 설치할 대상 폴더를 지정한 후 Install 버튼을 클릭한다. 설치 대상 경로를 변경할 수도 있지만 필자의 경우에는 기본값인 C:\에 설치하는 게 XAMPP를 사용하는 데 조금 더 편리했다.

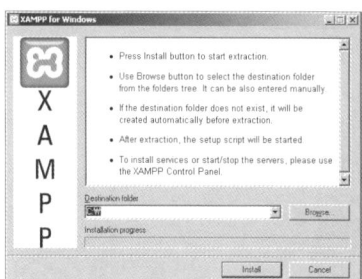

[부록 1-21] 설치 경로 지정

04. 커맨드 창이 열리고 Should I add shortcuts to the startmenu/desktop?이라는 물음이 보이면 y 를 입력한다. 그러면 바탕화면에 XAMPP 바로가기 아이콘이 생성될 것이다. 필요하지 않다면 n을 입력한다.

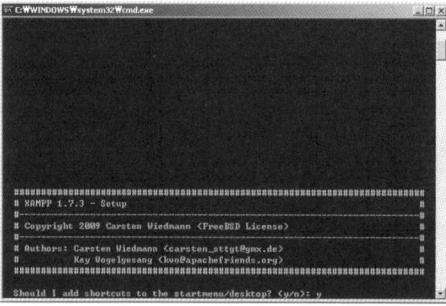

[부록 1-22] 단축 아이콘 생성 여부 확인

05. Should I process?라는 물음이 보이면 y를 입력해서 설치를 계속 진행한다.

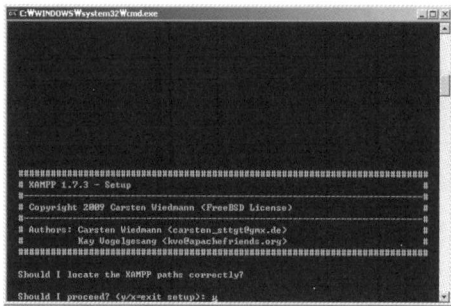

[부록 1-23] XAMPP Paths 설정 확인

06. Should I make a portable XAMPP without drive letters?라는 물음이 나오면 n을 입력한다.

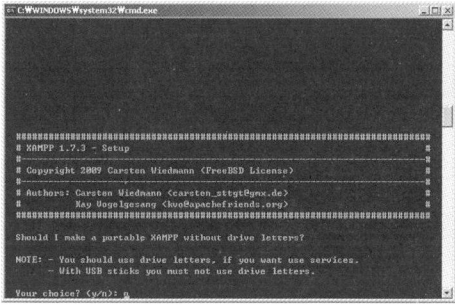

[부록 1-24] 휴대를 위한 XAMPP 설치 여부 확인

07. php.ini의 시간대 지정을 위한 물음이 나오면 엔터 키를 입력해서 다음으로 진행한다.

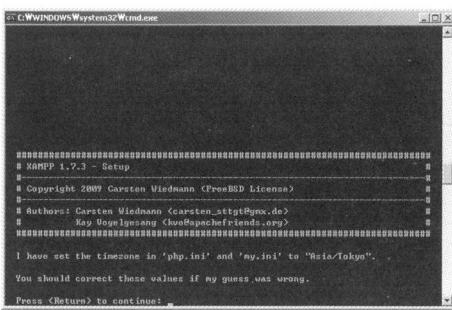

[부록 1-25] 시간대 지정

08. 설치가 완료되고 [부록 1-26]과 같은 물음이 나타나면 x를 입력해서 설치를 종료한다.

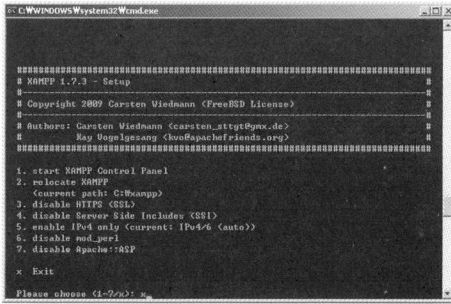

[부록 1-26] 설치 완료를 위한 최종 선택

09. 바탕화면에 XAMPP 아이콘이 생성돼 있을 것이다. 마우스를 더블 클릭해서 XAMPP Control Panel Application을 실행한다.

10. Apache 항목에 있는 Start 버튼을 클릭한다.

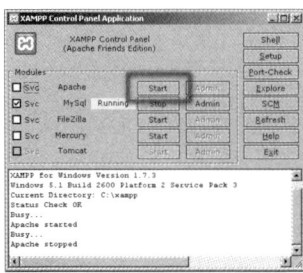

[부록 1-27] XAMPP 관리 프로그램

11. 보안 경고 창이 열리면 차단 해제(Unblock) 버튼을 클릭한다.

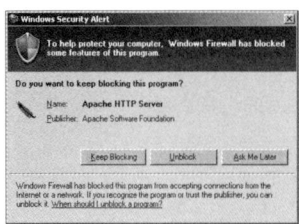

[부록 1-28] 윈도우 방화벽 경고

12. 이제 XAMPP Control Panel Application 창에 Apache가 실행됐다고 나타난다.

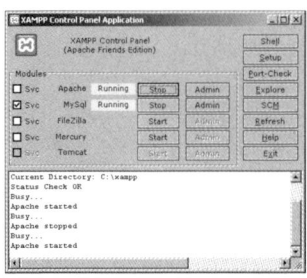

[부록 1-29] XAMPP 관리 프로그램

만약 윈도우가 시작될 때 XAMPP를 자동으로 실행하고 싶다면 Apache나 MySQL 등 각 항목 앞에 있는 Svc에 체크한다.

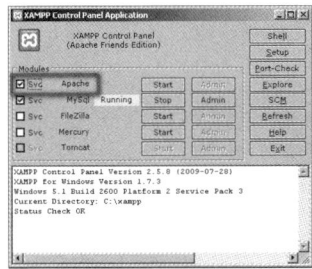

[부록 1-30] 서비스 등록 선택

Svc에 체크하면 [부록 1-31] 과 같이 서비스에 등록할 것이냐는 창이 뜨는데 OK 버튼을 클릭하면 된다.

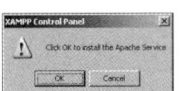

[부록 1-31] 서비스 등록 확인

Mac OS X용 XAMPP

Mac OS X용 XAMPP는 파일을 내려 받은 후 응용 프로그램 디렉터리에 복사해 넣기만 하면 된다. XAMPP를 설치하는 방법은 다음과 같다.

01. Mac OS X용 XAMPP 다운로드 페이지(http://www.apachefriends.org/en/xampp-macosx.html) 에 접속한다.

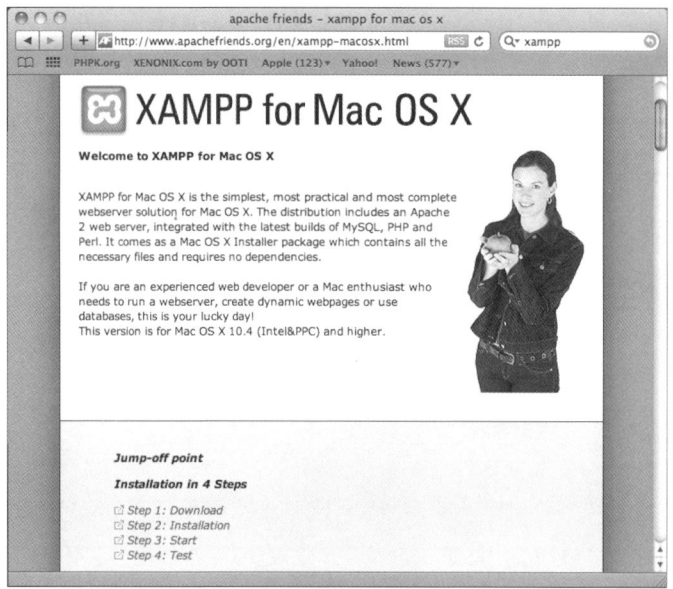

[부록 1-32] Max OS X용 XAMPP 페이지

02. 페이지를 아래로 내려보면 XAMPP Mac OS X 설치 파일을 내려 받을 수 있는 링크가 있다. 링크를 클릭해서 파일을 내려 받는다.

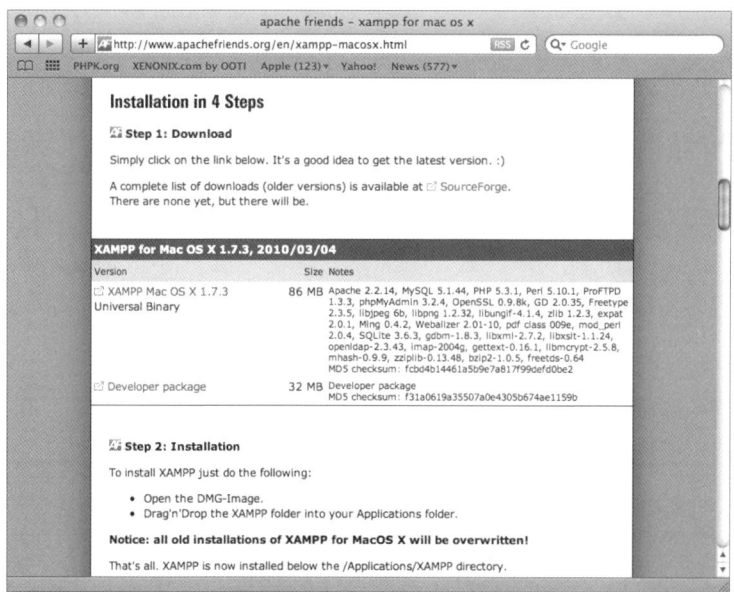

[부록 1-33] Mac OS X용 XAMPP 다운로드 페이지

03. 내려 받은 파일을 더블 클릭해서 설치 파일을 실행한다.

04. XAMPP for Mac OS X 설치 화면이 열린다. XAMPP를 Applications(응용 프로그램)으로 끌어다 놓는다.

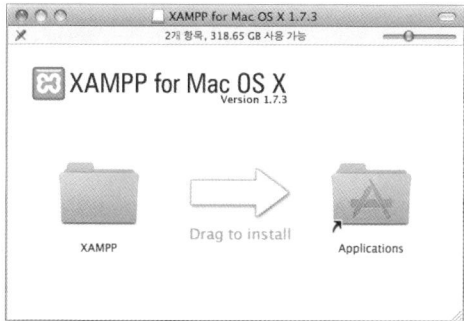

[부록 1-34] 설치 화면

05. 응용 프로그램 디렉터리 안에 있는 XAMPP 디렉터리를 열고 XAMPP Control을 실행한다.

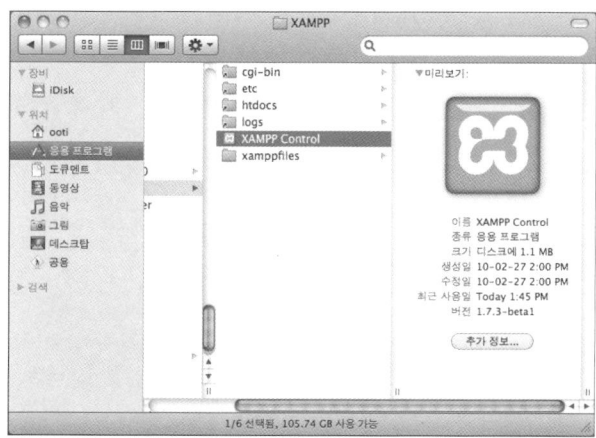

[부록 1-35] 설치가 완료된 화면

06. 설치 후 처음 실행할 때는 파일을 실행할 것인지를 묻는 창이 나타난다. 열기 버튼을 클릭한다.

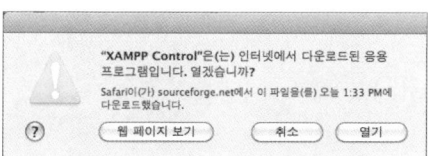

[부록 1-36] XAMPP Control 실행 여부 확인

07. XAMPP Control이 실행되면 Controls 창과 Getting Started 창이 열린다. Apache와 MySQL, FTP 버튼을 클릭해서 각 서버를 실행한다.

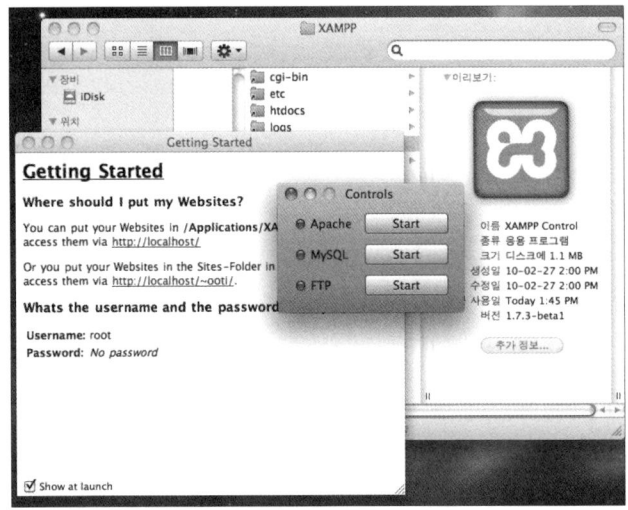

[부록 1-37] XAMPP 실행

08. XAMPP Control에 대한 실행 권한 창이 열리면 Mac OS X 계정의 비밀번호를 입력하고 승인 버튼을 클릭한다.

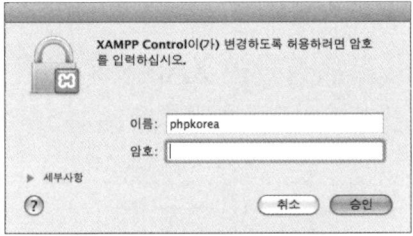

[부록 1-38] XAMPP Control 권한 확인

MySQL이나 FTP의 Start 버튼을 클릭하면 [부록 1-39]와 같이 들어오는 네트워크 연결을 허용하겠냐는 창이 나타날 것이다. 이것은 외부에서 MySQL과 FTP 서버에 접속할 수 있게 MySQL과 FTP에 대한 방화벽을 해제하겠냐는 의미다.

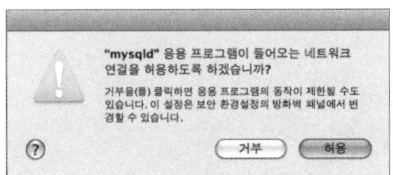

[부록 1-39] MySQL 실행 여부 확인

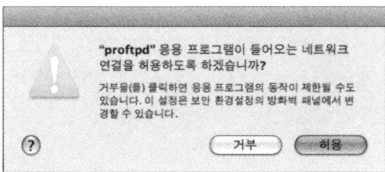

[부록 1-40] ProFTPD 실행 여부 확인

09. 모든 서버의 실행이 완료되면 Controls 창이 다음과 같이 변경된다.

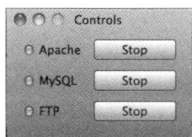

[부록 1-41] 모든 서버가 동작 중인 화면

10. 이제 웹 브라우저를 열고 http://localhost에 접속했을 때 [부록 1-42]와 같이 XAMPP for Mac OS X 화면이 나타나면 XAMPP가 정상적으로 설치된 것이다.

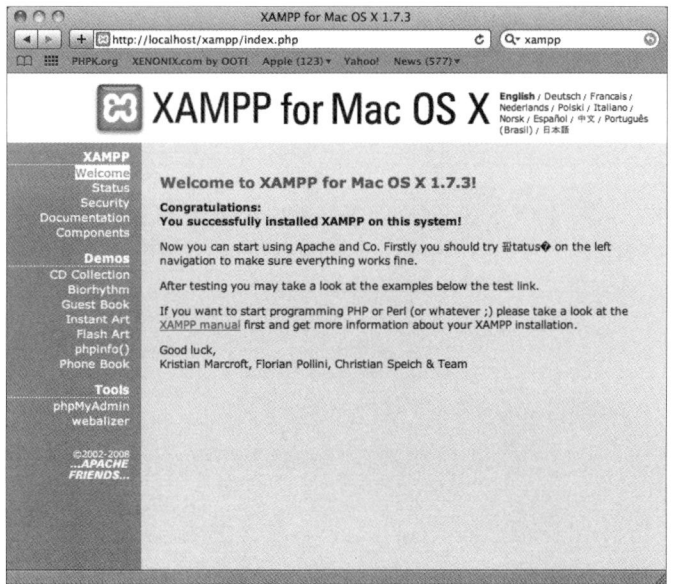

[부록 1-42] 웹 브라우저로 접속한 XAMPP 서버 화면

리눅스용 XAMPP

리눅스용 XAMPP는 윈도우나 Mac OS X와는 다르게 설치 마법사를 사용하지 않고 내려 받은 파일의 압축을 풀고 바로 실행하면 된다.

리눅스용 XAMPP의 설치 방법은 다음과 같다.

01. 웹 브라우저를 열고 리눅스용 XAMPP 다운로드 페이지(http://www.apachefriends.org/en/xampp-linux.html)에 접속한다.

[부록 1-43] 리눅스용 XAMPP 페이지

02. 다운로드 웹 페이지에서 XAMPP Linux 다운로드 링크를 클릭해서 XAMPP 파일을 내려 받는다.

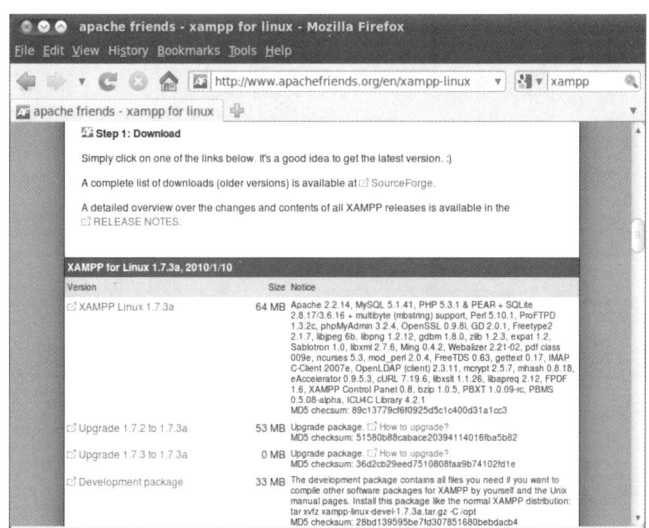

[부록 1-44] 리눅스용 XAMPP 다운로드 페이지

03. 내려 받은 파일을 다음과 같은 명령으로 압축을 푼다. 압축을 풀 때는 기본적으로 /opt 디렉터리 아래에 압축을 푸는 것이 좋다.

```
tar zxvf "내려 받은 XAMPP 파일 경로" -C /opt
```

[부록 1-45] XAMPP 파일 압축 해제

04. 압축이 풀리면 다음 명령어로 XAMPP를 실행한다.

```
/opt/lampp/lampp start
```

[부록 1-46] XAMPP 실행

실행한 XAMPP를 정지할 때는 /opt/lampp/lampp stop 명령을 실행한다.

[부록 1-47] XAMPP 정지

05. 웹 브라우저를 열고 http://localhost에 접속해서 XAMPP for Linux 화면이 나타나는지 확인한다.

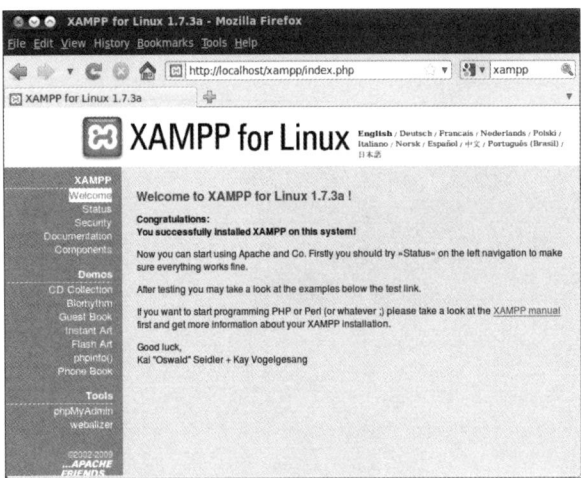

[부록 1-48] 웹 브라우저로 XAMPP 서버에 접속한 화면

1-5. 큐브리드

큐브리드는 윈도우와 리눅스 등에서 사용할 수 있으며 설치 마법사를 이용해 쉽게 설치할 수 있다. 여기서는 윈도우에 큐브리드를 설치하는 방법을 살펴보겠다. 단, 큐브리드는 Microsoft Visual C++ 2008 재배포 패키지가 설치돼 있어야 설치할 수 있으므로 큐브리드 다운로드 웹 페이지에서 Visual C++ 2008 재배포 패키지를 먼저 설치해야 한다.

큐브리드를 설치하는 방법은 다음과 같다.

01. 큐브리드 웹 사이트(http://www.cubrid.com)에 접속한 후 다운로드 링크를 클릭한다.
02. 다운로드 페이지로 이동해 설치 환경에 맞는 큐브리드 파일 링크를 클릭해서 내려 받는다.

[부록 1-49] 큐브리드 다운로드 페이지

03. 윈도우에서 설치 파일을 실행하면 설치가 시작된다. 다음 버튼을 클릭한다.

[부록 1-50] 큐브리드 설치 마법사

04. 설치 디렉터리를 지정한다. 특별한 이유가 없다면 기본값인 C:\CUBRID에 설치한다. 다음 버튼을 클릭한다.

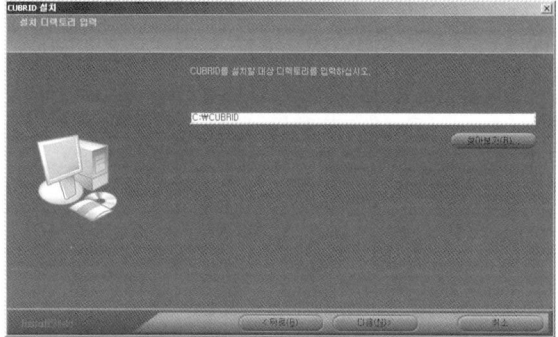

[부록 1-51] 설치 경로 지정

05. 라이선스에 동의한 후 다음 버튼을 클릭한다.

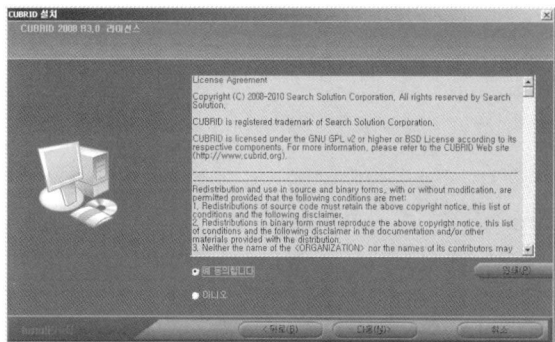

[부록 1-52] 라이선스 동의

06. 설치 유형을 선택한 후 다음 버튼을 클릭한다.

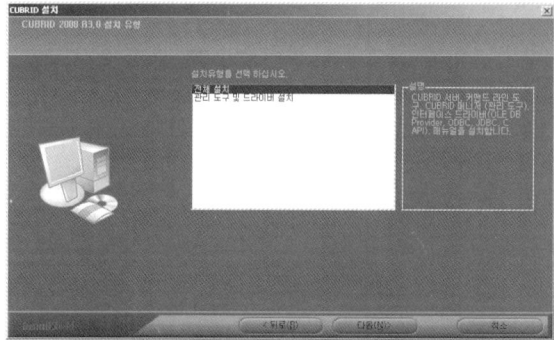

[부록 1-53] 설치 유형 선택

07. 만약 호환성 정보에 대한 창이 뜨면 Yes 버튼을 클릭해서 설치를 계속한다.

[부록 1-54] 호환성 정보 확인

08. 바로가기 아이콘 생성 옵션을 선택한 후 다음 버튼을 클릭한다.

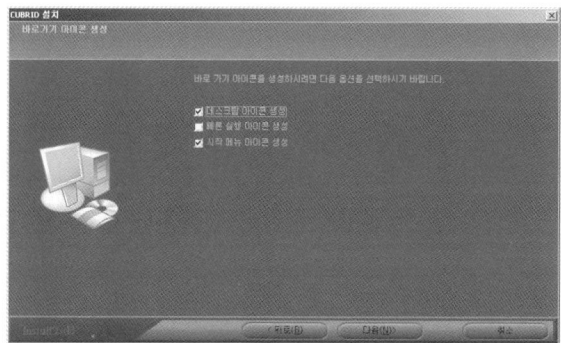

[부록 1-55] 바로가기 아이콘 생성 선택

09. 설치할 내용을 확인한 후 다음 버튼을 클릭한다.

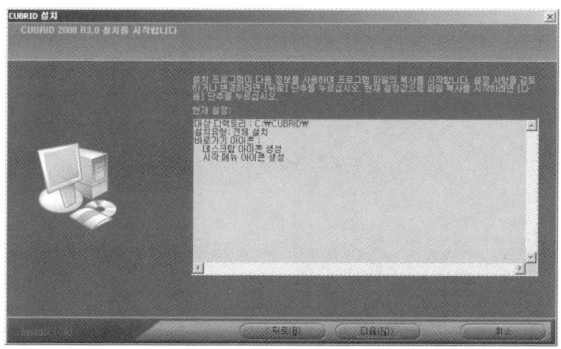

[부록 1-56] 설치 준비 완료

큐브리드 설치에 앞서 Microsoft Visual C++ 2008 재배포 패키지를 설치하지 않았다면 [부록 1-57]과 같이 설치를 중단할 것을 확인하는 창이 뜬다. Yes 버튼을 클릭해서 설치를 중단하고 재배포 패키지를 설치한다.

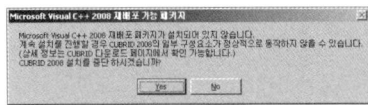

[부록 1-57] 마이크로소프트 Visual C++ 2008 재배포 가능 패키지 설치 확인

그리고 컴퓨터에 자바가 설치돼 있지 않다면 [부록 1-58]과 같은 창이 뜬다. OK 버튼을 클릭하면 큐브리드 설치가 계속 진행되는데 설치를 완료한 후 자바를 설치하면 된다.

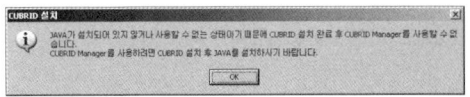

[부록 1-58] 자바 설치 확인

10. 샘플 데이터베이스 생성에 대한 확인 창이 열리면 Yes 버튼을 클릭한다. 생성되는 것을 원하지 않으면 No 버튼을 클릭한다.

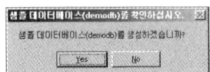

[부록 1-59] 샘플 데이터베이스 생성 여부 확인

11. 설치가 완료되면 완료 버튼을 클릭한다.

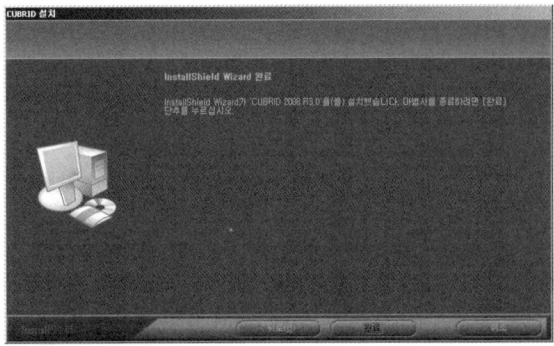

[부록 1-60] 큐브리드 설치 완료

12. 설치한 큐브리드의 CUBRID Manager를 실행하면 편리하게 큐브리드를 관리할 수 있다.

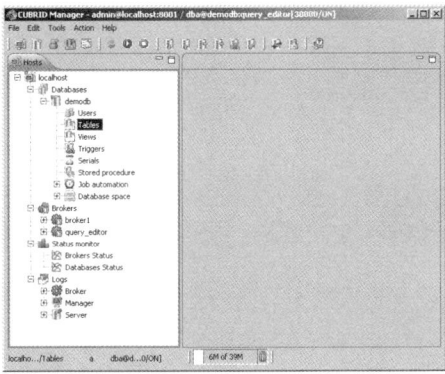

[부록 1-61] CUBRID Manager

1-6. 서브버전 및 Trac 설치

서브버전은 소스 코드를 잘 관리할 수 있게 도와주는 형상 관리 프로그램이며, Trac은 작업을 관리하고 개발 문서를 작성하며 서브버전과 연동해서 소스 코드의 변화를 쉽게 알 수 있게 도와주는 프로그램이다. 이 장에서는 윈도우와 우분투에 서브버전 서버와 Trac을 설치하는 방법을 살펴본다.

윈도우에 서브버전 서버 설치

VisualSVN은 윈도우에서 서브버전 환경을 쉽고 간편하게 만들어주는 프로그램이다. 설치 방법은 다음과 같다.

01. VisualSVN 다운로드 웹 페이지(http://www.visualsvn.com/server/download)에 접속해서 다운로드 링크를 클릭한다.

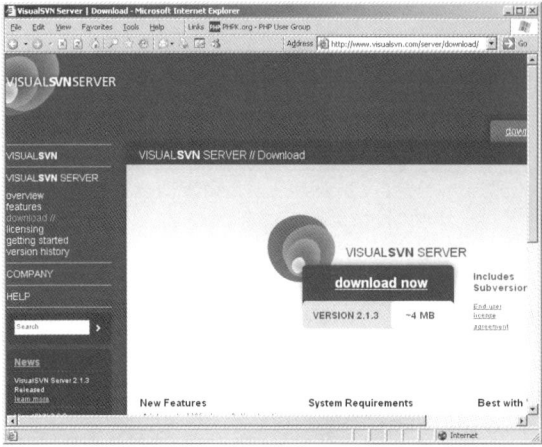

[부록 1-62] VisualSVN 서버 다운로드 페이지

02. 내려 받은 설치 파일을 실행한 후 Next 버튼을 클릭한다.

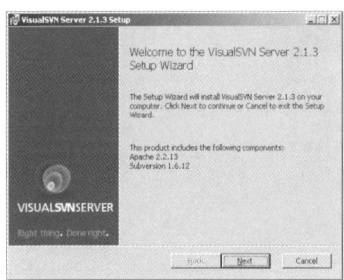

[부록 1-63] VisualSVN 설치 마법사

03. 라이선스에 동의한 후 Next 버튼을 클릭한다.

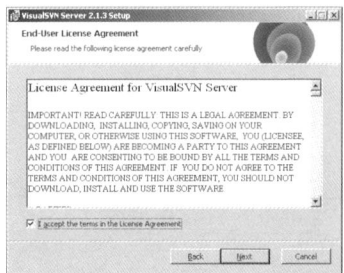

[부록 1-64] 라이선스 동의

04. VisualSVN의 설치 구성 요소를 선택하는 화면이다. VisualSVN Server and Management Console을 선택한 후 Next 버튼을 클릭한다.

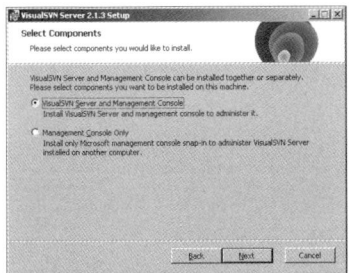

[부록 1-65] 설치할 컴포넌트 선택

05. 설치할 폴더 경로와 SVN 저장소의 폴더 경로를 지정한다. VisualSVN은 HTTPS(443포트)를 지원하므로 더욱 안전하게 소스 파일을 관리할 수 있다. Authentication은 권한을 어떻게 관리할 것인지를 지정하는 옵션이다. Use Subversion authentication은 VisualSVN 자체의 권한 시스템을 통해 사용자를 관리한다. Use Windows authentication은 윈도우의 사용자 계정을 통해 사용자를 관리한다. 옵션 지정을 완료했다면 Next 버튼을 클릭한다.

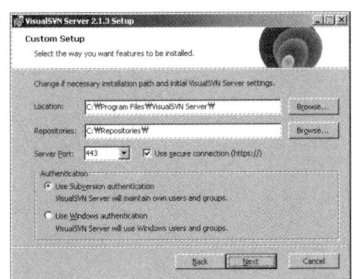

[부록 1-66] VisualSVN 설치 경로 및 SVN 저장소 경로 지정

06. Install 버튼을 클릭해서 설치를 시작한다.

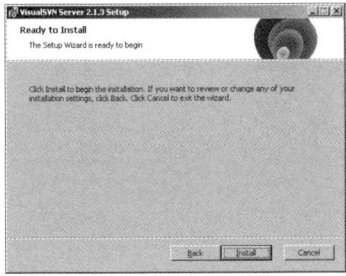

[부록 1-67] 설치 시작 여부

07. Finish 버튼을 클릭하면 설치 마법사가 종료되고 VisualSVN 서버가 실행된다.

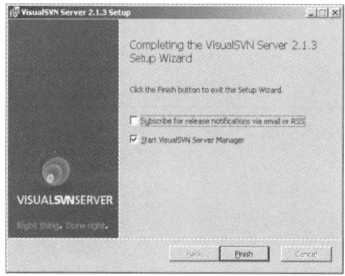

[부록 1-68] 설치 완료

08. VisualSVN Manager를 실행하면 VisualSVN 서버에 대한 모든 것을 관리할 수 있다.

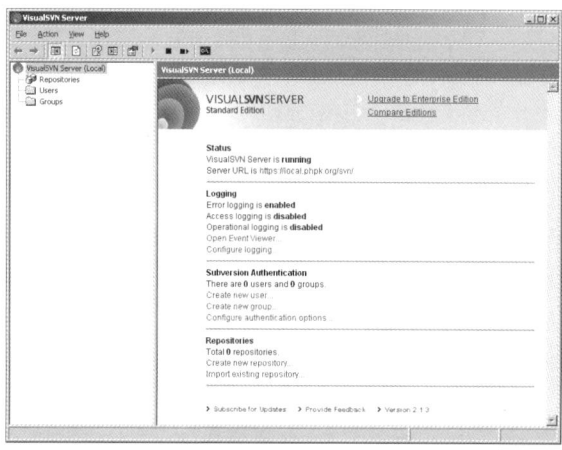

[부록 1-69] VisualSVN 서버 매니저

윈도우에 Trac 설치

Trac은 파이썬으로 작성된 프로그램이므로 컴퓨터에 파이썬이 설치돼 있어야 한다. 파이썬이 설치돼 있지 않다면 http://www.python.org/download/에서 윈도우용 파이썬 설치 파일을 내려 받아 설치한다. Trac 설치 방법은 다음과 같다.

01. Trac 다운로드 웹 페이지인 http://trac.edgewall.org/wiki/TracDownload에 접속해서 Windows Installer 파일을 내려 받는다.

02. 내려 받은 설치 파일을 실행한 후 설치 마법사가 뜨면 Next 버튼을 클릭한다. 컴퓨터에 파이썬이 설치돼 있지 않다면 [부록 1-71]과 같이 파이썬을 찾을 수 없다는 에러 창이 나타난다.

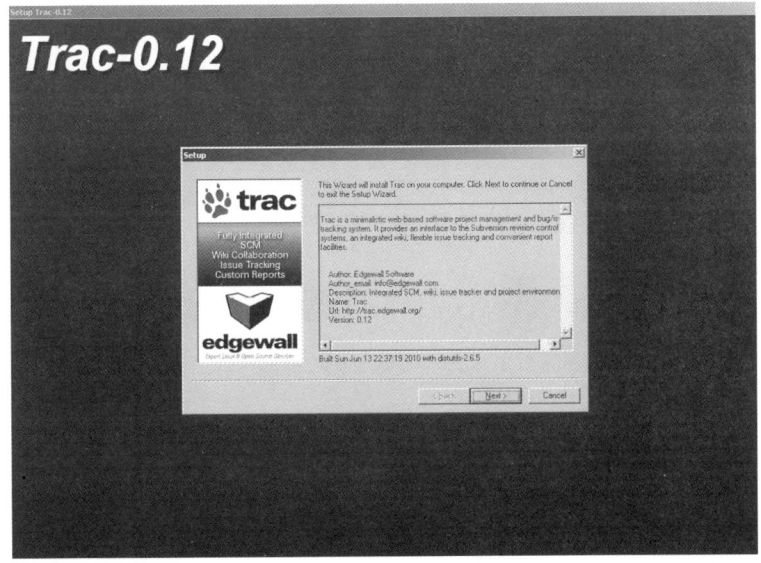

[부록 1-70] Trac 설치 마법사

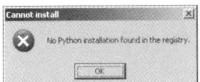

[부록 1-71] 파이썬 에러

03. 파이썬이 설치된 경로를 지정한 후 Next 버튼을 클릭한다.

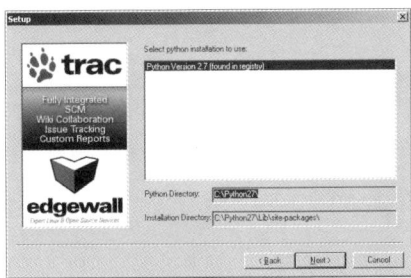

[부록 1-72] 파이썬 경로 지정

04. 설치 준비가 끝나면 Next 버튼을 클릭해서 설치를 시작한다.

[부록 1-73] Trac 설치 준비 완료

05. 설치가 완료되면 Finish 버튼을 클릭한다.

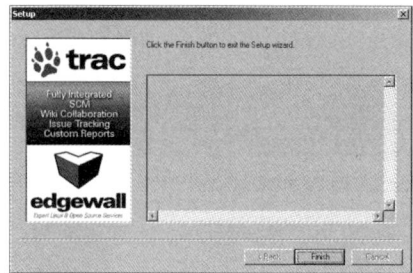

[부록 1-74] Trac 설치 완료

우분투에 서브버전 서버 설치

우분투에서는 서브버전 서버 프로그램을 직접 내려 받아 설치하지 않고 명령어를 통해 쉽게 설치할 수 있다. 설치 방법은 다음과 같다.

01. 터미널을 연다.
02. sudo apt-get install subversion을 입력하면 서브버전에 필요한 파일을 자동으로 내려 받아 설치가 진행된다.

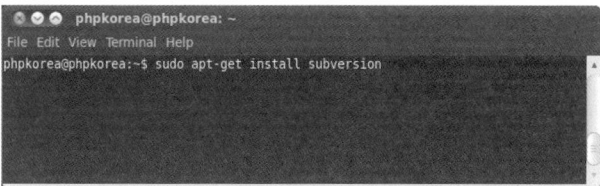

[부록 1-75] 서브버전 설치 명령

03. 설치가 완료되면 다음 코드를 [부록 1-76]과 같이 차례대로 입력해서 SVN 서버를 실행한다.

svnadmin create SVN_저장소_경로

svnserve -d -r SVN_저장소_경로

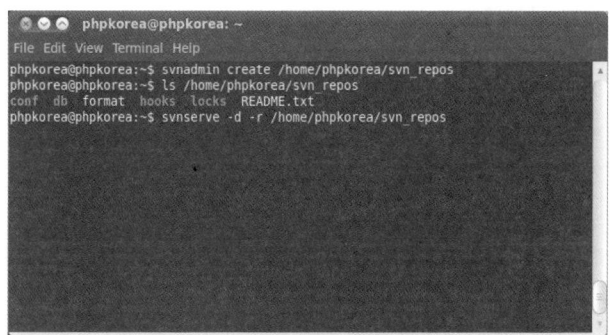

[부록 1-76] 서브버전 실행

04. SVN 서버가 정상적으로 실행되면 사용자 권한을 추가한다. 다음과 같이 입력해서 SVN 서버의 환경 파일이 있는 디렉터리로 이동한다.

cd SVN_저장소_경로/conf

[부록 1-77] 서브버전이 설치된 디렉터리로 이동

기타 프로그램 설치 **325**

05. svnserve.conf 파일을 연다. 여기서 password-db = passwd는 서브버전 서버에 접속하기 위한 인증 파일로 passwd를 사용하겠다는 것이다. 접속 권한을 추가하거나 변경, 삭제하려면 passwd 파일을 편집하면 된다.

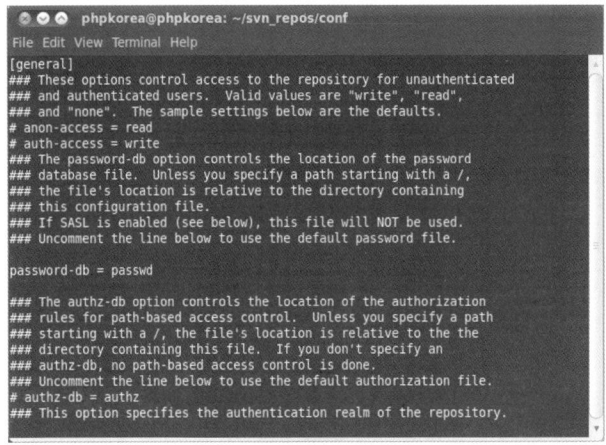

[부록 1-78] svnserve.conf 파일

06. 같은 conf 디렉터리에 있는 passwd 파일을 열고 접속 권한을 부여할 사용자 이름과 비밀번호를 입력한 후 저장한다.

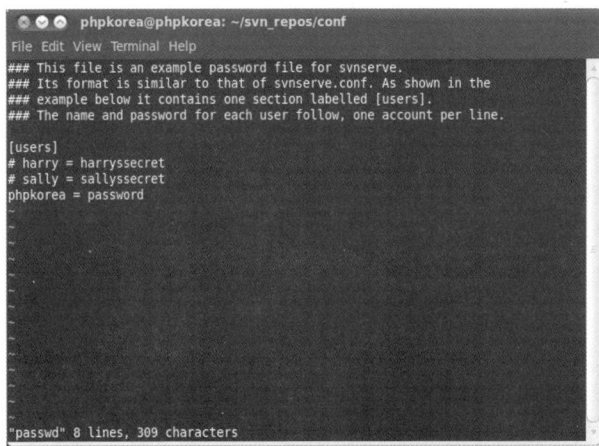

[부록 1-79] passwd 파일

07. 이제 이클립스나 SVN 클라이언트를 이용해서 SVN 서버에 접근할 수 있다. 서브버전 접속 주소는 svn://도메인 또는 IP다. 예를 들어 도메인이 ubuntu.phpk.org라면 svn://ubuntu.phpk.org으로 접속하면 된다.

우분투에 Trac 설치

우분투에 Trac을 설치하는 방법도 앞서 살펴본 서브버전 서버를 설치하는 방법과 비슷하다. 자세한 설치 방법은 다음과 같다.

01. 우분투의 콘솔 창을 열고 sudo apt-get install trac을 입력한다.

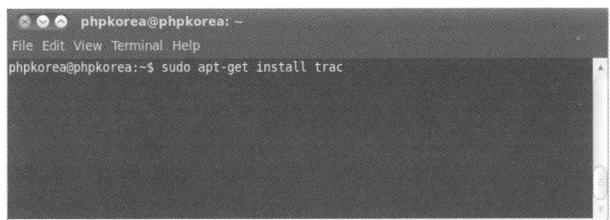

[부록 1-80] Trac 설치 명령

02. Trac과 Trac과 관련된 프로그램을 설치할 것인지 물어보면 y를 입력해서 설치를 진행한다.

[부록 1-81] Trac과 필요한 프로그램 설치 여부 확인

기타 프로그램 설치 **327**

03. Trac 설치가 완료되면 [부록 1-82]와 같이 프롬프트가 나타난다.

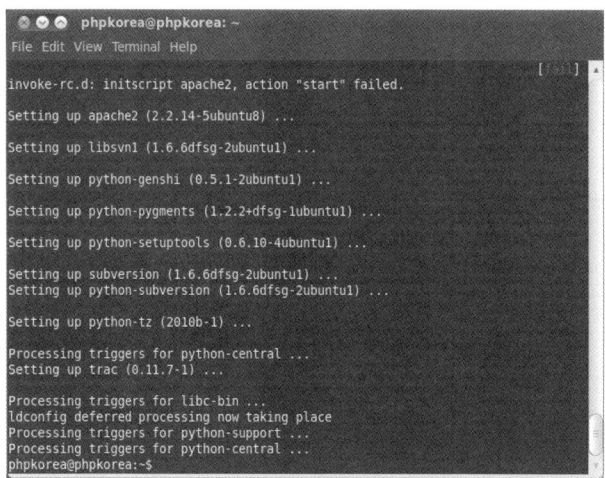

[부록 1-82] Trac 설치 완료

04. 서브버전에서 저장소 디렉터리를 지정하는 하는 것과 비슷하게 Trac도 프로젝트 저장소를 사용한다. Trac을 사용하려면 [부록 1-83]과 같이 trac-admin을 사용해서 Trac 프로젝트 디렉터리를 초기화해야 한다. 입력한 디렉터리가 없는 경우 trac-admin이 자동으로 생성한다.

trac-admin 디렉터리경로 initenv

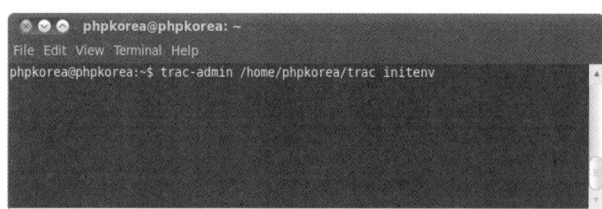

[부록 1-83] Trac 프로젝트 디렉터리 초기화 명령

05. trac-admin의 프롬프트가 나타나면 프로젝트의 이름을 입력한다.

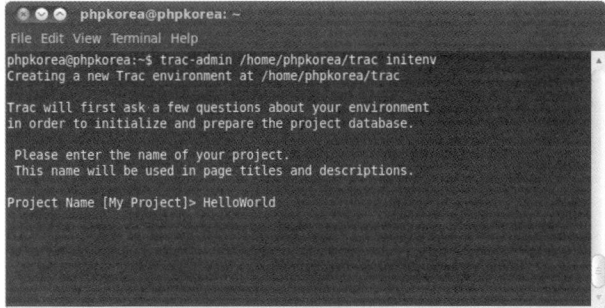

[부록 1-84] Trac 프로젝트 이름 입력

06. [부록 1-85]와 같이 Database connection string과 Repository type을 차례대로 물어볼 것이다. 두 번 다 엔터 키를 입력해서 기본값을 지정한다.

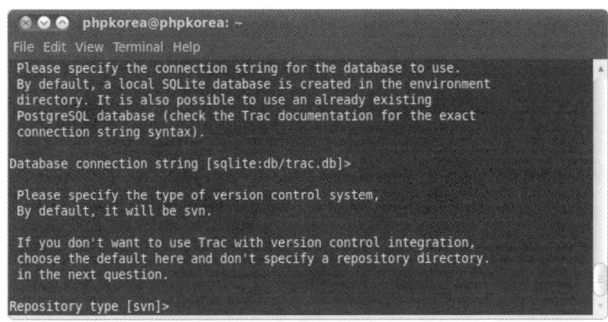

[부록 1-85] 형상 관리 저장소 형식 지정

07. Path to repository에는 서브버전에서 지정했던 저장소 디렉터리 경로를 입력한다.

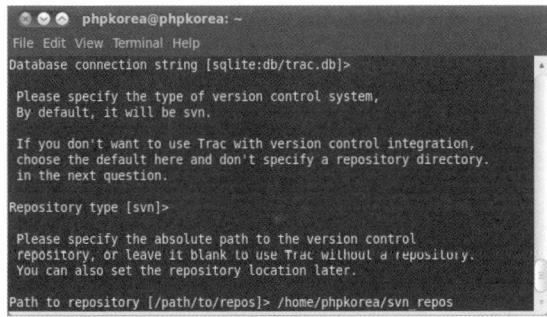

[부록 1-86] 서브버전 저장소의 디렉터리 경로 입력

08. [부록 1-87]과 같이 Trac 설치가 완료되어 프롬프트가 나타나면 [부록 1-88]과 같이 tracd --port 8000 명령을 실행한다.

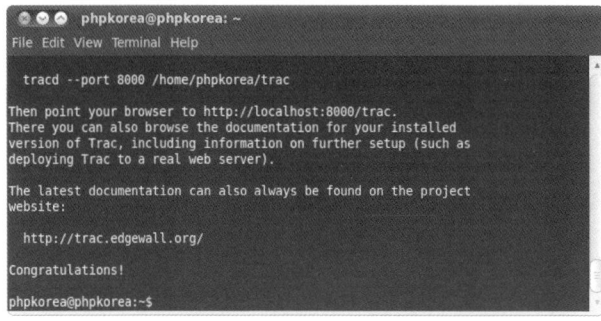

[부록 1-87] Trac 설치 완료

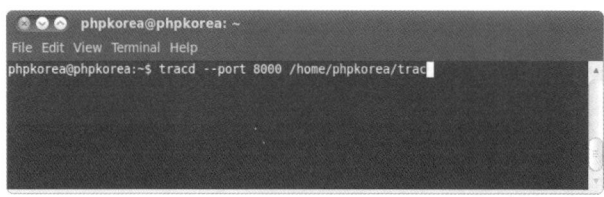

[부록 1-88] Trac 실행

09. 이제 웹 브라우저를 통해 tracd에 지정한 포트 번호로 접속하면 된다.

[INDEX]

A ~ C

Ant	212
Auto Activation	69
BO(Business Object)	123
Breakpoints	136
CDT	26
Checkout	198
Console	51
Content assist	62
CUBRID	162

D ~ G

DAO(Data Access Object)	123
DBMS	150
DB 인코딩	174
Debug Output 뷰	125
Filters	69
FTP	215, 217, 229
FTP 전송 예외 처리	221
GEF	152
getContent()	65
getTitle()	65

H ~ O

HelloWorld	45
JavaHL	182, 188
JavaVM	24
JDBC	151
JDK	28, 29
JRE	24, 28
Mac OS X	33, 39
Mark Occurrences	77
Mylyn	254
MySQL	158
Non-thread safe	138
Options	69
Outline	51

P

Patch Root	206
Path Mapping	141
PDT	22
Perspective	47
PHP 4.0	20
PHP Debug	134

PHPDoc	270	**Q ~ S**	
phpDocumentor	270, 274	Quantum DB	150, 154
PHPDoc 생성	275	Quantum 퍼스펙티브	156
PHPDoc 작성	270	RESTRICT	169
PHPEclipse	21, 22	RSE	226
PHP Executables	117	Saros	240
PHP Explorer	51, 107	SSH	235
PHP Explorer 필터	110	Subclipse	181, 203
PHP Functions	51	Subversion	180
PHP Include Path	97	Subversive	184
PHP Project Outline	51	SVN	180
PHP 도움말	85	SVN Kit	188
PHP 설치	298	SVNKit Client Adapter	182
PHP 스크립트 실행	123	SVN 저장소	189, 191
PHP 웹 페이지 실행	131	SVN 커넥터	184
PHP 통합 개발 환경	22	switch 문	72
PHP 파일 생성	58		
PHP 퍼스펙티브	48	**T ~ Z**	
PHP 프로젝트	51	Tasks	51
Problems	51	Team Synchronizing	195
		Trac	259
		Type Hierarchy	51

INDEX

UTF-8 인코딩	110
VI	23
Visual C++ 2008	314
Workspace	45
Workspace Launcher	46
Workspace 환경 설정	111
XMPP	240, 246
Zend Debugger	37, 117, 137
Zend Debugger 인자	147
Zend Studio	21

가 ~ 다

가져오기(Import)	53
개발 문서	270
개행 문자	110
경로 매핑	140
구글 토크	243
네트워크 포트	158
단축키	108
대상 독자	23
데이터 무결성	169

동일 코드 표시	77
되돌리기(Revert)	201
디버그 컨트롤	135
디버깅	116, 133, 137, 144

라 ~ 사

리비전(Revision)	197
리소스	50
매개변수	64
메뉴바	49
방화벽	158
버그 트래킹 시스템	254
북마크	89
브랜치(branches)	209
브레이크 포인트	136
생성자	66
소스 코드 정리	97
실행	141

아

아파치	294
아파치 웹 서버 설정	297
업데이트	197
에러 검출	94
오버라이드 표시	92
외래키	169
외부 편집기	104
외부 프로그램 실행	112
우분투	34, 40
원격 개발	229
원격 공유	248
원격 웹 서버	141
원격 프로젝트 생성	234
이클립스	25
이클립스 PDT	22, 28, 44
이클립스 PDT 설치	36
이클립스 PDT 웹 페이지	39
이클립스 변수	114
이클립스 아키텍처	25
이클립스 환경 변수	74
인코딩	110

자 ~ 타

자바 런타임 환경	28
자바 버전	36
작업(Task) 등록	262
작업 우선순위 지정	83
작업 저장소	255
작업 태그	81
작업 태그 정의	84
주석	270
철자 검사	95
체크아웃	198
캐시 파일 동기화	232
커밋(Commit)	195
컨텐트 어시스트	62, 68, 233
코드 어시스트(Code assist)	62
코드 자동 완성	72
클래스 어시스트	65

[INDEX]

클래스 참조 어시스트	66	함수 어시스트	64
태그(tags)	210	협업	251
템플릿	73, 279	형상 관리	180
템플릿 목록	75	형식 계층	90
툴바	49	확장자	39, 79
트렁크(trunk)	209		

파 ~ 하

파일 비교	106
파일 삭제	222
패치	204
패치 적용	206
퍼스펙티브	47, 107
페이스북	20
편집기	50
풍선 도움말	64
풍선 도움말(Hovers)	70
프로젝트 공유	249
플러그인 패키지	26

기타

64비트용	37